U0782269

全面发展视域下新时代
国土空间规划研究

刘建敏◎著

中国华侨出版社
北京

图书在版编目(CIP)数据

全面发展视域下新时代国土空间规划研究／刘建敏
著. -- 北京：中国华侨出版社，2021.12
ISBN 978-7-5113-8659-5

Ⅰ.①全… Ⅱ.①刘… Ⅲ.①国土规划-研究-中国
Ⅳ.①F129.9

中国版本图书馆CIP数据核字(2021)第216170号

全面发展视域下新时代国土空间规划研究

著　　者/刘建敏
责任编辑/滕　森
封面设计/白白古拉其
经　　销/新华书店
开　　本/787毫米×1092毫米　1/16　印张/13.75　字数/323千字
印　　刷/北京四海锦诚印刷技术有限公司
版　　次/2022年8月第1版　2022年8月第1次印刷
书　　号/ISBN 978-7-5113-8659-5
定　　价/58.80元

中国华侨出版社　北京市朝阳区西坝河东里77号楼底商5号　邮编：100028
发行部：(010)88189192
网址：www.oveaschin.com　E-mail：oveaschin@sina.com

如发现印装质量问题,影响阅读,请与印刷厂联系调换。

作者简介

　　刘建敏，男，1983年4月生，湖南省益阳人，先后就读于中国人民大学、北京师范大学等高校。十多年来一直就职于国土资源系统，长期从事文字及管理工作，历任部门副主任、主任，还曾负责部属国有控股企业，担任副总经理、董事长兼总经理。其间组织联合人大、地大、矿大、农大、海大、林大等高校成立国土与自然资源信息服务创新中心，参与全国唯一省级三旧改造协会研究院筹建工作，在江西省鹰潭市牵头实施全国首例"北斗+窄带"地灾监测预警预报体系和制定首个行业标准，先后被中国管理科学院商学院聘为双创导师。截至目前公开发表相关文章等近20篇，同时协助及负责各类舆情调查和研究报告编撰工作。主要研究方向：融媒体时代网络舆论引领力研究、新时代国土资源信息化与国土空间规划研究。

内容简介

  随着中国特色社会主义进入新时代，全面发展是深入贯彻新发展理念的必然要求，也是经济社会发展和国土空间规划的指导性理念。新发展理念是发展行动的先导，是管全局、管根本、管方向、管长远的东西，是发展思路、发展方向、发展着力点的集中体现。新发展理念是创新、协调、绿色、开放、共享的发展理念，不论是贯彻协调发展理念，还是落实绿色发展理念，抑或统筹落实其他发展理念，都需要落实全面发展的理念，用全面发展来指导经济社会发展和国土空间规划。全面发展视域下新时代国土空间规划研究就是在贯彻新发展理念的指导下，以全面发展的理念来深入指导新时代国土空间规划，从整个研究进路看，以全面发展视域下国土空间规划为研究中心，从分析、健全和完善国土空间规划的路径入手，站在全面发展视域下审视新时代国土空间规划研究的需求出发，总结国土空间规划体系下中国国土空间规划的理论框架，对全面发展理念视域下国土空间规划体系下的新内涵、新要求、要素体系、管理体系及技术方法和案例等进行详细论述。全面发展视域下新时代国土空间规划研究既有理论和方法研究，又有案例实践与综合。这些研究形成的思路与结论、理论和方法，有利于深入贯彻新发展理念，将全面发展理念广泛应用于发改、自然资源、环保和住建等领域，因而可供从事国土资源信息化、城乡规划、人文地理、生态环境等专业及相关领域的教学科研以及管理人员干部阅读参考。

前　言

　　以全面发展理念为指导开展新时代国土空间规划是贯彻新发展理念的必然要求。随着中国特色社会主义进入新时代，全面发展是深入贯彻新发展理念的必然要求，也是经济社会发展和国土空间规划的指导性理念。同时，"空间规划"已成为我国政界、学界和行业界近年高度关注的热点话题。2017年10月，习近平在"十九大"报告中明确指出："必须坚定不移贯彻创新、协调、绿色、开放、共享的发展理念。"2018年2月，中共中央《关于深化党和国家机构改革的决定》提出组建自然资源部，"统一行使全民所有自然资源资产所有者职责，统一行使所有国土空间用途管制和生态保护修复职责"，"强化国土空间规划对各专项规划的指导约束作用，推进多规合一，实现土地利用规划、城乡规划等有机融合"。2018年5月，习近平在全国生态环境保护大会上再一次重申了对优化国土空间开发布局的重视，指出新时代推进生态文明建设，必须坚持人与自然和谐共生，坚持节约优先、保护优先、自然恢复为主的方针，明确绿水青山就是金山银山，加快形成节约资源和保护环境的空间格局、产业结构、生产方式、生活方式，给自然生态留下休养生息的时间和空间；同时明确山水林田湖草是生命共同体，要统筹兼顾、整体施策、多措并举，全方位、全地域、全过程开展生态文明建设。要通过加快构建生态文明体系，确保到2035年美丽中国目标基本实现，到21世纪中叶建成美丽中国。要调整经济结构和能源结构，优化国土空间开发布局，培育壮大节能环保产业、清洁生产产业、清洁能源产业，推进资源全面节约和循环利用，实现生产系统和生活系统循环链接，倡导绿色低碳的生活方式，推动美丽中国建设。2018年12月，中共中央、国务院发布《关于统一规划体系更好发挥国家发展规划战略导向作用的意见》（中发〔2018〕44号），进一步确立了新时代规划的地位和作用，要以规划引领经济社会发展，在主体功能区规划的基础上，建立以国家发展规划为统领，以空间规划为基础，以专项规划、区域规划为支撑，由国家、省、市县各级规划共同组成，定位准确、边界清晰、功能互补、统一衔接的国家规划体系。2019年5月，中共中央、国务院《关于建立国土空间规划体系并监督实施的若干意见》明确，国土空间规划是国家空间发展的指南和可持续发展的空间蓝图，是各类开发保护建设活动的基本依据，并指出全国国土空间规划是国土空间规划体系中的顶层规划，是全国国土空间保护、开发、利用、修复的政策和总纲，将对全国国土空间作出全局安排。

在新时代，我国经济已由高速增长阶段转向高质量发展阶段，要提供更多优质生态产品以满足人民日益增长的优美生态环境需要，有条件有能力解决生态环境突出问题，也亟须以全面发展理念为指导开展新时代国土空间规划。生态环境是关系党的使命宗旨的重大政治问题，也是关系民生的重大社会问题。国土空间规划就是对不同层级、全覆盖的国土空间（如城镇建设用地、生态区、农业区等）的管控细则，国土空间规划"既不是城乡规划，也不是土地利用规划"。国土空间规划编制，首先要保护生态。推进生态文明建设，必须坚持人与自然和谐共生，坚持节约优先、保护优先、自然恢复为主的方针，像保护眼睛一样保护生态环境，像对待生命一样对待生态环境。其次要坚持绿色发展。明确绿水青山就是金山银山的思想，贯彻创新、协调、绿色、开放、共享的发展理念，加快形成节约资源和保护环境的空间格局、产业结构、生产和生活方式，推动经济持续增长。最后，要实现人地和谐。以人为本，全面摸清并分析国土空间本底条件，划定三类（城镇、农业、生态）空间和三条红线（生态保护红线、永久基本农田、城镇开发边界），聚焦空间开发强度管控和主要控制线落地，达到重量、重存量、重特色、重生态的国土空间规划理念转型。

深入贯彻落实新发展理念必须坚持以全面发展理念为指导开展新时代国土空间规划。在新时代，各级各类空间规划在支撑城镇化快速发展、促进国土空间合理利用和有效保护方面发挥了积极作用，但也存在规划类型过多、内容重叠冲突，审批流程复杂、周期过长，地方规划朝令夕改等问题。建立全国统一、责权清晰、科学高效的国土空间规划体系，整体谋划新时代国土空间开发保护格局，综合考虑人口分布、经济布局、国土利用、生态环境保护等因素，科学布局生产空间、生活空间、生态空间，是加快形成绿色生产方式和生活方式、推进生态文明建设、建设美丽中国的关键举措，是坚持以人民为中心、实现高质量发展和高品质生活、建设美好家园的重要手段，是保障国家战略有效实施、促进国家治理体系和治理能力现代化、实现"两个一百年"奋斗目标和中华民族伟大复兴中国梦的必然要求。国土空间规划实施，本质上是实现经济社会发展与资源环境承载能力匹配，以国土空间为载体，合理利用和保护国土空间格局，严守生态保护红线，坚持山水林田湖草整体保护、系统修复、区域统筹、综合治理，完善自然保护地管理体制机制，协同推动经济高质量发展和生态环境高水平保护。

为有序推进新时代我国国土空间规划工作，国家自然资源部牵头组织编制我国第一部"多规合一"的《全国国土空间规划纲要（2020—2035 年）》（简称《纲要》）。此次《纲要》编制的重点任务是综合考虑全国人口分布、经济布局、国土利用、生态环境保护等因素，整体谋划新时代国土空间开发保护格局，促进国家治理体系和治理能力现代化。为更好地指导国土空间规划实践，强化新时期国土空间规划理论研究，回应支撑《全国国土空间规划纲要（2020—2035年）》编制，建立并完善多方参与、协同治理的规划体制和机制，本书以新发展理念为发展行动的先导，落实全面发展的理念，用全面发展来指导经济社会发展和国土空间规划，以全面发展视域下新时代国土空间规划为研究中心，从分析、健全和完善国土空间规划的路径入手，站在新时代背景下国土空间规划研究的需求出发，总结国土空间规划体系下中国国土空间规划的理论框架，对国土空间规划体系下的新内涵、新要求、要素体系、管理体系及技术方法和案例等进行详细论述。主要内容包括：绪论、全面发展视域下新时代国土空间规划相关概述、国土资源优化配置与生态安全的战略性空间格局、国土开发空间的组织与优化、国土空间规划的世界观和方法论层面的革故鼎新、新常态下国土空间规划新理念及技术方法、城市国土空间规划案例等。

目　录

绪　论 ……………………………………………………………………… 1

第一章　全面发展视域下新时代国土空间规划相关概述 …………… 11

第一节　以全面发展指导新时代国土空间规划的必要性……………… 11

第二节　全面发展视域下国土空间规划体系的内涵与类型…………… 12

第三节　空间规划体系的形成机理…………………………………… 13

第四节　国土资源改革创新与法制国土建设………………………… 22

第五节　健全和完善我国国土空间规划的路径选择………………… 33

第二章　国土资源优化配置与生态安全的战略性空间格局 ………… 40

第一节　国土资源优化配置的分析与突围…………………………… 40

第二节　国土空间生态修复的持续管理……………………………… 52

第三节　单一生态过程的安全格局…………………………………… 56

第四节　综合生态安全格局构建……………………………………… 68

第三章　国土开发空间的组织与优化 ………………………………… 71

第一节　都市圈、城市群、发展轴、经济区的关系研究…………… 71

第二节　中国城市群的构建与空间规划技术方法…………………… 75

第三节　中国发展轴发展分析………………………………………… 80

第四节　中国重点经济区的构建……………………………………… 85

第五节　优化国土空间开发格局的体制机制………………………… 86

第四章 国土空间规划的世界观和方法论层面的革故鼎新 ·················· 91

第一节 中国国土空间规划的发展历程与演变 ·················· 91

第二节 西方土地空间规划的模式考察 ·················· 94

第三节 中国城市群的形成发育与空间政策格局 ·················· 112

第四节 新时代空间规划以人为本的思维路径 ·················· 128

第五章 新常态下国土空间规划新理念及技术方法 ·················· 131

第一节 土地资源安全评价与安全保障 ·················· 131

第二节 土地利用与耕地保护 ·················· 139

第三节 蓝色国土管理 ·················· 145

第四节 城乡规划新空间新思维 ·················· 154

第五节 空间布局耦合的技术与方法 ·················· 156

第六节 综合管治技术与方法 ·················· 161

第六章 城市国土空间规划案例 ·················· 166

第一节 省会城市、直辖市国土空间规划案例 ·················· 166

第二节 区域国土空间规划案例 ·················· 175

第三节 市县级国土空间规划案例 ·················· 186

结 语 ·················· 198

参考文献 ·················· 200

后 记 ·················· 205

绪 论

一、研究的缘起

2019 年 5 月，中共中央、国务院《关于建立国土空间规划体系并监督实施的若干意见》明确将主体功能区规划、土地利用规划和城乡规划等空间规划相融合，今后就是一个名称，叫作国土空间规划。近些年国家的社会经济得到了较快发展，国家发展的成果也可以从各个行业和领域中得到体现，同时国家经济发展也对相关领域的工作提出了更高的要求，其中国土空间规划就是需要不断提高和加强的领域，国土空间规划对国家的发展具有重要的意义，是国家进行战略开发的重要依据。可以说，国土空间规划的水平能在很大程度上影响国家的战略规划，目前的国土空间规划工作已经不仅仅是简单的土地分类工作，在新发展理念下，国土空间规划还肩负着战略性研究引导和协调区域发展的责任，加强国土空间规划，提高国土空间规划的水平对促进国家可持续发展，提升国家的发展潜力具有重要意义。因此，以全面发展理念为指导开展新时代国土空间规划研究具有深刻现实缘起。

（一）深化生态文明改革的需要

2012 年 11 月，中国共产党第十八次全国代表大会首次把生态文明建设纳入中国特色社会主义事业总体布局，首次提出经济建设、政治建设、文化建设、社会建设、生态文明建设"五位一体"，并将生态文明建设置于突出地位，明确指出，建设生态文明，是关系人民福祉、关乎民族未来的长远大计。面对资源约束趋紧、环境污染严重、生态系统退化的严峻形势，必须树立尊重自然、顺应自然、保护自然的生态文明理念，优化国土空间开发格局，全面促进资源节约，加大自然生态系统和环境保护力度，加强生态文明制度建设，把生态文明建设放在突出地位，融入经济建设、政治建设、文化建设、社会建设各方面和全过程，努力建设美丽中国，实现中华民族永续发展。

党的十八届三中全会在《中共中央关于全面深化改革若干重大问题的决定》中，明确要求，围绕建设美丽中国深化生态文明体制改革，加快建立生态文明制度，健全国土空间开发、资源节约利用、生态环境保护的体制机制，推动形成人与自然和谐发展现代化建设新格局；建设生态文明，建立系统完整的生态文明制度体系，用制度保护生态环境。健全自然资源资产产权制度和用途管制制度，划定生态保护红线，实行资源有偿使用制度和生态补偿制度，改革生态环境保护管理体制。建立空间规划体系，划定生产、生活、生态空间开发管制界限，落实用途管制。健全能源、水、土地节约集约使用制度。推进空间规划体制改革，加快规划立法，建立统一的、体现生态环境优先位序的空间规划体系。

2013年底，中央城镇化工作会议召开，会议明确提出城市规划要由扩张性规划逐步转向限定城市边界、优化空间结构的规划。2014年6月，环境保护部办公厅发布《关于推进新型城镇化建设加强环境保护工作的通知》，要求从基础数据、规模、布局、时序、保障措施、规划体系方面，增强与经济社会发展规划、城市总体规划、土地利用总体规划等重大规划的相互衔接能力。为把环境保护作为基础性的因素进入"多规合一"奠定了基础。同年，习近平总书记提出"新常态"，要求在保护生态环境的前提下，促进经济社会的高质量发展，走中高端的发展道路，因此，有效的生态环保措施是经济健康发展的有力保障。

2014年8月，国家发展改革委、国土资源部、环境保护部和住房城乡建设部联合下发《关于开展市县"多规合一"试点工作的通知》，将开化、临湘、于都等28个县级地区列入试点地区，正式开展市县空间规划改革试点，以此探索经济社会发展规划、城乡规划、土地利用规划、生态环境保护规划"多规合一"，形成一个市县一本规划、一张蓝图的有效机制，这是2014年中央全面深化改革工作中的一项重要任务。开展市县"多规合一"试点，解决市县规划自成体系、内容冲突、缺乏衔接协调等突出问题，保障市县规划有效实施的迫切要求；强化政府空间管治能力，实现国土空间集约、高效、可持续利用的重要举措；改革政府规划体制，建立统一衔接、功能互补、相互协调的空间规划体系的重要基础，对于加快转变经济发展方式和优化空间开发模式，坚定不移实施主体功能区制度，促进经济社会与生态环境协调发展具有重要意义。其试点改革，改变的不只是空间规划，还有资源管理和配置方式，以及转变政府职能，深化简政放权，促使行政职能的调整和行政效能的提升

2014年5月18日，在北京召开全国生态环境保护大会。会议提出要加快构建生态文明体系，加快建立健全以生态价值观念为准则的生态文化体系，以产业生态化和生态产业化为主体的生态经济体系，以改善生态环境质量为核心的目标责任体系，以治理体系和治理能力现代化为保障的生态文明制度体系，以生态系统良性循环和环境风险有效防控为重点的生态安全体系。要通过加快构建生态文明体系，确保到2035年，生态环境质量实现

根本好转，美丽中国目标基本实现。到 21 世纪中叶，物质文明、政治文明、精神文明、社会文明、生态文明全面提升，绿色发展方式和生活方式全面形成，人与自然和谐共生，生态环境领域国家治理体系和治理能力现代化全面实现，建成美丽中国。要全面推动绿色发展。绿色发展是构建高质量现代化经济体系的必然要求，是解决污染问题的根本之策。重点是调整经济结构和能源结构，优化国土空间开发布局，调整区域流域产业布局，培育壮大节能环保产业、清洁生产产业、清洁能源产业，推进资源全面节约和循环利用，实现生产系统和生活系统循环链接，倡导简约适度、绿色低碳的生活方式，反对奢侈浪费和不合理消费。

因此，生态环保部急需一套完整高效的技术方法体系和管理机制，用于加强国土空间的生态综合管治，并依此提出明确的管理措施，指导各级政府逐级实施。

（二）健全国土空间开发制度的需要

国家发展改革委于 2014 年 11 月出台了《关于"十三五"市县经济社会发展规划改革创新的指导意见》（以下简称"指导意见"），其中，"指导意见"指出"十三五"市县规划要进一步落实主体功能区战略，综合调控各种空间需求，按照与资源环境承载能力相适应的原则，引导和约束各类开发行为，增强市县政府空间管治能力，推动市县政府治理能力现代化。

2015 年 9 月，为加快建立系统完整的生态文明制度体系，加快推进生态文明建设，增强生态文明体制改革的系统性、整体性、协同性，中共中央、国务院印发了《生态文明体制改革总体方案》（以下简称《方案》）。《方案》明确提出，构建以用途管制为主要手段的国土空间开发保护制度，完善主体功能区制度，划定并严守生态红线，着力解决过度开发、生态破坏、环境污染等问题。我国生态空间管治还处于理论探索阶段，急需健全和完善生态空间管治制度，引导和约束各类开发行为，为生态环境管理提供更多的政策管治工具，推动生态环境治理体系与治理能力现代化。

《方案》强调要树立生态文明体制改革的理念，树立尊重自然、顺应自然、保护自然的理念，必须将生态文明建设放在突出地位，融入经济建设、政治建设、文化建设、社会建设各方面和全过程；树立发展和保护相统一的理念，坚持发展是硬道理的战略思想，发展必须是绿色发展、循环发展、低碳发展，平衡好发展和保护的关系，按照主体功能定位控制开发强度，调整空间结构，实现发展与保护的内在统一、相互促进；树立绿水青山就是金山银山的理念，坚持发展是第一要务，必须保护森林、草原、河流、湖泊、湿地、海洋等自然生态；树立自然价值和自然资本的理念，保护自然就是保护和发展生产力；树立空间均衡的理念，把握人口、经济、资源环境的平衡点推动发展，人口规模、产业结构、增长速度不能超出当地水土资源承载能力和环境容量；树立山水林田湖是一个生命共同体的理念，按照生态系统的整体性、系统性及其内在规律，统筹考虑自然生态各要素、山上山下、地上地下、陆地海洋以及流域上下游，进行整体保护、系统修复、综合治理，增强生态系统循环能力，维护生态平衡。

国土空间管制一直以来侧重用途管制，由于缺乏有效的理论依据、技术方法和管制体系而难以实施功能管制，造成空间管制的手段主观性大于客观性，空间管制的结果既不科学严谨，也不一定有成效，而空间资源的有限性致使国土空间的功能管制需求迫切，急需一套更加科学合理的管制机制。

（三）推进城市环境总体规划工作的需要

"十一五"以来，我国通过编制实施经济社会发展规划、城市总体规划和土地利用总体规划等促进了城市经济社会发展，但这些规划对资源环境要素的空间布局安排不够全面、深入，管理措施被动、单一，是"结果导向型"而不是"预防导向型"，是事后处置，是结果型的、被动的、后置的，而不是事前预防的主动的、前置的规划，缺乏一个具有发展战略性、区域协调性和空间开发统筹性的生态环境保护与建设的顶层设计，造成城市环境治理处于事后、末端、补救的局面。因此，城市环境治理要向前端推进，考虑从源头上解决问题，要求规划编制从要素处理、综合治理转变到社会治理，从开始重视要素末端，然后到源头、过程、末端的全过程，发展到公共服务、公共产品的社会治理，突出预防重于应对、规划引领管理的思路，城市环境总体规划呼之欲出、应运而生。城市环境总体规划，是国家城镇化战略的重要组成部分，实施城市环境总体规划对于优化经济发展、改善环境质量、保障民生具有重大意义，是推进城市生态文明建设顶层设计的关键基础；是从源头上对城市环境治理进行顶层设计，科学分析、准确把握城市生态环境建设与保护中存在的问题，统筹谋划、研判提出环境治理对策和措施，坚持预防为主，有效防止出现风险和问题后再去补救、治理和堵塞，坚决做到不欠新账，走出一条低投入、低消耗、少排放、高产出、能循环、可持续的新型工业化道路，促进在城市中人与自然和谐共处、良性互动、持续发展，构建科学合理的城市化格局、生态安全格局，破题不同城市发展阶段中所遇到的"成长中的烦恼"或"成功后的困惑"，推动城市经济社会健康集约发展；是为所在城市的环境管理工作找到坐标、明确目标、查找问题、提出对策，其中坐标要有维度、目标要有高度、问题要有深度、对策要有力度。因此，城市环境总体规划既是适应城市自身发展，更是走向区域和潮流，既是破解城市经济社会发展面临的资源环境管理约束和瓶颈问题的有力手段，更是解决新型城市化、新型工业化两轮驱动背景下，在城市尺度下大胆探索经济社会发展和环境保护的关系，从提高竞争力、满足幸福度、加强公共治理的角度把城市环境总体规划融入城市治理中真正实现城市环境治理转型,从而使城市环境总体规划不但成为城市经济社会发展的必需,而且成为经过努力可以实现的选择。坚持推进城市环境总体规划是加快城市生态文明建设、制度建设,探索环境保护新路的重要举措,以更加深远的眼光和宏观思维来思考城市发展内涵、发展战略,用更加科学的理念和先进的手段谋划城市经济社会发展的蓝图,更为重要的是要从源头、顶层加强规划、政策、标准等制定和实施。坚持推进城市环境总体规划是破解资源环境瓶颈约束,促进城市经济社会健康发展的现实需要,坚持"在保护中发展,在发展中保护",通过城市环境总体规划进行前置性管理、约束,推动经济发展方式转变、加快结构调整、控制开发强度。坚持推进城市环境总体规划是坚持以人为核心,不断满足人民群众日益增长的生态产品需求的内在要求,积极推进城市环境总体规划,在城市发展的全过程、各领域和各环节充分体现以人为核心、环境友好的发展理念。

统筹谋划、有效满足人民群众热切期待的"舌尖上的安全"、清洁空气、洁净饮水、良好气候、优美环境等优质生态产品和健康需求。坚持推进城市环境总体规划是提升城市环境治理水平,应对国际挑战的重大任务,让每个城市找到自己的定位与世界发展模式进行对比,发现自己的长处和优势,但更多是在综合实力、城市治理、生态环境、体制机制等方面与世界水平存在的差距和不足,就可以主动应对国际挑战,加快实施跨越式的绿色发展战略,在未来的国际经济竞争格局中才能赢得主动,扩大我国经济社会发展空间。

在《国家环境保护十二五规划》中首次提出编制城市环境总体规划的要求,环境保护部2012年颁发了《关于开展城市环境总体规划编制试点工作的通知》(环办〔2012〕1088号),在福州、广州、成都、南京等12个城市启动第一批规划试点。随着试点城市对于城市环境总体规划工作的开展,至2013年已经有第二批城市环境总体规划制定试点启动,为指导和规范环境总规的编制,环境保护部制定了《城市环境总体规划编制技术要求(试行)》,之后该项工作在全国市县范围内广泛开展。然而,在实施过程中出现如下问题:由于规划目标专向性强,与既有规划存在较多分歧,理论和技术上难以突破和支撑;在规划范围上覆盖全域分区较粗,边界模糊,缺乏有效的落地方法;在规划内容上偏重现状环境治理,没有对空间进行功能溯源,难以提出分区管治建议;在实施方面也受限于多规交叉的局面,而缺乏实施的机制和平台。

(四)城乡空间规划管理的需要

作为一项工作,国土空间规划合并了过去分设在不同部门的主体功能区规划、土地利用规划和城乡规划,其核心内容是对未来的国土空间使用进行组织和安排,因此,"规划"的本质没有改变,组合的是规划对象和地域空间的范畴。从这样的角度看,国土空间规划是城乡规划的再发展，但正由于对象和空间地域范围的变化，面对的各类组织要素和行为的不同，也就对相应的规划理念、规划方法带来新的内容和要求，这是规划工作者在未来的工作中必须面对并进行调整的。

对于城乡规划背景的规划工作者而言，尤其需要关注这样几方面变化所带来的影响：全域、全要素、全使用方式和全覆盖。在规划工作中，要认识所进行的具体规划工作的定位及其特征，充分辨别"点"的规划和"域"的规划之间的差别，在总体规划工作中，掌握全域规划的统筹方式方法；要认识各类国土空间构成要素自身的发展规律和所需要的支撑条件，以及它们之间共生依赖的关系；要认识不同的空间使用类型的特点及其使用方式，并且明晰各自的决策逻辑和可能产生的外部效应，以及各种使用之间的相互依存、相互竞争的关系；要认识国土空间规划体系的完整性和严密性，各级各类规划的职责任务以及融合进体系的关键节点。在面对这样一些转变的过程中，要建立完整地域、完整要素在现状使用基础上的整体规划的理念，也就是要确立"满"的空间理念；要建立生态文明的认识论来认识其中的各类关系，依据生态文明的价值观来改造世界，处理规划过程中的各类关系；要从服务于国家治理体系和治理能力现代化的角度出发，与各层级的治理结构相融合，成为以空间地域为单元的综合治理的重要内容和实现手段。

（五）贯彻新发展理念的需要

把握新发展阶段、贯彻新发展理念、构建新发展格局，是以习近平同志为核心的党中央统筹中华民族伟大复兴战略全局和世界百年未有之大变局，与时俱进提升我国经济发展水平、塑造我国国际经济合作和竞争新优势作出的重大战略判断和战略抉择。新发展理念是一个系统的理论体系，回答了关于发展的目的、动力、方式、路径等一系列理论和实践问题，阐明了我们党关于发展的政治立场、价值导向、发展模式、发展道路等重大政治问题，必须完整、准确、全面贯彻新发展理念，确保"十四五"时期我国发展开好局、起好步。社会经济高质量发展、高水平发展、和谐发展和绿色发展的目标，对自然资源部门提出了划定空间布局、优化配置、生态治理、高效利用、确权登记等工作重点。这些重点体现了鲜明的时代性，体现了推进国家治理体系和治理能力现代化的要求，从客观上要求落实全面发展的理念，用全面发展来指导经济社会发展和国土空间规划。国外空间管治理论与技术方法相对成熟，但在中国的转化和落地尚有较大差距，解读性和应用性不强；国内国土空间规划研究中关于生态价值、生态伦理与国土空间管治的有机衔接的研究还不充分，针对性和现实性不足，没有形成一个系统性、宏观性的理论结构框架与方法体系，也是国土规划的一大短板，更缺乏的是以发展理念为指导，坚持全面发展来深化对国土空间规划研究。

因此，以全面发展指导新时代国土空间规划，目的是要把党中央、国务院的重大决策部署，把国家安全战略、区域发展战略、主体功能区战略等国家战略，通过约束性指标和管控边界逐级落实到最终的详细规划等实施性规划上，保障国家重大战略落实和落地。因为当前亟须建立体现生态环境价值优先、尊重生态伦理的创新理论，建立复合生态系统安全格局耦合模型；建立优化高效、绿色协调的分区管治的技术方法体系，增强针对性和有效性，进一步完善环境管理学科建设，满足现实需求和响应政策落地要求城市环境管理是城市政府运用各种手段，组织和监督城市各单位和市民预防和治理环境污染，使城市的经济、社会与自然环境协调发展，协调人类社会经济活动与城市环境的关系以防止环境污染、维护城市生态平衡的措施。其主要特征是：事后治理、经验预防、趋势判断。与预测开发量为主导的既有城市规划体制难以融合。

二、研究的内容与方法

国外学者对空间规划体系的研究，多立足于空间规划的本质含义，对不同层次的地域单元的空间规划与空间策略进行研究。如前述，"空间规划"（Spatial Planning）这个概念的使用和实践多集中在欧洲，特别是西欧（欧盟）国家，研究视野多种多样。在空间转型、城镇化出现新特点和政府职能转变的情况下，通过空间协作，使用空间管治策略，以及采用复合的规划手段成为他们共同关注的焦点。同时，规划中不仅关注土地利用，还将与之相关的方方面面统筹研究。上述研究在本质上是将规划理解为一个多元的空间调控机制，空间规划被拓延为一个完整统一的体系。例如，路易斯·埃布莱其兹等（Albrechtsetal，2003）在研究空间战略规划的时候，立足于城市与区域规划层次，而又突破现有层次，实现多层次的统筹考虑；对于空间规划的形式，安得莱斯·弗莱蒂（Faludi，2000）等也有研究。

国外在研究空间规划体系的时候，对于空间规划体系与其分支体系的界定还是比较清晰的。比如，帕希·海莉（Healey，1993）认为，对欧洲国家的城市规划以及城市规划体系，与国家层面以及跨区层面的规划运作和制度组合方面的考虑还要加强。这种关切是建立在对组成总体空间规划体系不同层面的各类规划概念明确的基础之上的。另外，从国外的研究成果来看，对于空间规划体系有狭义与广义之分。狭义的空间规划体系是指国家、区域层面上的空间规划体系。广义的空间规划体系则包括国家、区域、城市、地段等各个空间层面上的空间规划所构成的完整的体系。

20世纪90年代以来，中国学者关于空间规划体系的研究除了上述分析的对空间规划体系基本概念的论述外，总体上分为三个方面：其一，世界诸国空间规划体系的经验与介绍；其二，我国空间规划体系存在的诸多问题与改进策略；其三，地方实践过程中对空间规划体系的认知和具体运用。国内学者大量介绍了诸国空间规划体系的发展状况，其中有发达国家也有部分发展中国家。总体上看，近年来，"规划体系"这个研究命题，吸引了来自城乡规划、人文地理、城市管理、建筑设计、公共管理等学科学者的广泛关注，也涌现出了一批探讨"规划体系"的代表性著作。中国城市规划学会和《城市规划杂志》主编的《三规合——转型期规划编制与管理改革》（2014 年）为集中的代表，该书是探讨多规合一与空间规划体系论述的综合集成。个人专著方面的文献也有一些，如王凯的《国家空间规划论》（2010 年）、王金岩的《空间规划体系论——模式解析与框架重构》（2011年）、何流的《基于公共政策导向的城市规划体系变革》（2010 年）、潘安等的《规模、边界与秩序——三规合一的探索与实践》（2014 年）、顾朝林的《多规融合的空间规划》（2015 年）、吴晓松等的《中英城市规划体系发展演变》（2015 年）、林竹的《城市价值创造："多规合一"与城市运营模式》（2016 年）……这些著作引起了学术界的关注，但是全面论述空间规划体系系统原理和治理特征的专著依然凤毛麟角。

中共"十八大"以来，在我国的快速城镇化发展和社会转型大背景下，"空间规划体系问题已经成为一个与国家的总体改革同步，与现代城乡治理体系建立相合拍的时代性命题，建立"空间规划体系"已经成为重要的国家战略。同时，我国的空间规划实践中，改造不合理空间规划体系已经成为从中央到地方，提高政府治理能力、实现治理体系现代化的重要环节。特别是 2014 年以来，以"多规合一"为代表的地方实践，丰富了空间规划体系的内容，探索了空间规划体系中国范式的建构，成为探索空间规划体系和空间治理基本原理的前沿热点。不过，国内学者对空间规划体系的研究与我国空间规划体系的发展一样，还处在起步阶段；政府、学界关于"空间规划体系"基本内容、构成要素等这一系列基本问题的共识还在凝聚过程中。在一个可以预见的未来，融合了政治、经济、文化、生态、政策、工程、技术的中国"空间规划学"及空间规划学科必然会诞生。

本书以全面发展视域下国土空间规划为研究中心，从分析、健全和完善国土空间规划的路径入手，站在新时代背景下从国土空间规划研究的需求出发，总结国土空间规划体系下中国国土空间规划的理论框架，对国土空间规划体系下的新内涵、新要求、要素体系、管理体系及技术方法和案例等进行详细论述。主要内容如下：

第一章首先介绍了以全面发展指导新时代国土空间规划的必要性，然后介绍了国土空间规划体系的内涵与类型，探讨空间规划体系所依托的理论基础，这是建构理论范式的起始点介绍如何对国土资源进行改革与创新，最后对如何健全和完善我国国土空间规划的路径进行探讨。

第二章首先论述了国土资源优化配置研究进展和主要矛盾，然后阐述主导空间规划运行的价值主体——政府，在压力和挑战面前又怎么实现突围，最后分析构建了水源涵养、洪水调蓄、生物保护、沙漠化和水土保持五种单一生态过程的生态安全格局，并在此基础上构建综合安全格局。

第三章首先介绍都市圈、城市群、发展轴、经济区等空间概念，然后提出了优化国土空间开发格局的财政、空间规划、区际利益和政绩考核四大体制，提出要合理确定事权与支出责任，建立有利于调动地方积极性的收入划分制度，有利于平衡地区财政收支差距的转移支付制度和有利于地区公平竞争的税源与税收对等制度；明确空间规划的定位，完善空间规划体系，处理好各类规划间的关系；建立区际利益协调的多元化治理机制、组织机制及其法律法规；根据不同类型区域特点制定具体的政绩考核评估体系和完善政绩考核配套措施等。

第四章首先介绍了中国国土空间规划的发展历程与演变，然后分析和梳理主要发达国家（荷兰、日本、美国等）的空间规划体系的概念及其构成、空间规划体系的形成和演变过程及其影响因素等，总结对我国国土空间规划的启示，阐述了中国城市群的形成发育规律与未来高质量发展的策略，最后介绍了以人为本的思维在国土空间规划中的作用。

第五章主要论述国土空间规划的理念与技术创新，主要内容包括土地资源安全评价与安全保障、土地利用与耕地保护、蓝色国土管理、城乡规划新空间新思维、空间布局耦合的技术与方法、综合管治技术与方法。

第六章在系统梳理国土空间规划框架体系基础上，从具体项目的实践出发，选取具有代表性的先行案例，阐述当前我国国土空间规划的价值取向和实践经验，主要分为省会城市、直辖市国土空间规划案例，区域国土空间规划案例，市县级国土空间规划案例三部分。

国土空间规划是国家建设的重要内容，只有认清现状，解决其中存在的问题，完善国土空间规划的法律机制，进一步健全国土空间规划体系，革新行政体制，才能做好国土空间规划工作，推动地区建设的健康发展。

三、研究的意义与不足

对国土空间规划体系问题进行研究和关注具有理论意义和实践意义。

第一，以全面发展视域对国土空间规划体系进行研究具有理论意义。

本书以全面发展视域对国土空间规划体系的基本范畴和价值进行深入剖析，对我们探究地域文明和人类治理文明也是一条路径。国土空间规划是国家发展思路和发展战略的直观体现，对国家战略规划的实施具有十分重要的影响作用，因此需要将国土空间规划重视起来。新时期我国对于国土空间规划工作也在不断重视，但是，由于我国相应产业发展较晚，所以国土空间规划工作的开展仍旧存在着一定的缺陷，比如在信息收集方面，引领当地居民参与国土规划工作之中，等等。这仍旧需要我国学者以及相应技术人员不断进行努力，为我国的国土空间规划工作发展做出一定的贡献。必要的时候也可以借鉴西方在国土空间规划上的研究以及经验，但是要考虑到我国当前的状况。国土空间规划工作对于一个地区的发展有着较为深远的影响，因此加强以全面发展视域对国土空间规划的研究，从而提高国土空间规划的研究学术水平。

第二，以全面发展视域对国土空间规划体系进行研究具有实践意义。

在实践中，我国的规划运作体系尚不完善，不能适应当代国土空间开发活动的需要。这些不完善表现在行政体系扯皮、法律体系混乱、运作体系重复等方面。广大规划业内人士普遍将土地利用规划、区域规划、城乡规划、国民经济和社会发展规划、生态环境规划等当作一个不言自明的空间规划体系，但是国家层面尚无十分明确的法律表述。技术与运作相互衔接的框架还没形成，在具体的审批时序与运作程序上也没有一个十分清晰的逻辑关系，民众参与空间规划的运行和空间治理的制度还不够完善。某些基层实践，甚至按照"谁先获得审批就按照谁来执行"，出现"规划不如领导一句话"的尴尬局面。在新型城镇化推进和经济新常态发展背景下，"多规合一"的探索可谓如火如荼，也积累了大量空间规划体系框架建构的地方经验，但是对于到底应该如何改革，在实践领域，大家提出的模式也是五花八门。因此，以全面发展视域关于国土空间规划体系研究的命题在实践上具有时代意义，正契合了中国空间规划、空间规划体系体制改革的需求。

第一章 全面发展视域下新时代国土空间规划相关概述

国土空间规划是推进"多规合一"、加强自然资源管理的战略保障，也是新时代发展亟须破解的关键性问题，对完善我国空间治理体系、协调经济高质量发展与绿色发展关系具有重要意义。我国国土空间规划的重点在于建立并完善国土空间规划体系，厘清各项规划内容、作用、地位及其相互作用关系，编制上位国土空间规划满足顶层管制所需，综合推进并完善国土空间规划运行机制、实施路径及其配套政策体系，确保国土空间规划实施成效，促进新时期经济社会发展与生态保护关系协调。

第一节 以全面发展指导新时代国土空间规划的必要性

随着中国特色社会主义进入新时代，全面发展是深入贯彻新发展理念的必然要求，也是经济社会发展和国土空间规划的指导性理念。新发展理念是发展行动的先导，是管全局、管根本、管方向、管长远的东西，是发展思路、发展方向、发展着力点的集中体现。立足新发展阶段，完整、准确、全面贯彻新发展理念，构建新发展格局，统筹好生产、生活、生态三大空间，就要高标准推进新区国土空间规划落地落实。诸如，要敬畏顺应自然，把绿色发展摆在更加重要的位置，科学统筹生态修复、环境保护、产业发展，全方位全过程提高自然资源集约利用水平，努力建设生态文明新城。要优化提升产业，紧盯碳达峰、碳中和目标，积极探索、先行快试，大力推进绿色产业创新发展，加快构筑适应新发展格局的产业链、供应链合作体系，打造产业集聚创新高地。尤其是与原有的主体功能区规划、土地利用规划和城乡规划还有其他的空间类规划相比，新的空间规划体系首先是更加注重落实新发展理念，第一节以全面发展指导新时代国土空间规划，促进高质量发展，更加注重坚持以人民为中心，满足人民对高质量美好生活的愿望，更加致力于提高空间治理体系和治理能力现代化。

新发展理念是创新、协调、绿色、开放、共享的发展理念，不论是贯彻协调发展理念，还是落实绿色发展理念，抑或统筹落实这五个发展理念，都需要落实全面发展的理念，用全面发展来指导经济社会发展和国土空间规划。值得注意的是，在以往自然资源开发利用强度较高的时期，主要侧重自然资源开发利用的管理和规范，而对自然资源开发后的修复治理考虑不够，自然资源和生态修复历史欠账多，需要实施生态修复的规模大，生态修复机制不健全，任务十分繁重。同时，土地利用粗放、整治不足的问题仍然比较突出。在快速推进城镇化进程中，如何提高土地利用效率，优化土地利用结构和空间布局，是自然资源管理工作中的重点。因此，推进新时代国土资源规划，要坚持以全面发展为指导，在战略性上突出前瞻性的长远指引和上位的顶层设计，在约束性上突出规划刚性内容和实施的刚性手段，在精准化上突出差异化发展模式及针对性规划举措，在系统化上更加注重不同规划间的协调及规划同实施规划的机制设计的协调，着眼日益复杂的规划对象和规划系统性、科学性的取向要求，形成贯彻立足新发展阶段，贯彻新发展理念，加快构建新发展格局的国土空间规划新局面。

2020年11月2日，习近平总书记在中央全面深化改革委员会第十六次会议上强调，"十四五"时期我国将进入新发展阶段。新征程已经开启，要坚定不移贯彻新发展理念，加快构建新发展格局，要加强前瞻性思考、全局性谋划、战略性布局和整体性推进。全面发展视域下新时代国土空间规划就是在贯彻新发展理念的指导下，以全面发展的理念来深入指导新时代国土空间规划，从整个研究进路看，以全面发展视域下国土空间规划为研究中心，从分析、健全和完善国土空间规划的路径入手，站在全面发展视域下从审视新时代国土空间规划研究的需求出发，总结国土空间规划体系下中国国土空间规划的理论框架，对全面发展理念视域下国土空间规划体系下的新内涵、新要求、要素体系、管理体系及技术方法和案例等进行详细论述。全面发展视域下新时代国土空间规划既有理论和方法研究，又有案例实践与综合。这种规划形成的思路与结论、理论和方法，有利于深入贯彻新发展理念，将全面发展理念广泛应用于发改、国土、环保和住建等领域。

第二节　全面发展视域下国土空间规划体系的内涵与类型

20世纪80年代以来，西方发达国家的规划理论和实践更加关注空间发展的整体性和协调性，重新回归以物质空间规划为主要内容的规划体系，并在原有物质规划的基础上，更加注重经济目标、社会目标和环境目标，欧盟为了避免各国城乡规划体系称谓不同，将这种具有整合和协调功能的规划称为空间规划（Spatial Planning），这种规划具有综合性、协调性和战略性，逐步成为其他国家对不同地域层次规划体系的统称。①

国家空间规划体系是一个国家工业化和城镇化发展到一定阶段，为协调各类各级空间规划的关系、实现国家竞争力、可持续发展等空间目标而建立的空间规划系统。对于大多数国家而言，国家空间规划是国家完善市场体系，提高竞争力，进行宏观调控不可缺少的手段，是中央政府站在国家立场，防止和纠正完全自由经济体制下市场失灵、进行政府干预的一种手段。由于各国的整治、经济、社会发展历程和现状不同。空间规划体系的建立初衷、管制手段、主要内容和实施效果均不尽相同，表1-1所示为从不同的视角出发，对各国的空间规划体系进行分类。

表1-1　空间规划体系分类

划分标准	类型	代表国家
以规划内容为标准	区域经济发展政策型	法国、葡萄牙
	综合型	荷兰、德国
	土地利用型	英国、爱尔兰
	城市设计与环境美化型	意大利、西班牙
以规划目的为标准	引导发展型	日本
	控制不平衡型	韩国
	综合治理型	中国、新加坡
以规划体系结构网络为标准	垂直型	德国、中国
	网络型	日本
	自由型	美国、加拿大

第三节　空间规划体系的形成机理

空间规划体系的理论基础包括地理空间论、人地关系论和规划论。其中，地理空间论是空间规划体系立论的基础；人地关系论是探讨人地作用模式下空间规划体系定位的基础，亦即将空间规划体系当作一种重要的人地关系作用范式；规划论是界定空间规划体系中空间规划"元"基本属性的重要理论，亦即探讨各类空间规划的组织关系。

---

① 　王凯. 国家空间规划论［M］. 北京：中国建筑工业出版社，2010.

一、地理空间论

从古代开始，地理空间现象的分异、结构、排布，乃至背景，一直是空间研究的中心课题，其原因是地球表面上的一切地理现象、地理事件、地理效应、地理过程，都发生在以地理空间为背景的基础上（牛文元，1992），近代区域学派的创始人赫特纳认为，空间本身是一种观念形式，只有通过特定的内容才能获得实在的意义。20世纪50年代以来，虽然整个西方世界的地理研究方法依然如故，但是出现了寻找"焦点"的趋势（约翰斯顿，1999），普雷斯顿·詹姆斯（Preston James）认为，地理学的专门技术是关于位置的意义和事物的空间关系。沃森也赞同这种看法，认为地理学是关于距离的学科，空间的相关位置。

（location）是其中心议题。哈格特认为，地理学是研究空间分布的学科，在描述空间结构的模式与秩序时，他把空间分解出六个几何要素，分别为运动、路径、节点、节点层次、地面和扩散。莫里尔在《社会的空间组织》（*The Spatial Organization of Society*）一书中强调，人文地理学的核心要素为空间、空间关系和空间中的变化，并认为一切的区位选择和土地利用都要以费用最小为目的。很多学者（例如埃布勒、亚当斯、古德尔等）都主要把研究精力集中在以"费用最小为核心"的逻辑实证主义探讨上。从地理几何学以及逻辑实证主义层面对空间进行诠释是一个具有现代理性的简洁视角。尼斯图恩进一步提出了抽象的地理空间概念：要考虑有多少独立的概念构成了空间观点，而这些观点是地理学观点的基础；他认为方向、距离和联系性是抽象地理学的基本概念，并把这种抽象建立在位置（position，抽象的地点），而不是区位（location，实际的地点）概念之上。大卫·哈维（1996）则试图讨论并发展一种地理空间语言，使之在地理分析上起到一种模型作用。20世纪50年代至60年代以来，现代西方地理学家对地理空间的诠释，大致分成两派：一派为实证主义地理空间视野，另一派为反对实证主义的地理空间视野。在对空间的定位上，分为抽象的地理空间和实际的地理空间。在对地理空间本质的争论中，哈维自身可以说是这种争论的代表。他一方面在《地理学中的解释》一书中使用了逻辑实证主义的方法来解释空间，另一方面则批评自己曾经倡导的这种思想方法。

例如，他在对《地理学中的模型》出版后二十年的情况进行评价时，批评了逻辑实证主义的地理空间认识论。

大卫·哈维（1996）在分析空间的概念时认为，空间本身就具有"多维"的观点，即心理学家侧重空间感知的生理学基础；社会学家侧重文化背景差异造成的广泛的文化形态；物理学家侧重把空间看成物质世界的相对质量，或者把空间看作物质实体的容器。哈维分析了地理学中的空间哲学，认为空间的绝对概念和相对概念常常存在对立，如果不去参照特定的文化、艺术、科学等所发展的空间概念，理解地理空间的概念是不可能的，因为空间的地理观念被深深地嵌入广泛的文化体验中。同时，哈维也指出，无论是哲学的目的还是经验的研究，无须对空间持一种僵硬的观点，空间概念本身就是多维的。后来，他本人出现了"转向"，用马克思主义的观点来解释"空间"，认为空间是资本积累的集中地，资本就是要用时间来"寻找"和"消灭"空间，不断地寻找积累地点。所谓的后现代的空间也只不过是资本积累的"障眼法"。

在哈维之前，系统地论述"空间"的巨著是亨利·列斐伏尔（Henri Lefebvre）的《空间的生产》，在该书中，列斐伏尔突破了传统的空间观念，他通过区分自然空间和绝对空间，认为自然空间是社会过程的源头并且不会完全消亡，但现在主宰人类生活的却是社会空间。他进而提出了一种关于空间的社会生产的理论，即空间在根本上是依靠并通过人类的行为生产出来的。他指出，每个社会都会生产自己的空间，反过来，空间也暗示了对社会关系的容纳和掩盖；以往人们考察的只是空间中的生产，而现在应该转向考察空间自身的生产。至于如何生产空间，他认为任何由社会生产出来的空间都是由"空间实践""空间再现"和"再现空间"辩证地组合而成的，它们各自与"感知的""构想的""实际的"特定认知方式相连。这种社会空间不是意识形态化的，也不是马克思的相对理想主义的单一政治策略，而是在承认空间差异性下的一种多方面、多形式的策略修正。

哈维质疑了列斐伏尔的说法，认为这过分强调了空间关系的因果方面。爱德华·苏贾（2006）进一步指出，列斐伏尔稀释了资本主义制度下的内部矛盾。同时，对于区分事物存在的客观形式的"环境空间"和社会组织形式以及生产的"创造空间"，对前者进行深入的讨论是分析空间性的基础（理查德·皮特，2007）。本书也对列斐伏尔的观点有所质疑：其一，如何才能使抽象的社会空间接近社会现实？现在的空间现实是否又是值得比较的？其二，内在联系的社会空间进行"策略修正"的原动力到底在哪里？另外，结构马克思主义学者迈组·卡斯特斯（Manuel Castells）认为，空间本质上是空间结构的表达，必须将经济的、政治的、意识形态的，以及在根本上由经济决定的生产方式法则在结构上有机联合起来，这从马克思主义的视角上解释了空间的内涵。

除了上述对地理空间多元属性的分析，广大学者还对地理空间的有序性进行了分析。从空间的有序性去认识空间，是一种对混乱的克服，克服的程度代表生命进化的阶段。有序产生于无序，地理空间环境总是在这种有序与无序的转换中，通过克服混乱而前行。地理空间的有序性还在结构上具有包容性和嵌套性。由于地理空间结构的有序性，在进行地理分析的时候就产生了体系上的有序表达，即地理空间系统的等级性。比尔曾经以系统的等级性构成，采用十分直观和易于理解的方式表达了地理空间的这种属性。一旦这种等级序列被确定，就更容易认知地理空间的基本属性。还有些学者对这种有序性存在质疑或者有另一种解读。哈维认为，康德的立场是，空间既不是事物也不是事件，而是一个像鸽子窝那样的系统，或一个服务于观察的档案系统。西方20世纪50年代到70年代的空间"系统"观念，对我国的地理学界产生了较大的影响。

传统的地理学研究多以空间为核心进行分析，而对时间序列视野上的空间分析不屑一顾，这导致了空间研究的非对称性、静态性和混乱性。彼得·霍尔（1985）认为规划既是为了达到某个特定目标，也是实现这些目标的过程，这显示出地理空间的演化必须考虑其时间尺度上的过程性。实际上，地理空间具有有序性和过程性两个基本性质，把握这两种基本性质是研究空间规划机制的重要支点。

普雷斯顿·詹姆斯、杰弗雷·马丁（1982）认为，与地理空间有关的问题是值得研究的，但是必须以一种概念结构作为指导，将有关的事物与大量无关的事物区别开来，否则就不能获得有效的回答。20世纪80年代结构主义盛行的时期，西方结构主义地理学者都有这种"结构化"倾向。牛文元（1992）认为，空间是物质存在的广延性，而地理空间则是地理面中各种地理现象、事物、过程等的发生、存在、变化的空域性质，地理空间基础上的地理过程研究，将空间与实践的独立研究在更本质的意义上综合在一起，从而能够认识更加深刻的地理规律。

综上所述，众多现代学者对空间含义的界定是复杂与多样的，不仔细辨别很难爬梳清楚，大家观点的价值导向也差异很大。不过，若细细辨别，基本上遵循了空间是"物质的""不仅仅是物质"这两个不同的视角，遵循了从朴素的描述到现代主义，再到后现代主义的表达这个脉络，见表1-2所示。对于本书所要研究的空间规划体系问题更不可能游离于"空间"这个特定的基础。奈杰尔·思里夫特（Nigel Thrift）认为，空间如同"社会"和"自然"等词汇一样，不是常识上人类与社会活动的外部背景。相反，空间是一系列问题丛生的安排，它把事物隔开来又连接成各种各样的集体。

如果没有空间，这就有点儿像没有"性"一样，我们就不能存在……当然，即使时至今日，有些地理学家仍然坚信，应当有可能以简单方式来解释空间之类的概念，让你能够立即理解所发生的一切。但是此类头脑简单的方法日益被理解为更像一种孤注一掷的尝试的一部分，其试图通过这样的方法来降低这个世界的丰富多彩与奇妙的复杂性。

思里夫特倾向于将空间理解成经验性诠释的空间、开敞的空间、图景的空间和地方的空间联合起来，而成为一个"联合起来的空间"主体。

所以，给地理空间一个明确的概念是困难的。但是，其具有多维性是必然的。如果没有空间，就没有世界；如果什么都是空间，那么什么都不是空间。空间作为一种主观和客观事物的统一体，本身具有主体性，这是我们进行下述研究的辩证性基础。对于空间的定位问题，关键之处还在于人类的政治、经济和文化行为活动如何摆放"空间"的位置，如何处理与"空间"的关系，如何形成关于空间的闭合、有效的认知概念群。上述皆为西方或现代学者的观点，而在中国古代文化范式里，关于空间的观点则截然不同，空间与时间一样，是一种"泛生命"集合。

表1-2　地理空间概念的演进大略

阶段	朴素描述的"空间"	现代的"空间"	后现代的"空间"
观点定位	特点观念下的"焦点"空间；关于位置与距离的空间	分布秩序与方向距离联系的空间；作为起模型作用的空间	多维属性下的解读；空间的自然属性、绝对属性等多元的分异

二、人地关系论

地理学的研究在获得更多的关于人居环境和人地相互作用关系理论方面，可以上溯到人类学术的初创时期（普雷斯顿·詹姆斯、杰弗雷·马丁，1982），人类自古就认识到人与自然环境的关系是最重要的生存环节。在人类发展的不同阶段，人类主观世界对客观世界的认知观点差异较大，见表1-3中的"人地关系"坐标轴线图。人地关系也成了人类起源以来就备受关注的焦点问题。在古埃及、古巴比伦及古希腊，人地关系的价值倾向于认同人与自然、人类之间，甚至人与神秘的世界之间均是有机联系的。而在古代中国，也强调"天地人"之间本源性的高度融合，强调人与自然的一体共生，并把这种价值认同上升为政治、文化和社会生活"礼制"。

随着人类发展到现代社会，由于工业化和城镇化的发展，人类对自然的开发利用以及改造的规模、范围、深度和速度都在不断增加。强大的技术手段的运用，不断改变着各地区的自然结构和社会经济结构。与此同时，地理环境对人类社会经济发展的影响也越来越大，导致全球性的人口、资源、环境、生态、国土、经济、社会关系的严重失调，人地关系处于对抗之中。如何重新思考人地关系，成了众多学者关注的焦点（毛汉英，1995）。

对于人类集团和地理环境的关系这个问题（阿·德芒戎，2004），大家给出的答案也五花八门。19世纪后期，德国学者洪堡、李特尔是研究人地关系的先驱，他们把自然现象研究与人文现象结合在一起；拉采尔是人地关系论中地理环境论的主要提出者。20世纪初，法国学者白兰士和白吕纳进一步发展了人地关系理论（毛汉英，1995），其中白兰士、白吕纳是人地关系学派的代表。白兰士认为，有必要研究和谐一致的小区域，集中注意人及其直接周围环境的紧密联系。自然为人类的居住规定了界限，并提供了可能性，但是人们对于这些条件的反应或适应，则依据自己的传统的生活方式而不同（普雷斯顿·詹姆斯、杰弗雷·马丁，1982），若归纳西方关于人地关系的相关研究，主要论点有地理环境决定论、地理环境可能论、地理环境适应论、文化景观论、人地共生论等，见表1-3所示。

表1-3 西方人地关系价值取向的演进大略

人地关系价值取向的演进坐轴				
时期	农牧业生产以前	原始农业及小农经济时期	工业革命时期	工业革命后及后工业
价值取向	人类原始蒙昧共生	人类顺应自然环境	人类改造征服自然	人类协调共生时期
→				
主要价值	地理环境决定论	地理环境可能论	地理环境适应论	文化景观论	人地共生论
观点阐释	人类的自身特征、民族特征、社会组织受自然影响和气候支配	自然环境仅提供可能机会，人类具有选择自由，人是积极力量，不能用环境控制解释人生，环境提供选择可能	自然与人类之间存在相互作用关系（adjustment），自然对人类有限制，同时人类对自然应改造利用	文化景观是地面上可以感受到的人文现象形态，应研究人类及其经济文化景观	人类对自然的开发利用必须谨慎，以保持自然的和谐与平衡
代表人物	［希］柏拉图 ［希］亚里士多德 ［德］拉采尔 ［美］亨廷顿	［法］维达尔 ［法］白吕纳	［英］罗世培 ［美］巴罗斯	［德］拉采尔 ［美］索尔	［德］马什 ［英］本耐特

到底人类社会和自然地理空间有没有结合点？这是"人地关系论"需要解决的核心问题，也是整个地理学思想演化中的核心命题。20世纪70年代以来，西方的各种地理学流派都在关注这个问题。但是，无论是存在主义现象学对认识客体的强调，或者释义学对空间以及人的主观感受的存在本源的解释，还是激进地理学"身临其境"地对社会空间现实的同情心和无政府主义分析，都没有相对完美地将地理空间（地）与人类社会（人）有机地整合在一起。大卫·哈维（David Harvey）在研究马克思主义经典文献过程中注意到了这个问题，他认为更有效的策略是将马克思主义的认识方法进一步拓展，并以这种方法将实证主义、唯物主义和现象学重新叠在一起，以提供对社会现实的充分解释。马克思主

义关于自然和空间的社会生产的中心观点，将地理学的两个传统核心问题"人"和"地"融合成一个可统一理解的不同方面。与之相应，马克思主义地理学主要研究三种基本的关系：社会构成和自然世界之间的辩证关系；根植于不同环境之间的辩证关系；把它们放在一起的社会构成的"环境关系"（理查德·皮特，2007），显然，西方马克思主义研究思潮能够为我们理解人地关系理论带来重要的启示。

除了人地关系的核心问题，对于人地关系视野下的人类行动选择，即空间规划问题，吴传钧（1998）认为，要想改变全球范围内的人口、资源、环境与发展（PRED）问题，必须保护地球空间维持生命的能力，当务之急是协调人和自然的关系。"协调"是人与自然并存和发展的唯一合理途径，并且规划目标和价值取向要服从于生态和社会目标（陈慧琳，2001），吴良镛（2001）认为，人居环境的核心是"人"，基础是"自然"，人居环境是人类与自然之间发生联系和作用的中介，人居环境建设本身就是人与自然相联系和作用的一种形式。

实际上，空间规划对人地关系地域系统的调控，本质上是对"人居环境"协调从宏观到微观的渐进推进。在我国多部门主导的空间规划体系中，包含着对自然与人类直接与间接的协调。既有人地关系宏观策略性的空间规划，如国民经济和社会发展规划，也有人地关系底线性的空间规划，如土地利用规划，还有具体实施和空间落实性的空间规划，如区域规划、城乡规划等。在中国，土地利用规划强调对空间和土地的控制，比如根据环境和区域的容量的状况进行控制；传统的城市规划侧重于人口规模和用地规模的预测。如果将这些规划手段结合起来，形成完善的"多规合一"治理体系，正好是实现人地关系协调的具体途径。在空间规划体系的研究中，除了人与地的关系，还存在着人与人的关系，例如经济、社会关系，这正好是人与地关系在时空和社会层面上的延伸。

综合起来，空间规划体系的研究涉及直接的人地关系，也涉及间接的人地关系。人地关系理论价值视角的时代转移和传统回归，也成为系统化分析空间规划体系范畴与价值的理论基础。

三、规划论

关于"规划"的本质含义，存在着巨大的论争。约翰·利维（John Levy）认为，规划具有相互联系性和复杂性，给"规划"下一个确切的定义难度较大。由于空间规划是一项综合性的应用实践活动，对于"规划"核心命题的争论也成为"规划专业"领域里讨论的焦点，特别是在空间快速变迁和转型的背景下，讨论更趋激烈，并且集中在"规划的核心领域是什么"这一根本命题上（赵民、赵蔚，2006），关于规划核心或本质的论争也有不同的观点。

观点一：认为"规划"及规划学科特定的核心研究领域根本就不存在，认为规划（城乡规划）根本就没有自己的研究领域（石楠，2003），甚至认为目前没有必要去界定一个明确的研究对象，应该把解决城乡与国土空间发展中的实际问题作为首要任务（邹兵，2003）。这种观点强调把规划理解成研究实际问题、解决实际问题的手段。

观点二：坚持"规划"及规划学科应当像其他具有独立研究领域的学科一样，形成自己的研究领域。持这种观点的学者认为，每一门独立的学科都应该有一个属于自己的研究领域和研究对象，拥有自己的研究核心是一门独立学科的合法性基础，否则这门学科就会被边缘化，并失去主体性；同时认为"规划的核心领域是空间性"（段进，2006），一些学者更对现在规划理论与实践的现状产生了忧虑，认为目前的规划理论尚处在引用阶段，规划学科的核心思想正在伴随学科的低层次扩张而更加严峻，规划学科的核心理论应该向"空间化"回归（吴志强、于泓，2005），2005 年，在西安举行的"城市规划学术年会"甚至出现了"规划到底是什么"的热烈讨论，这显示出我国空间规划领域面临着一系列的迷茫，实际上这也是一个全世界规划界面临的普遍议题（段进、李志明，2005）。

观点三：把规划当作一项重要的公共政策和公共社会契约。规划是一种重要的社会契约，在本质上应该回归公共政策和公共服务，并且规划的本质内容和含义以及公众的利益在不同的发展阶段和不同的发展目标下是不同的（石楠，2005；余建忠，2006；田莉，2006）。

观点四："规划"及规划学科的发展方向应该重新回归，并立足空间这个本质。要立足空间这个本质，规划学科需要对周边本学科的空间属性进行挖掘，将空间的多重属性与相关学科的空间意义相融合。因此，与空间相关的交叉领域成为规划学科亟待解决的拓展方向。同时，对规划来讲，必须与传统的物质空间的概念相区别，必须试图建立规划行动和空间文脉之间、在政策和场所之间的一种新的平衡（吴志强、于泓，2005；段进，2006），综上所述，对于"规划"本质的论争可以总结为"四种观点"，即"规划"无核论、"规划"有核论、"规划"政策论和"规划"空间论，见表1-4 所示。

表1-4　规划本质论争的主要观点

观点	"规划"无核论	"规划"有核论	"规划"政策论	"规划"空间论
观点解释	规划根本没有自己的核心研究领域，也没有必要去界定，解决实际问题最重要	应该如其他学科一样，有自己的核心领域，要摆脱理论的"引用"阶段	是一种社会契约和公共政策，并且在时空的不同发展阶段政策、契约及公共利益的目标也不同	重新回归有别于传统物质空间的多重属性"空间"，这是规划的本质回归

另外，关于规划的合法性和基本属性问题，集中地体现在孙施文（2007a）的《现代

城市规划理论》一书中。关于规划的合法性问题，孙施文从经济领域、实践领域、知识领域进行了分析。在经济领域，规划是保障市场运行长期有效的一种机制，它本身的施行并不影响市场机制的作用。在实践领域，无论是以发展规划为主体的英国体系，以区划法规为主体的美国体系，还是二者结合起来的欧洲大陆体系，规划的合法性都在于对社会公共利益所提供的保证。在知识领域，西方对于规划的合法性依据人类社会的发展也有不同的认识。一部分人认为社会发展有一定的规律可循，规划可以通过对空间规律的把握而实现，另一部分人认为社会的发展进步就是人的理性和目的性行为推动的结果，认为规划可以通过人的意志而实现。

规划的基本属性包括：其一，规划对未来具有导向性；其二，规划的目标是建构统一的规划过程的关键因素；其三，规划行为的基本特征就是选择；其四，规划是针对普遍的未来不确定性而展开的工作；其五，规划在本质上是规范而非实证的。在作用上，规划是国家宏观调控的重要手段；规划是政策形成和实施的工具；是未来空间架构和演变的主体。但是规划在作用上也具有局限性。同时，规划的基本类型包括：综合理性规划、渐进主义规划、中间型规划和倡导型规划等（孙施文，2007a）。

实际上，快速城镇化时期空间急遽变化与规划调控手段应对的时空性缺位，造成了人们对规划本质、规划合法性和规划有效性的极大质疑。原因不难解释，20世纪80年代以后，由于政治、经济和文化政策的全面"搞活"，国土空间受人类群体活动的影响大大加剧。城镇化、工业化等进程的加剧使得处处是"轰轰烈烈"的城乡建设，人们较之于以前需要处理更多的人地关系。而引导城乡建设的基本治理平台和工具就是"规划"。当"规划"在快速发展进程中，由于价值定位无法较为准确地与空间发展的内在需求一一对应时，必然造成把"规划"作为一种"虚假前提"而强加于空间，或者"规划"演变成了一种消极的"事后追认"。一旦出现悲剧性后果，随之引发人们对"规划"本质的普遍质疑。"规划"所受到的指责体现的是一种"人地矛盾"，某种程度上"规划"承担了时空发展中的各种评论和喜怒哀乐。

四、理论综合

上面的论述分析了国内外对地理空间论、人地关系论和规划论的相关学术论点。空间规划体系的研究在理论与哲学层面上具有从社会到物质、从理论到实践的递进关系。

从方法论和哲学上讲，地理空间论着重对地理学与规划学视角下的空间概念进行定位和界定，以明确廓清空间的基本内涵和分异规律，这是空间规划体系研究的基础。空间规划体系中的"空间"的界定就围绕其哲学内涵展开。人地关系论则是对人与地理空间相互作用的基本过程与方式的理论探讨，比地理空间论又递进了一步，涉及人与自然环境的相互作用。其价值取向直接影响了空间规划体系的内容要素与时空范畴，表达了人地相互作用的模式与进程。人与地之间的关系是十分紧密的，正如玛乌莱斯·叶兹（Maurice Yeates）将空间界定为物质空间的观点，认为空间组织是"社会非空间组织"的反映，空间组织是人类非空间组织的空间映象，并随时间发生变化，从各种理论之间的组合关系上看，地理空间论和人地关系论是对空间本原和人类社会视角上的人地作用的探讨，其对应于空间和空间研究，这也是人文地理学的核心命题。而规划论较之于地理空间论和人地关系论，更加贴近于对实践和空间过程的干预，是对空间发展运行的选择、预测和行动实践。规划论对应于空间规划体系的内容"元"——空间规划，以及各类空间规划统筹、整合、衔接组织起来的空间规划体系，这是现代规划学要集中关注的地方。

因此，空间规划体系研究的理论基石——地理空间论、人地关系论和规划论这三个要素，承载着空间、空间研究、空间规划和空间规划体系的理论与实践，在逻辑上是有机一体的。

第四节　国土资源改革创新与法制国土建设

"十四五"是加快转变国土资源利用方式和深化国土资源改革的关键时期，国土资源工作需按照"五位一体"总体布局和"四个全面"战略布局，牢固树立和切实贯彻五大发展理念，适应经济发展新常态，坚持耕地保护和资源节约基本国策，深化改革、稳中求进，围绕五大政策支柱，着力加强结构性改革，积极服务稳增长、调结构、惠民生、防风险，全力促进去产能、去库存、去杠杆、降成本、补短板，进一步提高国土资源供给质量和效率。

一、国土资源改革创新

（一）国土资源的内涵

国土资源（Territorial Resources）是指存在于国土领域内的所有资源，这是广义的概念，它包括自然资源和社会经济资源。狭义的国土资源主要指一国领土范围内的自然资源。国土资源学侧重于自然资源的研究，而把社会经济领域作为国土资源开发、管理和保护的基本前提和经济基础。

1. 国土资源开发

国土资源开发是指用垦殖、开采、工程建设等手段，使那些尚未被很好利用的国土资源在国民经济建设中发挥其应有的作用；或者采用新的技术手段，使资源利用程度大为提高，为已经利用的资源开辟新的用途。国土资源开发包括土地开发、矿产开发、流域开发、海洋开发、区域开发等。

2. 国土资源利用

国土资源利用是指对已开发的国土资源，更加充分发挥其潜力，发挥其经济作用、社会作用，使其地尽其力，物尽其用，特别强调国土资源的综合利用，对各种国土资源多途径地使用及其深加工等。国土资源的可持续利用是可持续发展战略的资源利用方式，其核心思想是在不损及后代人满足其需求的自然物质基础的前提下，来满足当代人的需要。

3. 国土资源保护

国土资源保护是指采取立法、行政、经济、科学技术等手段，保护国土资源，保护环境，维护良好的生态平衡。对于那些可更新的资源，如生物资源、水资源等，保护其更新能力，以达到持续利用的目的。对于不可更新的资源，如矿产资源等，在保证国民经济发展需要的前提下，提高其使用价值，延长其利用时间，保持生态平衡，实质上是从动态方面保护自然资源，保护环境，即通过对资源的合理开发利用，达到生态系统的动态平衡。

4. 国土资源管理

国土资源管理是为实现国土资源可持续利用的战略目标而实施的对国土资源开发、利用、治理、保护等各个环节的组织、协调、立法、监督、奖惩等活动的总称。其管理手段主要有行政管理、经济管理、法制管理和信息化管理。特别是立足于我国陆地和海域与国土资源有关资料的信息化和网络化的"数字国土"，将体现 21 世纪国土资源信息化管理的新水平。

（二）土地管理制度创新

1. 完善规划管控机制

一是启动多规合一。福建省平潭县启动多规合一工作，在土地利用和功能布局方面预留弹性，重点保障基础设施和面向两岸合作的战略性新兴产业和现代服务业用地。广东省广州市率先实践"三规合一"，以建设用地规模控制线、建设用地增长边界控制线、产业区块控制线、生态用地控制线"四线"管控体系构筑"三规合一"的边界，形成一张蓝图，搭建了"三规合一"信息联动平台。二是编制专项规划。上海市编制了《本市郊区县外来务工人员集中居住点规划》，并与区县对接，确定了农村租赁房首批试点选址方案。广西桂林市编制了《重点旅游片区发展规划》，全方位落实旅游产业用地布局，并适时调整或修改。①

2. 严格节约集约用地

首先，完善数据库建设和评价考核体系。广州市制定《关于土地节约集约利用的实施意见》等系列政策，实行差别化供地；完成节约集约利用评价数据库建设，将土地产出率等指标纳入节约集约用地考核体系。其次，有序实施城市更新改造，推进土地综合整治。江苏省南京市为规范土地综合整治建新用地，出台了《南京市土地综合整治建新区实施方案审批暂行办法》，通过在统筹城乡发展试点镇街先行探索、逐步推广，按照"先垦后用"原则，将所有增减挂钩复垦项目纳入省国土资源厅复垦项目库规范管理。

3. 实施差别化供地政策

一是探索国有农用地的出让。桂林旅游用地包含国有建设用地和国有农用地、未利用地，可采取公开招标拍卖挂牌出让（集体土地除外）、租赁等多种方式供地，在全国范围内率先出让国有农用地用于旅游开发，开创了国有农用地出让的先例。二是完善差别化的供地政策。平潭编制《平潭产业发展用地目录》，实行差别化用地政策，在全区试行工业用地先租后让、租让结合的供地方式。南京探索工业用地结合产业类型和产业生命周期弹性确定土地出让年限，从2015年开始，除市政府批准的特殊区域及项目外，新增供应工业用地出让年限缩短为30年。

4. 探索农村土地制度改革

第一，细化集体建设用地建设租赁房配套政策，简化审批程序。上海细化和完善了支持集体建设用地建设租赁房的相关配套政策，进一步简化农村租赁房试点项目管理程序，减少规划设计条件和土地预审环节。

第二，采取多元化、灵活性的投资模式。上海鼓励集体经济组织利用自有资金投资、镇内村与村之间自愿投资、镇内镇与村之间自愿投资、区县内国有企业参股投资、银行贷款、鼓励和引导民间资本投资等六种投资方式。

第三，完善被征地农民社会保障体系。南京稳步上调补偿标准，建立社保筹资长效机制，从征地区片价补偿费中为被征地农民缴纳社保费用。

5. 推进旅游产业用地改革

桂林和秦皇岛旅游产业用地改革试点工作制定和完善了试点政策体系，其中包括：（1）强化旅游产业用地规划管控。制定了旅游产业用地项目规划修改与调整管理暂行办法，组织编制了重点旅游片区规划和重大旅游项目建设清单。（2）完善旅游用地分类体系。桂林结合旅游产业用地实际情况，提出了以土地利用现状分类为基础的旅游用地分类

①　黄洁，钟骁勇，岳永兵.形成分类改革合力推动土地管理制度创新 [J]. 中国土地，2017（11）：24-25.

体系，并拟定了旅游用地分类体系与城市规划分类体系衔接表，使土地分类与规划分类对接。（3）旅游项目用地进行分类管理。对旅游景区中未改变农用地、未利用地用途和功能、未固化地面、未破坏耕作层的生态景观用地，以及景区道路等用地，按实际地类管理，不办理农用地转用手续。（4）两地均建立了旅游产业用地基准地价。解决了之前旅游产业用地主要以商业服务类用地基准地价为参照所造成的旅游用地出让价格偏高，难以吸引投资等问题，对旅游用地的出让、开发起到积极的推动作用。（5）探索农民利用集体土地参与旅游开发和分享收益模式。桂林探索了农用地、未利用地租赁、入股、门票分成和集体建设用地（宅基地）自主、合作开发旅游等模式。

（三）国土资源管理创新

天下之事，非新无以为进。国土资源系统解放思想、转变观念，主动探索、积极实践，破解难题、化解矛盾，致力推进"五个国土"建设、落实"六抓"举措、实现"六个全覆盖"发展目标，推动国土资源事业在发展中创新、在创新中发展，推进了六个方面的重大创新。推进发展战略创新，实现顶层设计调整优化。推进"五个国土"建设、落实"六抓"举措、实现"六个全覆盖"，国土资源事业发展新战略精准落地，国土资源工作在大局中的地位日益提升，服务保障经济社会发展成绩显著。

推进体制机制创新，实现系统内外深度融合。干部管理体制创新打破了"垂而不直"管理体制的弊端，以干部融入带动难题破解、工作提升。

推进工作手段创新，实现管理方式与时俱进。行政、经济、市场、科技手段并用，综合施策、持续发力，"1+1>2"的叠加效应初步显现。

推进重大改革创新，实现重点领域率先突破。省级空间规划、不动产登记条例实施细则、人地挂钩机制实施办法等国土资源领域重大改革扎实推进，对整体工作的拉动作用逐步显现。

推进服务管理创新，实现保障能力持续提升。积极主动服务，重大工程、民生项目及战略性新兴产业等用地应保尽保；耕地占补平衡、矿产压覆等制约重点项目落地的难题得到破解；大力简政放权，行政效能不断提升；坚持问题导向，国土资源保护与开发利用秩序持续好转。推进党的建设创新，实现从严治党全面落实。构筑不想腐的"堤坝"，形成不敢腐的机制，扎紧不能腐的"笼子"，全系统反腐倡廉的压倒性态势已经形成，为国土资源事业发展创造了良好的环境。

"百丈竿头不动人，虽然得入未为真。百尺竿头须进步，十方世界是全身。"当前，经济发展进入新常态，对国土资源工作提出了更多、更高的要求。面对新变化、新调整，适应新形势、新趋势，解决新挑战、新问题，根本要靠改革创新，以新思路、新举措探索发展新路径，抢占制高点，争取主动权。

推进国土资源领域改革创新，是一项系统性、持久性工作。任务艰巨繁重，必须抓好落实，强化提升推进改革创新的执行力，把国土资源管理改革创新推向深入，真正做到学明白、想明白、讲明白、干明白，确保改革创新抓得住、落得下、干得成。

抓好落实，要强化担当。国土资源系统要以强烈的使命感和责任感，积极探索突破体制机制的障碍，干实事、勇担当，抓改革、求创新。

抓好落实，要明确责任。各级领导干部必须明责知责、守责担责、履责尽责。要健全完善改革创新的责任链条，拧紧责任螺丝，推动形成全员抓改革、全力谋创新的积极态势。

抓好落实，要围绕重点。进一步明确目标任务，拿出明确的"施工图"，确保按期在各自重点领域、关键环节上取得突破。

抓好落实，要强化措施。发挥好考核"指挥棒"和"风向标"作用，加大考核比重，严格督促检查，解决好工作落实"中梗阻"和"最后一公里"问题。

抓好落实，要加强党建。推进"两一做"学习教育常态化、制度化，坚持全覆盖、重创新、求实效。积极探索加强基层党组织建设的新思路、新路径、新模式，推动基层党组织建设全面进步、全面过硬。

二、国土资源法

（一）国土资源法的概念

国土资源法是调整人们在国土资源的开发、利用、保护和管理过程中所发生的各种社会关系的法律规范的总称。它由各部门资源法组成，主要包括土地资源、矿产资源、草原资源、森林资源、水资源、野生动植物资源等方面的法律、行政法规、规章和地方性法规。国土资源法所调整的对象是一切与开发利用和保护国土资源有关的社会关系及保证各种可再生资源的恢复和再生有关的社会关系。概括起来主要有下列几个方面。

1. 资源权属关系和资源流转关系

国土资源的所有权、使用权和其他权益等体现于人们在开发、利用、保护、营造国土资源的一切经济活动之中。国土资源法根据各种国土资源的具体情况特别设定了其财产权属和流转关系。

2. 资源管理关系

人们在开发、利用、保护、营造国土资源的经济活动中，形成了政府部门主管和辅助管理相结合的资源管理体系。主要框架为各级政府的管理、各级政府中各种资源行政主管部门的管理（包括资源行业管理关系和专项资源管理关系）、各级政府中各有关部门对资源的辅助管理。

3. 其他经济关系

人们在开发、利用、保护、营造国土资源的各种经济活动中，涉及财政、税收、金融、劳动、环境保护等关系，其中有些内容是由国土资源法给以特别调整的。

（二）国土资源法的体系

我国国土资源法律体系的构架主要由国土整治法、资源行业法、专项资源法、资源保护法、资源政策法和国际国土资源法六个方面的法律组成。

1. 国土整治法

国土整治法是规范国土整治规划、整体利用、综合开发的方式及其原则的法律。它是国土资源法律体系中的"基本法"。

2. 资源行业法

某种资源的利用与某一行业的经济活动相联系，该资源的法律内容是资源管理和行业管理相结合，即称为资源行业法。矿产资源法、森林法等属于资源行业法。它是资源法系中"主干法"之一。

3. 专项资源法

某种资源的利用与许多经济活动相关，该资源的立法，不含有行业管理的内容，主要是针对该资源的合理利用和保护，即称为专项资源法。如土地管理法、水法等属于专项资源法。它是资源法系中"主干法"之一。

4. 资源保护法

其立法角度是国土资源的保护方面。如自然保护区法、野生动物保护法等。它是资源法系中"主干法"之一。

5. 资源政策法

它是针对一定时期，为了资源行业的发展和资源的开发、利用、保护而制定的社会经济政策，即形成资源政策法。它是资源法系中的"特别法"。

6. 国际国土资源法

它是我国与其他国家签订、缔结的有关国土资源利用和保护的国际条约、我国参加的有关国土资源利用和保护的国际公约，是我国资源法系中的国际法部分。

(三) 土地管理法

1. 土地管理法的基本原则

我国政府将十分珍惜、合理利用土地和切实保护耕地确立为我国的基本国策，新《土地管理法》则贯彻这一指导思想，概括了土地管理的四项基本原则，即耕地总量只能增加、不能减少的原则，土地用途管制的原则，国家对土地实行集中统一管理的原则和加强土地执法监察的原则。

（1）耕地总量只能增加、不能减少的原则。

耕地总量只能增加、不能减少既是土地管理法的重要原则，也是土地管理工作的主要目标。实现这一目标的关键，是转变土地利用方式，从粗放利用转变到集约利用，走内部挖潜的路子，努力提高土地的利用效率。充分挖掘原有建设用地的潜力，重视土地整理、整治，加强土地后备资源的开发利用。

（2）土地用途管制的原则。

土地用途管制是指国家为保证土地资源的合理利用，经济、社会和环境的协调发展，通过编制土地利用规划，划定土地用途区，确定土地使用限制条件，并要求土地的所有者、使用者严格执行国家确定的用途利用土地的制度。土地利用规划是实行土地用途管制的基础，农用地转用审批是实行土地用途管制的关键。

（3）国家对土地实行集中统一管理的原则。

土地利用具有全局性、长远性的特点，土地利用涉及的是民族的根本利益和长远利益。我国人口众多、人均土地少、人均耕地更少的基本国情，决定了必须保护土地资源，必须强化国家土地管理职能。

（4）加强土地执法监察的原则。

新时期土地监察工作的指导思想是：保证土地用途管制制度的实施，服从并服务于维护国有土地资产营运安全和土地市场的正常秩序。土地监察改革和发展的基本目标是：按照党的"十五大"关于健全社会主义法制，依法治国，建设法治国家的精神，建立起符合中国国情和适应社会主义市场经济体制要求的，能够体现土地由国家管理、用途管制原则的，集中统一管理、科学运用现代监管手段、独立行使监察职权的，具有高度影响力、约束力和管制力的现代地方政府监督体系。

2. 土地的所有权和使用权

土地所有权是指土地所有者依法对土地占有、使用、收益、处分的权利。土地所有权是土地所有制在法律上的体现。我国实行土地的社会主义公有制，具体表现为两种形式，即全民所有制和劳动群众集体所有制，反映在所有权上即国家土地所有权和农民集体土地所有权。国有土地属于全民所有，由国务院代表国家依法行使土地所有权。国家是国有土地唯一的、统一的所有者。唯一性和统一性是我国一切国家财产所有权主体的基本法律特征。集体土地所有权的主体只能是农民集体。国有土地所有权的主体即依法使用国家所有土地的权利。国有土地使用权的主体非常广泛，任何单位和个人，包括外国单位和个人，符合依法使用我国国有土地的条件，都可以成为我国的国有土地使用者。

法律规定，城市市区的土地属于国家所有。农村和城市郊区的土地，除由法律规定属于国家所有的以外，属于农民集体所有；宅基地和自留地、自留山，属于农民集体所有。国有土地和农民集体所有的土地，可以依法确定给单位或者个人使用。使用土地的单位和个人，有保护、管理和合理利用土地的义务。农民集体所有的土地依法属于村民集体所有的，由村集体经济组织或者村民委员会经营、管理；已经分别属于村内两个以上农村集体经济组织的农民集体所有的，由村内各农村集体经济组织或者村民小组经营、管理；已经属于乡（镇）农民集体所有的，由乡（镇）农村集体经济组织经营、管理。农民集体所有的土地，由县级人民政府登记造册，核发证书，确认所有权。单位和个人依法使用的国有土地，经县级以上人民政府登记造册，核发证书，确认使用权。其中，中央国家机关使用的国有土地的具体登记发证机关，由国务院确定。依法改变土地权属和用途的，应当办理土地变更登记手续。依法登记的土地的所有权和使用权受法律保护，任何单位和个人不得侵犯。

3. 土地利用总体规划

土地利用总体规划是在一定区域内，根据国家社会经济可持续发展的要求和当地自然、经济、社会条件，对土地的开发、利用、治理、保护在空间上、时间上所作的总体安排和布局，是国家实行土地用途管制的基础。我国的土地利用总体规划由国家、省、地（市）、县（市）、乡（镇）五级组成，形成了完整的土地利用总体规划体系。土地利用总体规划由各级人民政府组织编制，报有批准权的人民政府批准实施。土地利用总体规划的编制原则是：严格保护基本农田，控制非农业建设占用农用地；提高土地利用率；统筹安排各类、各区域用地；保护和改善生态环境，保障土地的可持续利用；占用与开发复耕相平衡。

全国和省级的土地利用总体规划属宏观控制性规划，主要的任务是在确保耕地总量动态平衡和严格控制城市、集镇和村庄用地规模的前提下，统筹安排各类用地。上级土地利用总体规划通过规划指标和规划分区对下级土地利用总体规划和专项用地规划进行指导和控制。县、乡级土地利用总体规划属实施性规划，其主要任务是按照上级土地利用总体规划的指标和布局要求，划分土地利用区，明确各土地利用区的土地主要用途和区内土地使用条件，为单位和个人合理使用土地，进行土地开发、整理提供依据，为政府审批农地转用、划定基本农田保护区提供依据。土地利用总体规划的编制是政府行为。通过土地利用总体规划，将土地分为农用地、建设用地和未利用地，确定了每块地的农用地使用权和建设用地使用权，国家将土地资源在各产业部门间进行合理配置。规划为耕地的，只能用于种植业；规划为林地的，只能用于林业。单位和个人只能在规划的建设用地区内进行非农业建设，而不能在耕地、林地、草地等农业用地内进行非农业建设。

国家建立土地调查制度。县级以上人民政府国土资源行政主管部门会同同级有关部门进行土地调查。土地所有者或者使用者应当配合调查，并提供有关资料。县级以上人民政府国土资源行政主管部门根据土地调查结果，规划土地用途和国家制定的同一标准，评定土地等级。

国家建立土地统计制度。县级以上人民政府国土资源行政主管部门和同级统计部门共同设计统计方案，依法进行土地统计，定期发布土地统计资料。土地所有者应当提供有关资料，不得虚报、瞒报、拒报、迟报。国土资源行政主管部门和统计部门共同发布的土地面积统计资料，是各级人民政府编制土地利用总体规划的依据。国家建立全国土地管理信息系统，对土地利用状况进行动态监测。

4. 耕地保护

耕地保护包括耕地数量（面积）的保护和耕地质量的保护。根据我国的实际情况和今后人口增长及生活水平提高的要求，我国耕地保护的目标是保证现有耕地面积不再减少，并通过各种措施，使耕地的质量有所提高。

（1）耕地总量动态平衡制度。

国家保护耕地，严格控制耕地转为非耕地，国家实行占用耕地补偿制度。非农业建设经批准占用耕地的，按照"占多少、垦多少"的原则，由占地单位负责开垦与所占用耕地的数量和质量相当的耕地；没有条件开垦或者开垦的耕地不符合要求的，应当按照省、自治区、直辖市的规定缴纳耕地开垦费，专款用于开垦新的耕地。省、自治区、直辖市人民政府应当监督占地单位开垦耕地或者组织开垦耕地并进行验收。省、自治区、直辖市人民政府应当严格执行土地利用总体规划，采取措施，确保本行政区域内耕地总量不减少。耕地总量减少的，由国务院责令在规定期限内组织开垦与所减少耕地的数量和质量相当的耕地，并由国务院国土资源管理部门会同农业行政主管部门验收。个别省、自治区、直辖市确因土地后备资源匮乏，新增建设用地后，新开垦耕地的数量不足以补偿所占用耕地的数量的，必须报经国务院批准减免本行政区域内开垦耕地的数量，进行易地开垦。

（2）基本农田保护制度。

划入基本农田保护区严格管理的耕地有：第一，经国务院有关主管部门或者县级以上地方人民政府批准确定的粮、棉、油和名、优、特、新农产品生产基地内的耕地；第二，高产、稳产田，有良好的水利与水土保持设施的耕地，正在实施改造计划以及可以改造的中、低产田；第三，城市蔬菜生产基地；第四，农业科研、教学试验田；第五，国务院规定应当划入基本农田保护区的其他耕地。基本农田应当占耕地的80%以上。基本农田保护的具体办法，由国务院规定。

（3）耕地保护措施。

非农业建设必须节约使用土地，可以利用荒地的，不得占用耕地；可以利用劣地的，不得占用好地。禁止占用耕地建窑、建坟或者擅自在耕地上建房、挖沙、采石、采矿、取土等；禁止占用基本农田发展林果业和挖塘养鱼；禁止任何单位和个人闲置、荒芜耕地。

5. 建设用地

建设用地是指建造建筑物、构筑物的土地，包括城乡住宅和公共设施用地、工矿用地、交通水利设施用地、旅游用地、军事设施用地等。建设用地的特点是：土地作为生活场所、操作空间和工程载体存在；可逆性差；土地利用价值高；区域选择性强。法律规定了建设用地的管理原则是：国家对建设用地实行统一管理的原则；强调了规划对建设用地的控制作用；以节约和合理利用每寸土地，保护耕地和提高土地利用率为前提；实行建设用地的有偿使用制度。

农用地转用是指现有的农用地按照土地利用总体规划和国家规定的批准权限报批后转变为建设用地的行为，又称为农用地转为建设用地。农用地转用是控制农用地转为建设用地的重要措施，是实现土地用途管制制度的关键环节。农用地能否转为建设用地的依据有土地利用总体规划、土地利用计划和建设用地供应政策。

农用地转为建设用地的审批权限概括如下。根据土地用途管制制度的要求，建设用地必须符合土地利用总体规划所确定的用途，并且严格控制农用地转为建设用地。建设占用土地，涉及农用地转为建设用地的，应当报省级以上人民政府批准。直辖市和省、自治区人民政府所在地的市以及其他建设区的市为实施城市规划而统一开发土地，省、自治区、直辖市人民政府批准的大型工程和大型基础设施建设项目、国务院批准的建设项目占用土地，涉及农用地转为建设用地的，由国务院批准。其他的建设项目占用土地，在土地利用总体规划确定的城市和村庄、集镇建设用地规模范围内，为实施该规划而将农用地转为建设用地的，按年度分批次由原批准土地利用总体规划的机关批准。在已批准的农用地转用范围内，具体建设项目用地可以由市、县人民政府批准。

征地审批权概括如下。根据宪法有关规定，土地征用权只能属于国家。征用下列土地，由国务院批准：基本农田、基本农田以外的耕地超过500亩的、其他土地超过1000亩的。征用其他土地的，由省、自治区、直辖市人民政府批准，并报国务院备案。征用农用地的，应当先办理农用地转用审批。

乡村建设用地。乡（镇）村企业、乡（镇）村公共设施、公益事业、农村居民住宅等乡（镇）村建设，应当按照村庄和集镇规划，合理布局，综合开发，配套建设。建设用地，应当符合乡（镇）土地利用总体规划和土地利用年度计划，并依法办理审批手续。占用农用地的，要依照有关规定办理审批手续。农村居民一户只能拥有一处宅基地，其宅基地的面积不得超过省、自治区、直辖市规定的标准。农村居民建住宅，应当符合乡（镇）土地利用总体规划，并尽量使用原有的宅基地和村内空闲地。农村居民住宅用地，经乡（镇）人民政府审核，由县级人民政府批准。其中，涉及占用农用地的，依照有关规定办理审批手续。农村居民出卖、出租住房后，再申请宅基地的，不予批准。

6. 土地监督检查

土地监督检查是指县级以上人民政府土地行政主管部门按照法定程序和方式，依法对本行政区域内土地管理法律、法规的执行情况进行监督检查，并对违法者实施法律制裁的活动。土地监督检查是实现土地管理法制化的重要途径，是保证土地用途管制实施的重要手段，是提高公民和法人法律意识的有效手段。

土地监督检查的主要措施是：土地行政主管部门在履行土地监督检查职责时，有权依法要求被检查单位或者个人提供有关土地权利的文件和资料，进行查阅或者予以复制；要求有关单位或者个人就有关土地权利的问题作出说明。有权依法进入被检查单位或者个人非法占用的土地现场进行勘测，责令非法占用土地的单位或者个人停止违反土地管理法律、法规的行为。土地管理监督检查人员在履行监督检查职责时，必须严格依照法定程序办理，绝不能利用职权和法律赋予的手段，侵犯公民、法人或者其他组织的合法权益，牟取私利。

7. 违反土地管理法的法律责任

（1）侵犯土地所有权和使用权的责任。

土地使用过程中，会遇到下列侵权行为：第一，土地使用权被依法收回并注销土地使用证，但土地使用者拒不交还土地；第二，临时用地的使用期已满，但不归还土地；第三，以其他形式侵犯土地所有权、使用权。出现上述情形时，按规定责令交还土地，责令停止侵权，赔偿损失并处以罚款。构成非法转让土地使用权罪的，依照刑法有关规定追究刑事责任。

（2）非法占用土地的责任。

非法占用土地的行为主要有下列几种：一是全民所有制单位、城市集体所有制企业、乡（镇）村企业未经或者采取欺骗手段骗取批准，非法占用土地；二是农民、城镇居民未经批准或者采取欺骗手段骗取批准，非法占用土地建住宅；三是国家工作人员利用职权，未经批准或采取欺骗手段骗取批准，非法占用土地建住宅。对非法占用土地行为，按规定责令非法占用者退还非法用地，限期拆除或没收一切建筑物并处以罚款，对非法占地单位的主管人员或国家工作人员给予行政处分。

（3）非法转让土地及非法侵占、挪用征地费的责任。

买卖或以其他形式非法转让土地的，按法律规定没收非法所得，并对当事人处以罚款，对主管人员给予行政处分。上级单位或其他单位非法占用被征地单位的补偿费和安置补助费的，依法责令退赔并处以罚款，对主管人员给予行政处分；个人非法占用的，以贪污论处。

（4）土地管理及保护的责任。

在土地管理中，无权批准而批准或越权批准非法用地的，批准的文件无效，对非法审批用地的单位主管人员或者个人，给予行政处分；收受贿赂构成犯罪的，依刑法的规定追究刑事责任。依法改变土地权属和土地用途的，都应当办理土地变更登记；对不办理土地变更登记的，责令当事人在一定的期限内办理。国家土地行政主管部门的工作人员，在土地管理工作中玩忽职守、滥用职权，在地权变更登记或争议解决过程中收受贿赂、敲诈勒索、贪污、盗窃国家财物等，构成犯罪的，依照刑法有关规定追究刑事责任。违反法律规定，在耕地上挖土、挖沙、采石、采矿等，严重毁坏种植条件的，或者因开发土地，造成土地沙化、盐渍化、水土流失的，依法责令限期治理，并处以罚款。

第五节　健全和完善我国国土空间规划的路径选择

2019 年 5 月，中共中央、国务院《关于建立国土空间规划体系并监督实施的若干意见》（下文简称《若干意见》）正式对外公布，《若干意见》从国家战略层面明确提出建立国土空间规划体系，提升国土空间治理体系和治理能力现代化水平。《若干意见》公布以来，中央和地方各级政府都拟定了国土空间规划编制的目标任务，并出台了相应的指南或细则有序开展规划组织编制工作，面对传统规划制度框架下"多头规划"利益博弈等多种原因造成的规划乱序，要在既定的目标下如期完成国土空间规划编制这一国家大计，必须理顺国土空间规划与现有规划之间的逻辑关系，在"规划—衔接—体系"的框架下，构建全新的国土空间规划体系，推进国土空间治理体系和治理能力现代化。

一、国土空间规划的困境

在现行城乡规划框架下，土地利用总体规划、城乡规划、环境保护规划等空间规划构成城乡开发建设保护的主要依据。据不完全统计，经法律法规授权编制和实施的法定规划至少有 80 种之多，这些规划虽然复杂，但总体上可以分为经济社会发展型规划和空间管制型规划两种类型。而《若干意见》中的"国土空间规划"指的仅仅是空间规划或者空间性规划，空间管制型规划，在现行规划制度中，各类空间规划在对象、期限、功能定位等方面存在显著差异，且规划之间尚未形成有效衔接机制，这种基于历史和现实的原因造成的规划滥觞，对建立国土空间规划体系构成了事实上的阻滞，不利于实现"五位一体"总体布局和推进国家治理体系与治理能力现代化。因此，首先要从现有规划本身出发，梳理各种规划之间的逻辑关系。①

二、我国国土空间规划治理结构与现实问题

（一）国土空间规划治理结构

"治理结构"原属法律用语，《辞海》将其定义为（公司）权力机关的设置、运行及权力机关之间的法权关系。国土空间规划治理结构可理解为为实现资源空间配置的有效性，各层级政府（及相关主管部门）以国土资源合理保护与有效利用为关键点，从空间要素统筹、空间效率提升等方面出发的国土空间管理权责关系或体系。目前，我国国土空间规划治理结构包括国家、省级和市县级三大层面，具体为"五级三类"规划管理体系——"五级"为建立国家级、省级和市县级国土空间总体规划，并结合各地实际编制乡镇级国土空间规划；"三类"包括总体规划、详细规划和专项规划。在国土空间用途管制与治理过程中，国家和省级规划起宏观指导作用，市县级及以下规划起基础依据作用。在我国，空间规划范畴落地于专项规划，是以国土规划、环境规划和其他规划的"三规"治理体系为支撑。因此，目前我国国土空间规划表现为"五级三类"规划管理体系下"自上而下"的多部门规划并行治理结构，各级各类规划编制、实施与管理是以自然资源主管部门及政府为主，形成了不同（层级）部门规划与实施主体。②

空间规划范畴的土地利用规划、城乡规划、主体功能区规划和环境规划具备共同特性，相互作用。国土空间规划是以国土资源为特定领域的空间规划，要健全和完善我国国土空间规划体系，离不开这一系列错综复杂（专项）规划的支撑作用。虽然这一系列规划编制都大致经历了任务下达、大纲编写与审批、规划编制与审批等阶段，并通过实践调整优化规划方案，是一个动态过程，但其编制和实施主管部门不尽相同，如土地利用规划编

---

① 李如海. 国土空间规划：现实困境与体系重构 [J]. 城市规划, 2021, 45（2）: 58-64+72.

② 陈磊，姜海. 国土空间规划：发展历程、治理现状与管制策略 [J]. 中国农业资源与区划, 2021, 42（2）: 61-68.

制和实施主体是国土行政主管部门，城乡规划编制和实施主体是政府及相关行政主管部门，环境规划编制和实施主体是环保行政主管部门等，同时在各项规划编制、审批以及管理过程中，市级、县级和镇级人民政府及其相关部门也承担着诸多组织协调任务。

（二）国土空间规划现实问题

虽然我国有关国土空间规划的管制工作在不断完善，但受快速城镇化和工业化影响，加之缺乏长期且专门的顶层设计，我国编制国土空间规划所面临的现实问题集中表现在以下几个方面。

1. 规划体系与管理体制不完善，法律法规体系不健全

各部门规划体系的设置通常是以行政层级为依据，自上而下形成多个级别开展规划编制与实施工作，虽然各项规划联系紧密，但存在部门分割、事权分散等问题，造成规划格局无序。然而，事权清晰、有效衔接的管理体制才能推进空间规划高效协调运作。但由于管理主体不一、职责交叉重叠，加之管理带有一定的"计划经济"色彩，致使国土空间规划尚不能有效地适应我国社会主义市场经济发展要求。目前，虽然我国有关国土规划的现有法律法规及其政策制度文件已对国土规划及其相关规划做了大量的规定，但尚未形成完整统一的保障体系，在形式与内容上均存在不足之处，如"三规"中仅《城乡规划法》（2019 最新修订）明确了城乡规划法律地位；《土地管理法》（2017 年最新版）虽编制了土地利用规划内容，但与城乡规划相比，没有专门的法律，地位可能相对较弱。

2. 二元结构下的城乡规划积弊

在国家对城市和农村地区采取不同政策而产生的城乡二元结构体制下，规划体制也难以摆脱二元结构的窠臼，传统的城乡规划体系下，城市规划起着重要的引领作用。国家对城市规划的重视，早在"一五计划"时期就已显现出来。实际上，在中华人民共和国成立初期，面对"人民对于建立先进的工业国的要求同落后的农业国的现实之间的矛盾"，国家为了以工业化带动城市经济的发展，解决群众的"温饱"，改变积贫积弱的面貌而间接施以"重城市轻农村"的双轨制政策有其历史合理性，然而，这种二元结构的规划发展路径，在改革开放后表现得愈加明显。比如，针对城市和农村地区，国务院分别制定了《城市规划条例》《村庄和集镇规划建设管理条例》。2007 年 10 月通过的《城乡规划法》虽然以法律的形式确定了乡规划、村庄规划等涉及对农村地区的规划，但该法的重点仍然在城市，镇等城镇空间，就城乡规划实施情况来看，城市、县级人民政府所在地的镇等涉及城镇的规划编制实施效果较好，但乡规划，尤其是村庄规划在很多地区都存在有规划但不能有效实施或者没有编制规划的窘境。党的十八大以来，面对日益凸显的"城市病"及部分城市的无序扩张，以及城市和农村地区普遍存在的各类生态环境问题，中央先后出台意见

并实施"美丽乡村"规划和"乡村振兴战略",旨在为乡村地区的发展谋篇布局,随着一系列国家战略的实施,制度红利已经初步显现,但仍未从根本上消解二元结构下的城乡规划差序化发展的积弊。

3. 规划编制实施规范不一,规划协调衔接度不高

从我国规划现状来看,不同部门规划编制侧重点不同、实施标准与规范不一、部门职能分工不明确,使各项规划之间相互牵制。目前,我国空间规划呈现出以土地利用规划、城乡规划、主体功能区规划等为主的国土规划,以生态环境保护为主的环境规划和其他规划的"三规并立"规划局面,缺乏综合性和统一性的空间规划协调机制,使得规划协调度与衔接性较差,这直接造成规划实施难以对国土资源空间开发与布局提供长远且有效的指导作用。同时,各项规划编制过程中所强调的重点各异,如土地利用规划重点关注耕地资源保护,城乡规划主要关注城乡建设,环境规划强调生态环境治理与保护,在用地结构、功能、空间布局中缺乏充分的交流,各司其责,难免造成在实施过程中各项规划工作(包括用地标准、统计口径等)步调不一、缺乏协调等问题,导致各主管部门之间出现利益纠葛、责任推诿等现象,最终使得各项规划实施无法有效达到预期目标。

4. 主体功能区规划的基础性地位有待实践检验

早在 2000 年中国就提出主体功能区建设理念,并逐步上升至国家战略层面,中央、地方、企业等社会各界对此已基本形成共识。在《全国主体功能区规划》《全国国土规划纲要(2016—2030)》《"十三五"规划纲要》等政策文件中,均提出"以全国主体功能区规划为基础"构建国土空间规划体系的逻辑表述。《环境保护法》《宁夏回族自治区空间规划条例》等法律法规规定了"编制空间规划应当以主体功能区规划为基础""与主体功能区规划相衔接"等内容将主体功能区规划作为规划体系顶层的基础性规划,能否担此重任还要看落实情况如何。

5. 规划执行理念相对较弱,规划统筹调控力度不强

长期受经济建设中心思想的影响,过去的各项规划通常把经济增长作为规划编制标杆,对社会发展、生态保护问题关注力度不够,导致了规划实施不力等一系列现实问题。虽然后期在规划编制中逐步使得民生等社会问题、生态环境保护问题得以关注,但社会法制建设不完善或贯彻力度不够、部分地区生态安全意识仍然较弱,缺乏有效的约束力和执行力。同时,规划内容说明相对模糊,内容深度不一,一定程度上缺乏实际操作性,实施不易落地。盲目追求经济建设,脱离规划本身且未严格遵循土地利用总体规划,造成区域建设扩张蔓延加速,致使土地刚性需求居高不下,土地供需矛盾加剧,加之与上一级国土规划及其相关规划衔接不当、管控不力,最终导致农业生产空间、生态用地空间备受挤压,造成城镇建设、农业生产与生态保护在空间配置上的问题突出,使得不同空间尺度的

社会经济建设与生态保护关系不尽协调。

从宏观视角观察，国土开发布局规划中缺少纲领性的战略规划，区域发展规划具有一定的盲目性和雷同性；规划政策的连续问题尤为突出：在规划体系上，规划之间缺少协调机制，不同类型不同层级的规划在定位、发展方向和空间管制范围等方面均存在冲突。因此，需要有一个战略性、全局性、基础性的规划来指引下位规划和其他专项规划、详细规划。

三、我国国土空间规划管制策略

面对当前我国国土空间规划现实问题，为有效协调空间内部资源要素关系，加大国土空间治理，提高国土资源配置效率，实现社会、经济、生态协调发展，从运行机制、实施路径和政策体系三大方面对我国国土空间规划管制进行初步思考。

（一）运行机制

国土空间规划编制与实施过程中，政府在区际利益之间发挥的作用不足，多元主体参与的利益矛盾凸显，强化区际多元主体参与、利益协调机制势在必行。区际利益矛盾多表现为跨区的区域公共问题，应进一步构建以"行政区"和"公共治理组织"为主体的多部门协同工作机制，健全区际利益协调分配机制。同时，以往以经济增长为单一目标的政绩考核体系中，各地区把国土空间规划编制与实施的注意力多放于土地所能创造的经济价值上，这不可避免地忽略（或造成）生态环境问题。因此，要建立包括经济效益、社会效益、生态效益在内的综合绩效评价机制。在生态文明建设理念指导的当下，应特别注重实施生态绩效考核机制以适应空间规划的时代要求，并完善生态考核标准及其内容，切实加强生态空间管控和分级管理力度。此外，为克服市场经济环境下的诸多不确定因素，国土空间规划更应注重"过程性"规划，通过建立国土空间规划反馈与动态更新机制适应区域社会经济发展态势演变，以适时对国土空间规划进行调整与完善。

（二）实施路径

1. 设定科学合理的规划指标

一方面，国土空间规划指标体系的设置必须响应党中央作出的重大决策部署，实现"多规合一"，促进国土空间的合理利用和有效保护，这是各市县国土空间总体规划指标设置的共性要求；另一方面，指标设置要突出每个城市的个性，反映城市发展目标和战略。各地根据实际情况对预期性指标进行调整，可增加与地方特点相适应的指标，也可选择部分预期性指标作为约束性指标。

2. 落实国土空间规划的流程

国土空间规划流程：（1）开展"双评价""双评估"工作；（2）开展各类专题研究：对战略发展方向、生态修复、综合交通、人口、经济等部分做专题研究；（3）编制国土空间规划草案完成送审：编制具有全域全属性的国土空间规划，落实上级国土空间规划的要求，注意把控本级国土空间规划的深度；（4）征求各方意见：各局委办对规划草案联合审查，征求相关专家意见，征求公众意见，将草案进行公示；（5）落实相关意见完成报批：落实完善相关意见和内容，完成报批稿报上级政府审批；（6）完善内容形成备案：落实批复要求，完善成果内容和形式，送相关单位备案。

3. 建全国土空间规划的制度

加强国土空间规划制度的健全。制定国土空间规划编制审批、定期评估和动态调整等管理规定，并做好空间规划改革期和过渡期的制度政策的衔接工作。各相关部门依据职能共同完善适应国土空间开发保护要求的人口、自然资源、生态环境、财税、金融、投资、城乡建设等配套制度，全面做好国土空间规划相关制度建设工作，保障国土空间规划有效实施。

4. 创新以人为本规划理念

规划虽然是在某个空间下的跨行业跨领域规划，但为人民服务依然是规划工作的价值导向。在过去，所有规划针对的都是物质环境，物质环境体现在经济发展情况。而如今，国土空间规划的建设是以人为本、以人为中心、以人民的发展需要为第一目的。改变传统的思想观念，认识到人是空间的主人，城市是人改造的，规划要把人的需求放在第一位。其次，以人为本做规划，不仅按人口总量和分布制定人均标准、实施公共设施均等化的配量，也要为城市里各阶层、各群体的人做规划，满足人们的不同需求。编制规划要让民众参与进来，将过去的精英规划变为社会公众参与的规划，要让市民有知情权、参与权，这也是以人为本做规划的表现。①

5. 提高规划人员的专业素养

鉴于世界已经进入高科技发展的时代，新生事物层出不穷。城乡规划涉及学科范围广，背景复杂多变，不同项目所需的专业知识是不同的，因此规划人员需要提高知识储备量，不断学习新的规划理念，积极学习和利用新技术，比如城市定位信息系统、计算机网络等，从而提高自身的专业素养。

---

① 宋大权. 国土空间规划功能定位与实施路径探析［J］. 现代商贸工业，2021，42（4）：157-158.

（三）政策体系

科学且应时境的政策体系是开展我国国土空间规划的重要保障。我国国土空间规划建设可考虑将国土规划与自然资源管理职能"重心"下放，赋予省级及以下行政主管部门更多的自主权，通过下放经济社会管理相关事项，提高地方政府及部门事权处治能力。在完善管理体制和主体事权的基础上，制定差别化管控细则，加快"三线三控""多规合一"专项配套政策制定，以适应城镇建设、农业生产和生态保护所需，推进以国土资源空间开发与利用保护为核心的生态文明制度建设。创新国土空间分区体系和制度设计，构建符合市场经济体制需求的国土空间管制分区和政策引导相结合的治理政策体系，差别化实施不同类型分区考核、财政支付转移等的管理模式。国土空间规划编制应注重规划的正义性和效益价值，维护社会公民的空间权利与基本利益，特别注重经济建设高质量发展与生态环境保护之间的协调关系。同时，注重包括公众参与在内的监管制度构建，明确监管实施主体的权责，厘清中央、省级、市县监管责任关系，确保"五级"规划符合中央大政方针政策。转变以经济效益为导向的规划编制模式，引导地方政府加强生产、生活环境保护，提高社会公共服务水平，进一步推进财税体制、金融政策、产业政策、法律政策等内容的调整与完善。

第二章 国土资源优化配置与生态安全的战略性空间格局

随着中国社会经济和城镇化的快速推进，土地利用与耕地保护、环境协调的矛盾日益突出。片面追求经济利益，以牺牲生态环境为代价的经济增长，已经成为严峻问题。因此，实现空间资源的优化配置，就是要在用地现状的基础上，分析影响优化配置的主要矛盾，统筹生产、生活和生态空间的需求，最终的目标是实现空间开发格局的不断优化，资源利用更加高效，生态环境质量总体改善，从空间上支撑中华民族的永续发展。

第一节 国土资源优化配置的分析与突围

一、空间资源优化配置的研究进展

国外关于土地资源的研究起步很早，在土地潜力分析评级、土地适宜性评价、土地资源的优化配置方面取得了较大的研究进展。进入 20 世纪 80 年代，随着信息和生态学科研究的深入，土地资源的利用评价和优化配置也进入了一个快速发展的时期。在可持续发展思想的引领下，范尔尔（H. N. Van Lier）等[1]对土地的可持续利用提出了衡量标准。麦克哈格（McHarg）等[2]基于土地资源的适宜性评价构建了土地资源优化配置模型，该方法的核心是构建区域土地生态适宜性的图件，为合理分配土地资源提供必要的信息。罗西特（D. G. Rossiter）等[3]在分析了土地利用评价理论框架体系的基础上，提出了合理的土地利用规划方案，从而为解决土地问题提供有效的措施。另外，城市用地配置模型（Urban

---

① Van Lier, H. N. Sustainable Land Use Planning：An Editorial Commentary. Landscape and Ur-ban Plaming, 1998, 41（3）：79-82.

② McHarg, I. L. Design with Nature. Doubleday, Garden City, N. Y, 1996.

③ Rossiter, D. G. Discussion Paper：A Theoretical Framework for Land Evaluation. Geoderma, 1996, 72：3-4.

Land-Use Allocation Modeling）① 通过将运输模型与土地资源配置模型有机结合，在城市土地利用的规划方面得到了应用。该模型还能依据社会经济的发展变化，实现城市土地利用的动态配置。

GIS 应用的不断成熟，为深入开展土地优化配置的研究提供了强大的基础条件。有学者将线性规划方法与 GIS 工具相结合，研究了土地资源的优化配置问题。② 还有学者使用多目标规划与 GIS 系统相结合的方法建立 GIS 综合模型，用来研究流域尺度土地的优化配置。③ 该方法用多目标线性规划法计算未来土地类型的数量，再利用 GIS 模型将用地配置到合适的空间上。这样，模型就综合了多目标规划模型和 GIS 各自的优势，使得决策者能够根据各种要素的动态变化，对配置过程进行合理干预。有学者以土地的适宜性评价为基础，建立起配置土地资源模型，帮助决策者将 GIS 技术运用到规划决策。④ 该模型最大的优点是，决策过程与 GIS 技术的结合使得空间数据可以通过 GIS 功能直接服务于决策者。

吴倩、宋永发等⑤在土地集约利用评价综述中，对主要的应用模型和方法进行了评价。其中，极限条件法模型针对城市土地集约利用设计了评价指标体系，并将各指标进行分等定级。模型的优点是评价内容比较完整，缺点是标准的设置主观性较强，缺乏统一方案。多因素综合评价模型通过数学模型将多个评价指标值"合成"为一个整体性的综合评价值。优点是操作容易，简便易懂，缺点是量纲需要标准化，而且指标权重的设定主观性较强。模糊综合评价方法由美国自动控制专家查德 1965 年首次提出，是一种运用模糊变换原理分析和评价模糊系统的方法。它以模糊推理为主，将定性与定量、精确与非精确统一结合起来。模型的优点是结合了层次分析法与模糊数学方法的特点，缺点是隶属函数的选取难度大，需要研究者有多年从事土地集约利用的丰富经验。主成分分析法也是目前常用的分析方法。其优点是指标权重的确定相对客观，缺点是各指标之间如果存在非线性关系时，该方法的应用就会有局限性。此外，还有理想值修正模型和神经网络模型等。在徐绍涵等学者的研究中，还提到了基于熵值法的土地利用评价。⑥ 该方法最大的特点是克服

① Li, Q, Yan, J. Assessing the Health of Agricultural Land with Emergy Analysis and Fuzzy Logic in the Major Grain-Producing Region. Catena, 2012, 99（4）：9-17.

② Chruvieco. E. Integration of Linear Programming and GIS for Land Use Modeling. International Journal of Geographical Information System, 1993, 7（1）：71-83.

③ Wang, X, Yu, S. Huang. G. H. Land Allocation Based on Integrated GIS-Optimization Modeling at a Watershed Level. Landscape and Urban Planning, 2004, 66（2）：61-74.

④ Ren, F. A Training Model for GIS Application in Land Resource Allocation. ISPRS Journal of Photogrammetry and Remote Sensing, 1997, 52（6）261-265.

⑤ 吴倩，宋永发. 土地集约利用评价模型现状综述 [J]. 价值工程, 2009, 28（7）：140-142.

⑥ 徐绍涵，朱红梅，周斯黎，等. 基于熵值法的县级城市土地集约利用评价——以耒阳市为例 [J]. 湖北农业科学, 2011, 50（18）：3885-3888.

了主观性，是对层次分析法等方法的良好修正和补充。当然，熵值法对原始数据的收集要求较高，必须保证资料来源的可靠性和数据本身的准确性。

针对土地资源优化配置的数学方法，刘彦随等学者系统梳理后认为，系统工程的方法和系统动力学（System Dynamics）方法是当前的重点。系统工程的方法涉及的主要理论有结构功能理论、空间结构关联理论、报酬递减理论、比较优势理论等土地利用优化配置的相关理论。它实现了传统的土地自然评价与经济评价尤其是土地持续利用评价的有机融合，不仅能剖析土地利用优化配置结构的内涵和机理，还能系统地构建包括城镇建设用地、农业用地等在内的土地利用优化配置的专门模式。土地利用的系统动力学方法着重研究和规划复杂的社会经济系统的未来行为，在战略决策方面的应用具有独特的优势。康慕谊等①利用灰色线性规划方法研究了土地结构优化的问题，通过分析土地利用的结构特征及问题，选择影响利用结构的因子，预测未来用地需求和限制性条件，模拟典型的土地资源利用方案，再利用层次分析法选出最优的土地利用方案。王瑞燕等②通过系统动力学的原理和模型对黄河三角洲垦利县的土地利用系统进行模拟，并确定了合理的土地利用方案。周宗丽等③将多目标线性规划模型和系统动力学方法结合起来，运用线性规划——系统动力学（Linear Programming-System Dynamics）模型，将三峡库区秭归县的土地资源分为全县土地资源、农业土地资源和耕地资源三层，并分别进行优化，最终提出优化方案和相关对策。郑新奇等④专家通过对耕地质量的评价，运用多目标规划模型对不同耕地的种植结构进行面积上的控制，并借助 MapInfo 等空间工具实现自动化的耕地优化配置，使土地优化配置从理论探讨走向规划实践。

实际上，由于土地利用中的不确定性因素和模糊因素很多，一般的方法很难全面地反映土地的本质特征。基于这种现实，宋嗣迪等⑤提出了基于人工神经网络（Artificial Neural Networks. ANN）的土地利用的优化方法，并成功地应用到实际情况中。另外，叠加法等常规的土地资源的配置方法难以根据适宜性评价的结果将土地的数量、结构匹配到相应的土地单元上来。针对这种情况，董品杰等⑥基于多目标遗传算法模型，研究了土地利用

① 康慕谊，姚华荣，刘硕. 陕西关中地区土地资源的优化配置 [J]. 自然资源学报，1999（4）：363-367.

② 王瑞燕，赵庚星，于振文，等. 利用生态位适宜度模型评价土地利用环境脆弱性效应 [J]. 农业工程学报，2012，28（11）：218-224.

③ 周宗丽，宁大同. 三峡库区秭归县土地资源优化配置 [J]. 北京师范大学学报，1999（04）：536-541.

④ 郑新奇，阎弘文，赵涛. RS 和 GIS 支持的城市土地优化配置——以济南市为例 [J]. 国土资源遥感，2001（01）：15-18+51.

⑤ 宋嗣迪，陈燕红. 基于神经网络的土地利用规划方案优化方法研究 [J]. 广西农业大学学报，1997（4）：6.

⑥ 董品杰，赖红松. 基于多目标遗传算法的土地利用空间结构优化配置 [J]. 地理与地理信息科学，2003（06）：52-55.

在空间结构上的优化配置方案，并成功地解决了土地规划的宏观调整和利用分区等问题。席一凡等①运用遗传算法中的全局优化搜索功能，建立了土地利用优化模型，并对土地利用的空间结构实现了优化配置。刘艳芳等②运用多目标线性规划方法分析和优化了土地利用结构，借助于多目标的遗传算法，对模型进行了求解，刘小平等③创造性地将生态学原理和元胞自动机思想结合起来，来研究土地的可持续利用规划，有效解决了传统的优化配置模型中的非动态、目标单一等缺点。

二、寻求突围之道

空间规划是国家治理体系中的重要环节之一，行政、运作和法制都存在诸多不尽如人意的"空间规划体系"，给地方人居环境的良性运行带来了极大的压力和挑战。行政壁垒和主体利益的藩篱使得中央与地方的关系、部门之间的关系、政府—公众—市场关系及人居环境与生态本底的关系围绕着"规划"都产生了不同程度的摩擦。主导空间规划运行的价值主体——政府，在压力和挑战面前又该做出何种策略性和技术性选择？突围之道是从"N规合一"，或叫"多规合一"开始的。这里的N或多为大于等于2的常数。如两规合一、三规合一、四规合一、五规合一……甚至是多规合一。目前"N规合一"的思路在不同地区，因为推动的主体不同、实际的需要不同而存在差异。

（一）"N规合一"经验

从提升城乡治理能力的角度来看，国内的"N规合一"实践的确给城乡的统筹和谐发展带来了积极的影响和变化，地方在实践中尝到了甜头，探索中也大致形成了若干类型。"N规合一"试点城市的经验为深化规划体制改革，构建成熟的空间规划体系提供了实践经验。

"N规合一"的类型大致可分为四类，分别是"机构统筹协调型""城乡统筹整合型""新增上位规划型"和"综合辩证治理型"四类，并分别以上海、重庆、广东、福建的实践经验为典型代表。结合这些"N规合一"探索的实践经验，有四个方面尤其值得关注。

---

① 席一凡，杨茂盛，尚耀华. 遗传算法在城市土地功能配置规划中的应用［J］. 西北建筑工程学院学报（自然科学版），2001（4）：190-194.
② 刘艳芳，李兴林，龚红波. 基于遗传算法的土地利用结构优化研究［J］. 武汉大学学报（信息科学版），2005（5）：288-292.
③ 刘小平，黎夏，彭晓娟. "生态位"元胞自动机在土地可持续规划模型中的应用［J］. 生态学报，2007（6）：2391-2402.

1. 推动"N规合一"以机构统筹协调协作为起始

推动"N规合一"必须立足我国现行各类空间规划部门分管分治的客观事实，通过一定的行政手段进行机构间的职能协调、信息共享和技术衔接，并逐渐形成管理实施同步的格局，这是一个基本的起始点，上海的实践比较有代表性。上海的具体做法始于将国土资源部门和城乡规划部门二者进行组织机构的整合，并成立了规划和国土资源局，这是打破部门利益切割的关键一步。从2008年开始，嘉定和青浦两区进行了土地利用规划和城乡规划的"两规合一"工作，并推广至整个上海市，进而又进入了与国民经济和社会发展规划的"三规合一"阶段。

上海的"两规合一"以组织机构整合为基础，以城市总体规划确定的城市发展方向、空间布局结构和市政基础设施安排为核心，按照国家下达的土地利用总体规划确定的土地规划指标总量，同步实现规划建设用地和基本农田保护用地的边界衔接。这是实现城乡规划和土地利用规划衔接的关键切入点，在技术上实现了数据底板、用地分类和技术规程的统一。以此为基础，从"布局"和"控制"两个维度来进行规划整合，通过"结构化"处理，形成市级土地利用总体规划方案，通过"精细化"处理，形成"规划建设用地控制线、产业区块控制线、基本农田保护控制线"管控方案，完成规划布局和实际管控两个层面的总体部署。同时，依托土地利用规划动态管理和评估机制，优化规划体系框架，逐步实现两规在行政运作和技术编制上的有序衔接。

广东云浮"三规合一"的主要做法也是以规划职能部门整合为突破口，通过优化行政资源配置，构建了一套规划和一个平台，各个部门分头实施的运作机制。特别是在政府职能整合方面，作为市政府的规划决策机构，成立规划审批委员会，对规划建设的重大事项进行审查并提出决策意见，其意见是市政府各部门进行土地规划建设行政审批、管理与决策的主要依据，并具有规划监督检查职能。后来，云浮又组建城乡规划委员会成为重要决策审议机构，成员涵盖了各个职能部门和公众代表。这些做法从更高的行政层级上，将规划"三国演义"的可能性和各个部门制造利益陷阱的风险性降低了。

2. 推动"N规合一"以不同特征地域整合为基础

在我国城乡发展的现实条件下，由于城镇化水平处在快速发展阶段，空间吞噬能力也前所未有地影响甚至威胁着乡村，乡愁还能留得住吗？耕地还能保护得住吗？因此，推动"N规合一"很重要的一个现实问题就是如何审视和统筹行政地域、功能地域的关系，避免各类空间割据，统筹城市型功能斑块和乡村型功能斑块的关系，推动城乡空间发展的动态协调，避免城乡矛盾运动落入差距加大、以城限乡，直至无法控制、侵吞土地的恶性循环。以成都为例，成都在推动"N规合一"过程中提出了"全域成都"的概念，所谓"全域"主要内容包括城乡规划的"全域覆盖"、城乡交通的"全域畅通"、城乡社会公共服务的"全域均衡",使得国民经济和社会发展规划、城乡总体规划及土地利用规划实现了有机衔接,也使得"市域—区县—乡镇—农村新型社区"的层级人居环境体系融为一体,更重要的是将产业体系、交通体系、公共服务体系的打造融入了城乡协同发展的推进过程。与成都相比,重庆的空间规划运作实践围绕着城乡融合也有着自己的实践特色。重庆"N规合一"的实践,缘于重庆升格为直辖市之后,城乡空间面临着"大城市+大乡村"的格局,城乡统筹是个必须突破的难题。如何解决超大农村与超大城市的严重城乡二元对立,成了首先要解决的空间发展问题。

2007 年,国务院批准重庆设立了全国统筹城乡综合配套改革实验区,重庆市的行政地域按照"市域、区县和乡镇"层级再次得到了明确,不过区县一级,特别是乡村的规划及管理在当时是非常薄弱的。再加上,市一级各部门编制的规划、区县编制的规划以及各类违法建设使得空间的定位十分混乱,城乡矛盾、部门矛盾、违法建设矛盾前所未有地一起涌现。空间定位与规划不协调的直接后果就是,产业项目不好落地,环境保护无法推进,城乡建设用地无法集约,浪费严重。重庆的空间规划体系改革实践以城乡统筹为抓手,推动了"多规合一"。这主要是通过规划职能整合,在规划编制上形成了发展规划定方向、空间规划定格局、土地规划定容量的框架,并逐渐形成了产业发展规划、城乡总体规划、土地利用规划和生态环境保护规划"四规合一"。在进行区县"四规合一"的进程中,发展改革部门作为"牵头协调、组织起草"方,国土、规划、环保、交通、农业、水利等部门参与其中(陈建先,2009)。

重庆的"四规合一"以规划一张图、建设一盘棋、管理一张网为目标,并依据"国土定量、规划定位"的指导思想,采取建设用地总量指标依据土地利用总体规划,按照"刚性框架、弹性利用"的理念,将区县所有可调整的城乡建设用地指标在空间上进行规划布局落实。在实践中形成了"自上而下、自下而上、综合平衡、联合审批"的运作流程:首先是自上而下下达各区主体功能定位和重要控制指标的具体数据,作为各相关规划编制的基本依据;其次各区根据全市要求开展国土空间状况评价,形成方案初稿;再次市里进行综合协调平衡并提出规划调整意见;最后依据多规合一理念形成的方案报市里进行联合审批。

这种做法实际上构建了一个上下协调运作、城乡统筹沟通的通道,重庆后续的实践证明了"四规合一"的效果,并逐渐探索了经济社会发展规划、城乡总体规划、土地利用规划、产业规划、人口和环境规划的"五规合一"。

3. 推动"N规合一"以规划信息和技术融合为抓手

推动"N规合一"的核心技术环节就是要实现空间规划在编制和技术支撑方面的全面合一。这一点广东省云浮市的经验比较具有代表性。当然,"N规"的技术合一,在我国强政府、大社会的治理现状下，必须以政府机构统筹协调为切入点，这一点前面已经论述。云浮的实践也是以机构统筹作为规划整合的先导的，主要是成立了"规划编制委员会"。云浮市把原发展和改革部门组织制定国民经济和社会发展总体规划的职责、原规划部门编制城乡总体规划的职责，以及原国土资源部门制定土地利用总体规划的职责整合到"规划编制委员会"，以统筹编制各类空间规划，同时赋予组织编制和审查全市各部门的专项规划并监督其实施的职责，通过技术把关实现了国民经济和社会发展总体规划、城乡建设规划以及土地利用总体规划，在规划编制、实施与管理上的对接和统一更具有操作意义的工作环节，还在于将各类空间信息和规划编制的基础数据支撑建构于同一平台上。云浮市规划编制委员会具体在技术操作上依托云浮市统一的地理信息平台，构建了"一个平台、统一标准、分类管理"的规划编制和管理体系，将全市规划、国土、建设、交通、市政、环保、人口、教育、医疗卫生、农林水、档案等地理信息进行全面的数据整合，梳理出一套各类空间规划都能使用的技术规范和标准，实现了"多规"在技术平台及后续规划编制和管理的全面衔接。

在推动"N规合一"的规划技术和信息融合方面，广州则是通过新增上位规划来实现的。2009年，广州市编制完成了《广州城市总体发展战略规划（2010—2020年）》，该规划属于指导性、综合性的区域规划，指导土地利用总体规划、城市总体规划和详细规划的编制实施。但是这种模式对于没有明确"N规合一"思路的城市是有风险的，前面已经论述过这种思路。武汉的实践则是通过"一张图"体系来实现基础数据的一体化，将城乡规划和土地规划的编制、管理融合，解决了规划管理者面对众多规划依据难以把握的问题，促进了规划管理工作的规范和高效。

4. 推动"N规合一"以构建综合实施治理平台为目标

推动"N规合一"的过程中，进行规划信息和技术的融合并不是"合一"的终点，技术与信息平台的合一离打造运行良好的"空间规划体系"还有较大的距离。以形成完善的"空间规划体系"为目标，推动城市综合治理能力的提高正是对城市本身的贡献，厦门的实践值得关注。司马迁云："县集而郡，都集而天下，郡县治，天下无不治。"厦门既是副省级城市、经济特区城市，也是大城市和福建省重要的地级市，其承上启下的空间意义显而易见。基于此，选择类似厦门这样的城市进行"N规合一"试点具有重大参考价值，厦门也顺理成章地成了2014年全国"多规合一"试点城市中的唯一的大城市。另外，"N规合一"并不是终点，其蕴含着更大的思考和实践价值。王蒙徽（2015）在描述厦门"N规合一"时坦言："多规合一是手段，不是目的。其最终落脚点是推动政府自身的改革，促进科学决策、民主决策和依法决策，转变政府职能，推动实现城市治理体系和治理能力的现代化。"

厦门推动从"N 规合一"到城市"治理能力"的提高，这个过程的实践成果可用"四个一"来概括（王唯山、魏立军，2015），即一张图、一个平台、一张表、一套机制。"一张图"是指以《美丽厦门战略规划》为基础，形成了具有"上位"共识性的城市发展目标定位和空间格局构架，将国民经济与社会发展规划、城乡规划和土地利用总体规划统一在"一张蓝图"上，使得各类空间规划有了统一的价值导向，同时将各类空间规划定位差异造成的 12 万个"规划冲突图斑"协调一致，腾出了约 55 km² 的建设用地指标。"一个平台"则是指建立了一套功能完善的"多规合一"信息平台，该平台涵盖了所有项目审批部门，形成了统一的空间信息联动管理的业务沟通渠道，实现了信息共享、审批联动，审批效率得到了提升。"一张表"是将各个部门分别进行建设项目审批的机制整合为多部门协同审批，从以前的"1 对 N"，变成了"N 对 1"，其实质是从过去"去各家部门跑断腿"过渡到了"进一家门办多家事"。"一套机制"指在统一的信息平台上，形成了以发展改革部门、城乡规划部门和国土资源部门为主的多部门协同项目生成机制，在同一个平台上来统筹项目落地，使得管理主体、管控规则、修改条件和修改程序得到了明确。

厦门的实践实质上是建设了一个信息共享平台和规划编制平台，形成了规划过程的"一个入口"和"一个出口"，以此推动部门审批事权流程再造。但是其衍生的意义在于通过"空间规划"这个抓手来推动政府职能加快转变，并为城乡空间治理能力的真正提升打下实践基础，因而使人们对"N 规合一"后续的效应充满了无限想象。例如，空间规划体系的革命性再造、政府职能和治理方式的根本性变革、大数据时代的公众参与，以及"价值主体"间的互动等。

（二）从"N 规合一"到"N 规合一+"

刘易斯·芒福德（Lewis Mumford）曾经说过："城市犹如一种语言，乃人们的共同创作。""N 规合一"从技术的角度解决了我国空间规划的部门切割和规划割据，还原了城乡空间描绘的共同语言，给尴尬处境中的现行空间规划体系找到了一种摆脱行政困境、运作困境和法制困境的出路。从上述各地以"N 规合一"为代表的空间规划体系实践来看，"N 规合一"实际上映射了更大尺度的"关系冲突"。这其中有规划价值主体间的冲突，各类价值主体围绕着城乡空间而引发的冲突，以及不同层级间价值主体的冲突等。"N 规合一"实质是对规划体系缺乏统一性、综合性、衔接性以及实施效果差的应激性反应，其带来的后续、外围的思考，即"N 规合一+"问题，更值得关注。

第一，空间规划体系的"N 规合一"激发了政府治理综合效能的提升。

多部门主导下的空间规划体系，各个部门的职能和管辖范围上是有冲突的，主要表现为规划的审批部门、层级、法定地位和实施年限的不同；同时，在基层则具体表现为规划打架，各种规划之间相互矛盾、彼此冲突，令地方政府无所适从，规划难以得到执行和实施（牛慧恩，2004）。空间规划体系的分散化还导致了城乡统筹的目标难以得到落实，很多对地方发展有实际意义的项目很难落地，规划作为公共政策的宏观调控作用也会因此大打折扣。

从地方政府的实践来看，为什么地方政府对"N规合一"的探索满含热情？西方空间规划理论早已明确了"规划"是政府干预经济的合理和合法手段，规划是空间发展的工具，兼具行动和控制的作用（梁鹤年，2004），"N规合一"某种程度上缓解了转型时代政府治理中的重重问题，这些问题包含了不少激烈官民对立和人地冲突。如果回溯我国城乡空间发展的历程，不难发现：20世纪80年代以来，我国逐渐形成了以"利益"和"效益"为基础的社会，快速推进的城镇化进程更是将政治效益、经济效益、环境效益和社会效益加总起来。一时间，政府、市场和公众在利益面前都应接不暇了。特别是混乱无序的地方空间规划体系，使得地方政府治理的"效益"以及行政效能大打折扣，在面对空间治理问题时措手不及。地方政府对这种状况不会装聋作哑，对经济发展带来的巨大收益的正确分配更不会稀里糊涂，"造福一方"并打造"宜居宜业"的人居环境成为检验其治理能力的重要试金石之一。郑永年（2009）的评论拓展了该问题的深度：经济发展创造了巨大的政治收益，不仅因为它提高了政权的合法性，更重要的是，它改变了国家空间的结构。有意识地追求经济增长，导致了一种以利益为基础的社会秩序的出现，这个社会秩序又反过来促成了私人领域的兴起和发展。

但是，内存衔接尴尬的空间规划体系，恰好影响了地方政府借助空间规划来进一步提升发展效能的能力。现在的城乡发展可谓牵一发动全身，没有合一、简洁、高效的空间治理平台，再加上公民社会和价值主体日趋多元的背景，混乱的空间规划体系使得地方政府在"依法用地、城乡建设、环境保护、产业配套、设施配套、人口分布"等问题的综合协调面前捉襟见肘。所以，很多地方政府毫不犹豫地选择了从自身找原因，对空间规划这个传统政府主导下的政策工具实施改革、增效。以审批环节的便民利民为例，"N规合一"在解决政府行政效率和空间规划体系增效、衔接，减少争议和误解方面是十分有效的。

第二，空间规划体系的"N规合一"倒逼了政府与价值主体的共治。

"N规合一"是否是地方政府空间规划体系实践的专利呢？在上面的困境分析中已经有所论述，国家层面的政府部门也在试图推动规划体系的重新统筹与内部整合。实际上，"N规合一"实践活动中，国家层面的政府部门一直都很积极，但是问题在于单个部门"一呼而起"进行所谓的"多规合一"试点，很难把空间规划体系改革向前推进，单个部门的"积极"往往是给空间规划体系的改革添乱，进行跨部门的"共治"是解决治理混乱症结的唯一途径。例如，2014年12月，国家发展改革委、国土资源部、环境保护部、住房城乡建设部联合进行的市县"多规合一"试点就是一种"共治"。同时，若放大"价值主体"的概念，部门和部门之间、不同层级政府之间、政府和公众及市场主体之间的权力对接也需要制度化与程序化的路径设定，否则也不易达成空间治理的共识。

以土地利用总体规划修编为例，国土资源部于 2006 年曾在天津、江苏、山东、湖北、四川进行过城镇建设用地增加与农村建设用地减少相挂钩的试点工作。当时改革的关键之处是从土地要素入手，局部突破城乡土地不能互相流转的格局。但是，当时存在着"挂钩"阻力：村镇体系规划滞后，农村居民点整理的观念障碍，缺乏具体的法规支持和连续的政策保证，以及资金瓶颈（张宇、欧名豪、张金景，2006），虽然，土地利用规划的编制过程并非"N规合一"，但是城乡用地的统一规划和管理、城乡土地流转制度的建立与"N规合一"息息相关。"增减挂钩"试点也一度要求"当地政府重视，群众积极性要高"等，显示出改革背后潜在的利益复杂性与不确定性需要有个"尺度"更大的综合平台来进行协调。因此，"N规合一"不能简单地解读为地方的一种自发实践，而无须全局甚至其他利益主体（如市场、公众）的参与。"N规合一"应该解读为全面的价值主体"共治"，否则又会出现空间治理的结构性失衡。20 世纪 80 年代的经济与城乡建设"让权放利"曾经导致了地方过度的自主权，后来在土地、资源和生态环境等方面的"失控"使得中央政府不得不在土地、生态等方面"收紧绳子"。空间规划体系也是如此。也有学者忧虑，地方规划权力的失控，也会导致国家全局性利益的失衡，甚至在实施发展与规划政策的时候架空中央政府（郑永年，2009），导致更多的关于重大基础设施布局、产业项目布局方面的混乱。以城市功能与性质定位、城市建设用地规模、城市人口规模等方面的实践为例，王军、唐敏在 2005 年《规划编制的"三国演义"》一文中曾经描写过：建设部批评 183 个城市提出建设"现代化国际大都市"的现象，认为这严重脱离实际。可细为深究，正由于全国城镇体系规划的缺位，各城市分头盲动才会导致这样的局面。在上一轮城市规划的修编中，曾出现这样的尴尬：至 2010 年，各城市规划人口相加已达 20 亿。

显然，"N规合一"作为一种"制度创建"也好，作为一种"自我调适"也罢，均需"自上而下"和"自下而上"的共同治理，并适时形成制度和程序性治理平台和治理框架。1994 年，任仲平在《人民日报》上对改革探索的分析值得回味，这种分析同样适用于空间规划体系的探索和改革：在改革的攻坚阶段……由于建立新体制需要做的工作方面众多，它们之间又需要紧密协调，这就必须由一定的权威机关制定基本的规则进行协调。

但是，问题的关键在于如何确保空间规划体系整合和改革的有效性，并最终上升为制度化的有效规则，这一点是"N规合一"引发的最亟待思考的地方。同时，对于地方空间规划体系转型、创新和探索的"第一行动"实践，不能怕争论，要总结共性经验，并应坚持"尊重创新，良性引导"原则，逐渐地探索形成全国性的治理框架，而又避免"一刀切"，现举例说明。如今人们耳熟能详的"温州模式"就长期处于激烈的争论之中。20 世纪 80 年代，在中央政府没有现实提供制度性的合法框架前提下，是地方政府基于优先解决民生问题，尊重首创精神，对冲击旧体制束缚的创新试验，采取了必要的宽松引导，甚至是政治"庇护"，从而缓和了创新需求与旧体制的摩擦，为民营经济和市场经济的发展提供了良好的环境（马斌，2009）。空间规划体系的改革与创新也是如此，中央政府对"N 规合一"的引导和"合作式"试点，就说明了上级政府通过给予地方较多的"非正式制度"变通，来鼓励地方的有益尝试。这对于最终形成健康、有序的中国特色的空间规划体系是有重要意义的。

第三，空间规划体系的"N 规合一"推动了规划师知识储备和实践能力的变革。

"N 规合一"除了激发政府和各类价值主体的反思之外，从业务本身来看，"N 规合一"技术实践的核心操作者是各级、各类"规划师"。在我国城乡规划专业现状下，"专业"规划师的学习背景囊括了建筑类、地理类、管理类、经济类、农林生态类等多种学科。那么，"N 规合一"究竟需要什么样的规划师来推动这种工作？或者说，期望规划师以何种素质来推动空间规划体系的重新整合与建构？这个问题看似非常简单，但实际上非常复杂。

首先，"N 规合一"激发了规划师对传统规划技术路径的反思。对城市和乡村来讲，当代的"规划"已经不简简单单是传统的"物质形态"的规划——"摆房子"，也不是单纯地预测"人口规模"和"用地规模"的规划——"凑数字"。规划师群体都深有体会的是，物质形态的"摆房子"往往会受制于政府或市场主体的美学喜好；而对于规模和边界的预测，规划师们更是发现在过去的实践中基本上"没准过"。但是，这种变化并不是说要让规划师都变成房地产售楼员一样，只有一副好口才，传统的专业技能和规划技术方法丝毫不能抛弃，因为这是规划沟通和协作的技术基础。"N 规合一"实际上激发了一种"协调性、协作性"规划操作的思想转变，激发了规划师群体对规划规则的深入思考。规划师需要以传统的技术特长为基础，脚踏"空间"这个立足点，以更加广博的知识储备和跳出"红线"看"红线"的能力，胸怀天下、敞开心扉斡旋于复杂的规划背景之中，对影响规划的方方面面都要有个罗列和交代，并理性地提出一系列解决问题的办法，只会画所谓的"干到底"的"一张图"就太偏执了。

其次，"N 规合一"促使规划师从注重规划结果向注重规划和治理过程转变。以上述的"N 规合一"实践的多元取向为例，有的地方期望以"N 规合一"为平台解决项目落地问题，因为土地利用规划和城乡总体规划存在着巨大的土地使用"图斑"差异，这些问题影响了产业发展及产城融合；有的地方则想通过"N 规合一"推动规划审批和管理的清晰明确和减时增效；有的地方通过"N 规合一"实现了国民经济和社会发展、土地利用、主体功能定位、城乡空间布局和生态环境保护信息数据共享并用于规划。所以，在规划及规划体系本身没有标准答案的情况下，需要规划师有一种综合、理性的研判能力，以综合的前瞻性构建各种尺度的"沟通协调平台"，以更清晰的理性逻辑向强势的价值主体讲清楚、说明白"空间"的基本原理，以协助地方进行心平气和的规划探讨，以改善人居环境。这个规划的过程是个达成共识的过程，规划过程与规划的结果都很重要。这也激发了对空间规划体系重要性的反思：规划需要有一个综合的空间规划体系和治理平台来进行支撑，规划师需要弥合价值主体间的差异，这是下一个阶段空间规划体系走向深度，公众或价值主体程序化参与的基础。

这里有必要举一个例子。2015年广州市成立了"城市更新局"，在城市增量规划向存量规划转变的大背景下，探索城市的"微改造"模式，强调多元主体参与，从而创新了城市更新改造模式。所谓"微改造"就是指多元价值主体参与城市空间特定尺度片区的综合规划和更新治理，并在充分考虑产业、用地等基本特征的基础上循序推进。政府的角色从原来的"主导"，变为了"引导"，市场主体有序参与，同时强调由社会主体自身来主导，业主自愿申报。广州的"微改造"实际上给规划理论和操作模式带来了新的思考。传统的"盖栋楼、栽棵树"的物质形态手法不是在所有的场合都适用，例如有的空间规划要解决的问题是对产业（如经营烟酒还是开设饭店）或文化的平衡。政府也不再催促规划师提交成果或看"效果图"，而是多予少取地激发社区和市场的自我造血功能，这也给了规划师较大的空间影响权力。多种价值主体共同治理下的"微改造"，相对地保证了空间和旧城片区的社会公平，不再是有人情味的老街区被推平而改造成高档封闭社区。更重要的还在于"微改造"的规划设计前提必须要符合土地利用规划，并有完善的用地手续。这一点实际上是将"N规合一"还原至了城市的超微观尺度，更使得"规划"本身变成了一种多主体参与下的全生命周期的辩证治理过程。

其实"三规合一"和"多规融合"，不是我们的创新，而是我们的问题。为什么外国没有多规合一的问题？因为人家没有像我们这样在同一个空间，不同的部门按照不同的规则交叉管理。这就好比围棋比赛中，同时加入了五子棋的规则。为什么城市户籍管理不会出现类似的问题？因为真正发放许可的只有干部们，其他部门，比如计生、城管、教育都只能将自己的要求附加到户籍管理的规则里，而不会单独给一个许可。

问题出在制度，而非规划。现在从规划入手，试图通过把"图"合在一起，来解决空间分散决策，一开始就是错误的方向。因为没有一个部门准备放弃自己的规则。不触动体制的"合一"，不过是"整容式"的改善，空间分治的实质依然如故。多规合一这个喧嚣一时的话题，很快就会和主体功能区之类的规划一样，成为规划史上的一片"浮云"。

看来问题来自更深层次！为此，我们要回到基本范畴和派生范畴内部，廓清当代中国人居环境和城乡发展所处的背景特征，作为规划主体的政府、公众、市场、学术群体，以及规划过程的操盘手——规划师及规划师群体——必须深刻把握，这是调节"规划"火候，推进空间规划治理方式变革的基本源泉。

第二节　国土空间生态修复的持续管理

国土空间规划是空间发展和空间治理的工具，生态修复是国土规划实施过程中的落地环节，同时也是综合各类规划的实施平台。

一、国土空间生态修复的含义

国土空间不仅具有政治含义，也包括各类国土要素的聚集和空间尺度上综合地理单元的特性功能。国土空间生态修复的提出，是为了进一步强调人类对受损生态系统的修复，因而把生态修复单独提出来，把国土综合整治具化表述为国土空间生态修复。国土空间生态修复在空间尺度上更为宏观，修复对象为不同空间范围内结构和功能受到破坏的生态系统，从而减轻人类活动对生态系统的破坏。通过调整国土要素的空间结构，重构或优化生态功能依靠生态系统自我调节能力与自组织能力使其向有序的方向演化和发展，借助生态系统的自我恢复能力辅以人工干预，通过科学系统的生态工程修复技术手段，使生态系统逐步向和谐方向发展，使生态系统健康、景观生态安全和区域可持续发展，最终实现人与自然和谐共存。

二、国土空间生态保护修复相关理论

合理高效的国土空间生态修复实践离不开生态学、社会学等科学理论指导，主要包括：生态适宜性理论、生物多样性理论、景观生态学理论、恢复生态学理论、人地关系理论、地域分异理论等。生态适宜性理论是指在一定区域内，环境要素和相关生态因子会对生物生长、发育、生殖、行为和分布产生影响，任何一种环境要素或生态因子不能满足生物的需要或超出生物的耐受范围，会成为这种生物的"限制因子，因此，在国土空间生态保护修复中应当对限制因子加以重视，以生态适宜性评价为基础，寻找与当地环境相适宜的物种开展生态修复工程。生物多样性通常包括遗传多样性、物种多样性、生态系统多样性等，国土空间生态保护修复应充分考量物种与生态环境的复杂关系，使物种与环境合理搭配，避免因物种丧失导致生态系统功能失调。景观生态学理论强调景观是一种由生态系统所组成的具有异质性的空间单元。国土空间生态保护修复的目标是将具有一定景观生态关联性的受损生态系统在人为适度干预下实现自我演替与更新，恢复生态学理论核心观点之一认为，通过人为调控可使受损生态系统的演替轨迹回归正常方向。国土空间生态保护修复应遵循恢复生态学相关原理，充分发挥生态系统的自我能动性及人为活动的积极干预作用，人地关系理论强调"人"既是人地关系的核心组成要素，又是人地关系的创造和推动者。国土空间生态保护修复应将促进人地和谐作为目标之一，构建一体化的国土空间生态保护修复格局，分区分类精细化实施国土综合整治和生态修复措施，地域分异理论是指地球表层自然资源、生态环境及其组成要素在空间上的某个方向保持特征的相对一致性，而在另一方向表现出明显的差异和有规律的变化，该理论揭示了生态系统空间的整体性和差异性及其形成原因，是国土空间生态保护修复的重要理论依据。

三、我国空间生态修复的问题

总的来说，我国生态修复事业也面临着"历史欠账多、问题积累多、现实矛盾多"的现实问题，"旧账"未还、又欠"新账"，新老生态问题交织，区域性、布局性、结构性生态问题依然存在，盲目追求经济增长，过度开发利用土地生态环境遭到破坏，成为社会经济可持续发展的制约因素。

（一）缺乏生态修复落实落细规则

生态修复涉及的行业层面宽、领域广、部门多，包括土地、农业、林业、水利、海洋、交通、城建、财政等多个部门。国务院各相关部门立足各自职责，分别开展各类专项整治工作，现在国家已经出台了全国性的生态修复的顶层设计，但缺乏省、市、县生态保护规则和细则，缺乏生态修复工程设计施工的指南。已有的相关生态修复项目大多数是以单个项目为主，项目实施的流程及标准也不统一，导致多部门管理出现修复项目碎片化难以达到整体综合治理的效果。如农业部门开展农业综合开发中低产田改造和小型农田水利建设，水利部门组织实施水土流失综合防治和水利基础设施建设，土地部门开展土地整治和地质灾害防治，各类项目在实施过程中只是各司其职，未有效从全局的角度将其作为一个完整的生态系统推进。

（二）项目资金来源单一且规模有限

目前，生态修复项目主要是在政府的主导下开展投资和建设、中央年度专项投入生态环境保护修复资金总量在1000亿元以上，而用于国土空间生态修复的资金不足200亿元。2016年，中央财政投入的生态补偿资金占全部生态补偿资金的87.7%，地方财政占12%，其他资金来源占比不到1%。政府出资与社会资本投入不平衡，社会资本主要通过PPP和

EPC 模式参与生态修复的项目建设资本进入的门槛高，相应的政策制度仍有待进一步完善和提升。生态修复项目资金来源多为公共财政少部分社会收费项目，地方财政配套少，企业参与热情不足，影响了社会资本参与的积极性。社会资本的资金来源仍是银行贷款，无论融资端还是业务端资金来源均较为单一，企业垫付较大规模的工程项目资金，对企业资金管理能力和抵御风险的能力都提出了挑战。①

（三）生态修复技术手段相对滞后

现有的生态修复科技在创新能力、政策立法措施、科研成果转化、技术人才培养等方面还不能满足生态保护与修复的战略总体需要，这与国家提出的生态文明建设要求还有一定的差距。生态修复技术的水平有待加强，特别是工程技术水平与生态安全的战略需要不相适应，出现了水源污染、土壤退化、耕地地力下降、撂荒弃耕等生态环境的问题，各类建设用地空间布局不合理土地综合开发能力不足，工程技术现代化程度不高。涉及生态修复领域的技术材料、先进检测监测装备等都亟待创新和研发，大量使用硬化材料，隔离了生物之间的联系，导致生态系统结构不合理，生态系统自我恢复能力降低。

（四）法律制度体系缺乏系统性

党的十八大以来，国家相继制定了生态修复相关法律法规，但总的来看数量不多，同时也出现了一些新问题，比如把"生态修复"简单理解为"恢复原状"，将"恢复"等同于"修复"。各法律规范之间缺乏协调，未能形成合力，不便于操作，有些规定仍停留在政策层面，未上升为法律约束。《矿产资源法》《煤炭法》《水法》《森林法》《渔业法》《土地管理法》等法律"各自为战，偏重于对自然资源的利用，原则概括的规定多明确具体的内容少，法律文件可操作性略显不足，对资源的保护和可持续发展前瞻性不够，难以实现生态系统的可持续发展，实际操作过程中仍存在执法标准不统一等问题。

三、推进国土空间生态修复的建议

（一）加快建立三级国土空间生态修复体系

加快建立省、市、县三级国土空间生态修复的编制工作。一是制定和完善生态修复的目标和任务，要符合当地经济社会发展状况，以自然恢复为主，避免过度人工干预，结合区域生态保护和土地利用规划、重点生态系统保护和修复重大工程总体规划，提升生态功

---

① 尤晓东. 我国国土空间生态修复的现实思考 [J]. 安徽农业科学，2020，48（24）：250-252+256.

能，优化生态系统品质。二是加快建立三级国土空间生态修复体系，制定生态修复工作的标准及实施细则。例如开展各类生态修复工程前，要分析生态、农业、城镇三类空间生态修复的需求，积极布局点、线、面相结合的国土空间生态修复体系。三是加强国土空间生态修复信息系统建设。可以利用最新的第三次全国国土调查成果建立生态系统工作底图，同步整合生态系统的土地、气象、水文、地质、环境、社会、经济等一系列调查监测数据资料，使生态系统的现状范围可查、实施区域可看、管理流程可溯、实施效果可评。

（二）加大国土空间生态修复的资本投入

引导企事业单位、科研院所、社会组织等社会力量广泛参与国土空间生态修复事业，促进资源共享，从而形成合力。一是不断健全 PPP 等经济发展模式，鼓励社会资本以特许经营、参股控股等多形式参与，通过释放政策红利、设立专项资金、股权出让、委托运营、重组改制、建立修复基金和绿色债券等多种方式，吸引企业、社会资本、个人等多个市场主体参与进来，坚持在市场化的环境下运行。二是在社会资本在参与生态修复项目实施的过程中，需要针对国土空间生态修复中生态补偿的特殊性和复杂性，适时灵活调整各主体间的利益关系，充分提高社会资本的使用效率，创新适用于生态补偿的投融资产品。三是不断完善生态系统产权交易市场，充分利用法律咨询、价值评估、金融保险等产权市场媒介的功能将生态修复项目与市场经营、政府补贴等制度政策进行深度融合，打造生态修复系统的产业链。

（三）加速国土整治与生态修复科技创新

不断培育生态修复的科技创新能力，一是加强国土整治与生态修复相关学术理论研究，学习国外关于相关领域的先进理念和技术方法，参与生物多样性和生态系统服务政府间科学政策平台（IPES）等土地和生态等领域的国际合作组织活动，不断丰富生态修复相关理论体系。二是在污损土壤治理、废弃矿山治理、盐碱地治理、废弃宅基地治理、水污染防治等各方面开展科研攻关，通过校企合作、企地合作开展联合攻关，实现科研成果转化，促进国土空间生态系统实现可持续发展。三是建立动态监测体系：（1）在国家重大战略区域、重要生态功能区、生态脆弱敏感区等关键区域建立野外生态观测研究站，完善相关基础设施，开展实地勘测调查，推进地面外业长期跟踪监测。（2）要应用中高时空分辨率的星载遥感和低空近地无人机搭载的遥感、激光雷达等探测设备以及物联网技术，采用大数据、云计算、人工智能等先进技术，快速获取国土空间各要素与生态环境的动态变化，为国土空间生态修复的监测、评价、补偿等提供技术支撑和科学依据。（3）基于实地勘察和快速获取技术，建立长时序、大尺度、跨区域的国土空间生态修复综合监测体系，开展国土空间资源环境承载力评价和生态风险、质量评价，识别不同生态空间和生态修复分区存在的主要问题，建立星空地一体化的生态保护修复质量动态监测体系。

（四）加强国土空间生态修复的法制建设

国土空间生态修复要有法律制度保障。一是修订和完善已有的法律法规，避免条款间的重复和交叉，对没有明确规定或应该调整的内容予以补充和完善，便于执法和监督。同时，要健全地方生态修复的法规及规章，既发挥了国家立法的延伸作用，也能弥补国家立法未能细化的不足。二是按照新时代生态文明建设的总要求，建立多部门的生态修复协调机构和统筹推进机制，逐步建立上下联动的国土空间生态修复规划实施规则为推动生态修复活动的实施提供机制保障。三是要健全配套制度建设，如生态修复评价制度、污染分类分级制度、奖励激励制度、生态修复基金制度、生态修复资金管理制度、生态修复保证金制度等。

第三节 单一生态过程的安全格局

一、江河源区水源涵养安全格局构建

针对以上由于气候变化和不合理的人类活动所带来的江河源区生态环境退化和水源涵养能力降低等严峻的生态问题，江河源区水源涵养安全格局的构建目标为：通过科学判别和分析，在国土尺度上判别和划定我国重要的江河发源区，将其作为关键的生态保护区域纳入国土生态安全格局的保护范围，通过实施综合的生态保护政策来保障该区域生态安全，缓解江河源区冰川后移、冻土退化、湿地萎缩、土地荒漠化等生态问题，提高水源涵养能力。

江河源区水源涵养安全格局构建主要分以下四个步骤进行划定：

（1）利用江河发源点的分布格局和地形特征，划定国土尺度上重要水源涵养保护区的空间范围。

（2）利用植被覆盖度作为指示水源涵养能力的综合指标，分析评价江河源区内水源涵养的能力。

（3）选取全国具有重要水源涵养功能的冰川、沼泽、湿地，纳入水源涵养保护区范围。

（4）在重要水源保护区域的空间范围内，结合植被覆盖、冰川、沼泽、湿地的空间分布，综合划分不同安全水平的江河源区水源涵养安全格局。

根据江河源区水源涵养安全格局划分结果，低安全水平水源涵养安全格局面积 233.2万 km²，占国土面积的 24.3%，主要分布在以三江源为核心的青藏高原东部地区和位于我国地势三大阶梯交错带的山脉体系。从河流发源地区和水源供给区域来看，青藏高原东缘的三江源地区是长江、黄河、澜沧江等我国最大河流的发源地；阿尔泰山、天山山脉是保障新疆沙漠绿洲生态系统最重要的水源涵养区域；祁连山脉是河西走廊和柴达木盆地北部水源供给地；大兴安岭、小兴安岭、长白山脉是嫩江、松花江、鸭绿江和图们江等水系的水源区，是我国东北地区的重要水源涵养地；燕山、吕梁山、太行山是海河流域水源地；秦岭是淮河流域的重要水源涵养区；南岭及武夷山脉是我国东南地区河流的重要水源涵养区域；横断山脉是云南地区河流的重要水源涵养区。中等安全水平水源涵养安全格局面积418.2 万 km²，占国土面积的 43.6%，空间范围为除低安全水平水源涵养安全格局外，还包括太行山、吕梁山脉、陕北高原和云贵高原部分地区。高安全水平水源涵养格局面积 59.9万 km²，占国土面积的 61.9%，空间范围包括青藏高原全部和我国所有山脉体系，是我国需要保护的水源涵养区域的理想格局。

江河源区的生态环境状况，对维护整个流域水系的生态平衡起着至关重要的作用。我国对江河源区的生态环境保护做出了巨大的努力。如在青藏高原地区，我国已设立"三江源自然保护区""可可西里自然保护区""羌塘自然保护区"等自然保护区，覆盖了青藏高原东缘的大部分水源涵养区范围。针对水源区保护问题，水利部门实施的水功能区划工作也在宏观尺度上，根据水功能分区分为保护区、保留区、开发利用区和缓冲区，提出在重要江河的源头河段划出专门涵养保护水源的区域。根据江河源区存在的具体生态问题，可以因地制宜地制定不同的江河源区生态环境保护政策与策略。

（1）低安全格局：低安全水平水源涵养空间战略。

低安全水平水源涵养安全格局主要为具有最高的植被覆盖度或者最重要的湖泊、湿地的范围。一方面该区域应该严格保护具有重要水源涵养功能的自然植被，限制或禁止各种不利于保护生态系统水源涵养功能的经济社会活动和生产方式；另一方面，要严格控制国土开发，保护好现有林草植被，继续设立各种尺度的江河源区水源涵养保护区，加强对重要水源涵养区的保护与管理。如在江源、河源湿地湖泊密集区域严格禁止围垦开发，尤其在江河源区河川两侧的滩涂沼泽及河漫滩区域建立缓冲区，加大监管力度，并通过一系列的生物措施和工程措施最大限度地恢复自然面貌。在森林和草原地区，应该采取措施切实保护天然林和草原植被，停止天然林砍伐，提高植被覆盖率，提高水源涵养功能。

（2）中安全格局：中安全水平水源涵养空间战略。

中安全水平水源涵养安全格局是在低安全水平水源涵养安全格局的范围外进一步需要

保护的区域，是低水平格局的缓冲区域。该区域应该在严格保护的基础上，重点对生态环境比较脆弱和出现退化趋势的区域进行综合治理和生态重建，通过封山育林和人工造林等措施，进一步扩大森林植被覆盖比例，修复和完善现有林地的生态防护功能。对现有植被应该实施严格的保护措施，切实保护天然植被，限制进行高污染、大破坏的经济开发建设活动。

（3）高安全格局：高安全水平水源涵养空间战略。

高安全水平水源涵养安全格局是最大限度实现水源涵养的理想格局。该区域内的现实状况是具有重要水源涵养功能，但植被覆盖度较低、存在生态退化现象，因此本区域的保护策略以实施生态治理工程为主，加大生态保护和恢复力度；通过设立禁挖区、禁采区、禁伐区、禁牧区、禁垦区等功能区，严格治理过度放牧、无序开矿、毁林开荒、开垦草地等不合理土地利用方式；开展围栏封育，实施退耕还林（草）、退牧还草，恢复高原湿地、水源涵养区森林、草原、湿地等生态系统，提高生态系统的水源涵养功能。

二、洪水调蓄安全格局构建

洪水调蓄安全格局构建战略具体目标为：充分考虑洪水的自然过程，判别国土尺度上洪水调蓄的关键区域，在我国现有防洪调蓄工程体系下，将现有的蓄滞洪区，可供调、滞、蓄洪水的湿地和重要江河的河道缓冲区综合纳入洪水调蓄安全格局的保护范畴，构建发挥洪水调蓄生态系统服务的洪水调蓄安全格局。洪水调蓄安全格局的构建以期在空间上预留满足洪水和泥沙自然宣泄的空间，最大限度地减少洪水带来的灾害，并有效地将洪水转化为可利用的水资源，达到解决当前中国水资源矛盾的目标，实现工程治洪和自然调蓄结合的防洪减灾的空间策略。

洪水调蓄安全格局的构建主要通过以下步骤来完成：通过 GIS 空间分析判别我国极易发生洪水的主要区域，将其作为构建洪水安全格局的重要依据。具体方法为选取我国七大流域干流进行基于 GIS 的淹没分析，判别发生流域性洪水时被淹没的空间范围；选取国家明确划定的蓄滞洪区、重要湖泊、湿地以及划定河流缓冲带；将上述成果进行综合，确定不同安全等级的洪水调蓄安全格局。

低安全水平洪水调蓄安全格局包括与大江大河相连的最重要的滞洪湿地、蓄滞洪区以及河道两侧的缓冲地带，是洪水调蓄保障的最低限度。低水平洪水调蓄安全格局主要包括国家规定的洪泛区、重要的滞洪湿地以及河道两侧的缓冲地带，面积为 7.5 万 km^2，占国土总面积的 0.8%，主要范围包括我国七大流域的河道干流及其缓冲范围、国家蓄滞洪区和洞庭湖、鄱阳湖、太湖等重要的湖泊和湿地。

中安全水平洪水调蓄安全格局是在低安全水平格局的基础上，包括了七大水系在警戒水位下的洪水淹没范围的区域，是我国重要的洪水宣泄场所。中安全水平洪水调蓄安全格局面积为 20.7 万 km²，占国土总面积的 2.2%，空间范围主要包括嫩江流域松嫩平原、辽河平原、淮河平原、江汉平原、洞庭湖平原、鄱阳湖平原、太湖平原以及京杭大运河沿线的洪泽湖、高邮湖等地区。

高水平洪水调蓄安全格局是在低、中水平安全格局的基础上，包括了七大水系的全部洪泛区，面积为 59.9 万 km²，占国土总面积的 6.2%，高水平洪水调蓄安全格局的空间范围是我国受洪水影响的全部潜在区域，其中黄淮海平原是黄河发生特大流域性洪水的影响区域，是未来国家防洪战略中应该考虑的理想格局，它意味着人类一旦避开这些区域进行开发建设，防洪成本为最低，人与洪水真正达到和平共处。

洪水调蓄的总体战略应该从长远发展和全局利益考虑，既要适当地控制洪水、改造自然，又要主动地适应洪水，约束人类自身的各种不顾后果、破坏生态环境和过度开发利用土地的行为，采取综合措施，以较少的投入取得较大的防洪减灾效果，协调流域内人与水的关系，实现由"防御洪水"向"洪水管理"的转变（刘树坤，2000；周魁一，2003），最终实现与自然协调共处。国土尺度洪水调蓄安全格局保护策略应该在不同安全水平的洪水调蓄安全格局范围内，根据其发生洪水灾害的不同风险程度，实施不同的洪水管理或景观管理策略，实现洪水风险区域多目标的综合管理目标。

（1）低安全格局：低安全水平洪水调蓄空间战略。

低安全格局占国土面积的 0.8%，是国家洪水安全的生命底线，是我国最重要的、最低限度的洪水调蓄区域，对防洪具有关键意义。低水平洪水调蓄安全格局范围内应该采取严格的管理和保护措施进行适应性的洪水管理措施。首先，要完善河道、堤防和水库构成的常规防洪工程体系，保持各类水利工程良好的状态。其次，要加强非工程防洪体系的建立。保护发挥重要洪水调蓄功能（行洪、滞洪、蓄洪）的湿地、湖泊、水系互相连接的洪水调蓄网络体系，通过实施退田还湖，平垸行洪、严禁围垦湖泊湿地等措施，保障和增加河流湿地的洪水调蓄能力。最后，该区域应该实行严格的人口政策，限制区外人口迁入，鼓励人口外迁，将洪水灾害的风险减到最小。

（2）中安全格局：中安全水平洪水调蓄空间战略。

中安全格局占国土面积的 2.2%，构成了中安全水平洪水调蓄空间格局，是七大江河警戒水位下的淹没范围，是发生较大流域性洪水时可能淹没的区域，具有较大的洪水风险。该区域应该将容易受到洪水灾害影响的区域设置为防洪保护区，通过社会经济调整和土地利用规划管理策略，在控制洪水和适应洪水之间寻求一个保障人民生命财产安全和社会经济损失最小的管理方式，以缓解洪水带来的灾害，并有效地将洪水转化为稀缺的水资源，解决当前中国水资源矛盾问题（刘树坤，1999），在该区的水生态系统保护与恢复方面，应该保留天然河流湿地系统，尽量恢复已经萎缩或消失的湿地，满足蓄滞洪水的需求。在社会经济发展方面，应根据洪泛区的淹没频率来调整产业结构，发展洪水适应性的产业类型和城市与区域发展模式。

（3）高安全格局：高安全水平洪水调蓄空间战略。

高安全格局占国土面积的 6.2%，高水平洪水调蓄安全格局包括了七大水系的全部洪泛区，在中安全水平安全格局基础上主要增加了黄淮海平原、辽河平原和三江平原。在该区域防治战略上，应该对黄淮海平原、辽河平原和三江平原等范围内给予前瞻性的保护战略，切实保护和维护自然的洪水调蓄系统，保护对洪水调蓄具有关键作用的河流、湿地，提高区域抵抗洪水的能力。如在黄淮海平原，由于黄河自古具有"善淤、善决、善徙"的特点，自公元前 602—1938 年的 2540 年，决口泛滥次数多达 1590 次，较大的改道 26 次（胡明思等，1992）。

在当前水利工程体系控制下，黄河水位高出地面很多，因此一旦发生洪水灾害损失将无法估量。因此，在建设防洪工程措施之外，应该保留黄河在历史时期形成的多条黄河故道，以期在黄河发生决口的危急时刻发挥排洪减灾的作用。尽管只占国土 6.2% 的面积，这些区域却是千百年来形成的中国人口分布最集中、经济最发达、生产力最高的区域，所以，中国的社会发展与洪水的矛盾一直难以协调。但是，千载难逢的城市化给了当代中国人一次历史性机遇，利用城市化的过程，我们完全有可能最大限度保留洪水的活动空间，腾出并不算多的国土面积用于洪水滞蓄，将不失为一条明智的、保障中华民族长治久安的最理想的途径，长远来说也是最经济的途径。

三、生物多样性保护安全格局构建

生物多样性保护的重点是保护生物物种及其赖以生存的栖息地及其迁徙廊道。在地球生态系统中，存在某些生物多样性的"关键区域"或者"热点区域"（Myers，1990），相比其他区域而言，这些地区富集大部分的物种数量和重要的栖息地类型。因此，生物多样性保护战略应该优先保护生物多样性丰富的热点地区，既具有重大的保护价值，也更加紧迫需要保护。另外，由于密集的城乡开发和道路建设，各重要生物栖息地间的隔离和分割对生物多样性保护造成巨大影响，因此将被割裂的栖息地通过生态廊道进行连接，形成连续的生态网络对于生物物种的保护具有重要意义。

生物多样性保护安全格局旨在划定国土尺度上生物多样性保护的关键地区和重要生态廊道网络，提出国家生物多样性保护的关键空间格局，将其纳入国土生态安全格局的保护范围，实现对生物多样性的有效保护。

生物多样性保护安全格局的研究方法包括以下三个步骤：

（1）首先通过分析中国重要濒危珍稀动植物的分布和典型的生态系统分布来划定生物多样性保护的关键地区，并将其作为生物多样性保护的核心区域。

（2）以景观生态学"源——汇理论"为基础，通过地理信息系统软件进行空间分析模拟，划定国土尺度生物迁徙廊道网络体系。

（3）整合生物多样性保护的核心区域和生态廊道网络体系，构建国土尺度生物多样性保护安全格局。

生物多样性保护安全格局根据物种保护关键区域和动物迁移廊道网络共同确定。其中，物种保护关键区域划定方法为：将植物保护关键区域和动物保护关键区域进行叠加，然后按照动植物物种分布的种数进行等级划分。根据物种数量与国土面积的统计结果，以自然分段为分类方法进行划分，将生物保护关键区分为 3 个物种丰富度水平：高丰富度区域的物种数量大于 50 种、中丰富度区域的物种数量为 15～50 种、低丰富度区域的物种数量小于 15 种。其中，高丰富度的物种保护关键区面积为 100.9 万 km^2，占我国陆地总面积的 10.5%，主要分布在大兴安岭北部、小兴安岭、长白山、三江平原湿地、燕山、川西高原、横断山脉、喜马拉雅山、神农架、武夷山脉、海南、台湾等区域；中丰富度的物种保护关键区面积为 312.3 万 km^2，占我国陆地总面积的 32.5%，主要分布范围除低安全水平安全格局外，还包括呼伦贝尔草原、锡林郭勒草原、三江源地区、天山、阿尔泰山、祁连山和福建山地等地区；低丰富度的物种保护关键区面积为 544.2 万 km^2，占我国陆地总面积的 56.7%，主要分布范围扩大至小兴安岭、太行山和青藏高原等区域。

从生态廊道的分析结果来看，我国最重要的一条生态廊道为连接中国东北—西南地区中国二级、三级地形阶梯交错带的廊道，其走向为连接大兴安岭、小兴安岭、燕山山脉、太行山、吕梁山、秦岭、大巴山、巫山、武陵山一线的山脉体系。该廊道密集分布着我国很多重要的国家级自然保护区，如大兴安岭林区、松山、小五台山、雾灵山、芦芽山、庞泉沟、五鹿山、历山、小秦岭、伏牛山、青龙山、神农架、星斗山、八大公山、张家界、梵净山、鹰嘴界、雷公山、九万山、大明山等自然保护区。这条重要廊道也是我国东部经济发达地区与中西部地区的重要分界线，是中国生态安全的重要屏障。

其他较为明显的生态廊道主要为地区性廊道，主要分布在我国的各地理分区。如：

（1）东北地区北部连接大兴安岭、小兴安岭、长白山脉的环状生态廊道，是我国东北地区的重要廊道。

（2）西南地区连接秦岭、大巴山脉、邛崃山脉、川西高原、横断山脉和云贵高原的生态廊道。该廊道连接了我国西南生物多样性最丰富地区，廊道范围内密集分布着以保护大熊猫、金丝猴为目标的国家级动物保护区，如化龙山、太白山、周至、桑园、小陇山、青木川、白水江、唐家河、雪宝顶、王朗、卧龙、四姑娘山、蜂桶寨、喇叭河、贡嘎山、美姑大风顶、马边大风顶、海子山等自然保护区。

（3）东南地区连接南岭山脉、武夷山脉的廊道。这条生态廊道是我国东南地区的重要廊道，沿线分布有百祖山、九龙山、君子峰、闽江源、武夷山、梅花山、九连山、马头山、九宫山、莽山、都庞岭、南岭、车八岭、丹霞山、花坪、猫儿山、千家洞、天目山、舜皇山、阳明山等国家级自然保护区。

（4）西北地区的重要生态廊道有两条。其中较短的一条为连接阴山山脉、贺兰山脉的生态廊道，沿线分布有大青山、乌拉特、哈腾套海、西鄂尔多斯、贺兰山、沙坡头、连城等自然保护区；另一条较长廊道为横贯秦岭、六盘山、祁连山脉、天山山脉、阿尔泰山山脉的廊道。这条生态廊道内分布着若尔盖湿地、姚河、莲花山、孟达、连城、祁连山、敦煌西湖、罗布泊、塔里木、天山、阿尔泰山、哈纳斯等国家级自然保护区。

上述物种保护的关键区域和生物廊道共同构成了我国国土尺度上生物保护的安全格局，涵盖了我国生物多样性保护的大部分地区，是未来我国新建、扩建自然保护区，构建国家生态廊道网络系统的重点区域。

生物多样性保护应该从两个方面同时推进。一方面应该以现有的自然保护区为基础，提升保护区的保护成效与保护质量，构建健康高效的保护区体系；另一方面，要积极推进区域生态廊道网络工程建设，通过设置生态廊道，将隔离的栖息地斑块进行连接，减少人类活动对动物迁移的割裂程度，促进生物多样性保护向更高水平发展。

（1）加强以自然保护区体系为主的生物多样性保护战略。

首先，在现有自然保护区基础上，分析生物多样性保护的热点地区分布，利用 GAP 分析等方法判别自然保护区未覆盖的重要生物多样性保护热点地区，扩大、完善和新建一批国家级自然保护区、禁猎区和种源基地及珍稀植物培育基地，实现更大范围的保护。针对密集的自然保护区区域，实施自然保护区群等区域化生物多样性保护战略。

其次，在保护区类型方面，在重点保护濒危珍稀动物和大型木本植物类保护区之外，增加对环境敏感、更易面临灭绝的灌木和草本植物的保护；增加对具有重要遗传资源的动植物物种（如药材、野生农作物亲缘种、野生花卉等），保护我国地方性古老的、乡土的物种。

最后，对已经建立的自然保护区，要切实加强自然保护区保护、管理与科研水平。保护区内应严格执行自然保护相关法律法规，保护动植物物种；对于生境遭受严重破坏的地区，采用生物措施和工程措施相结合的方式，积极恢复自然生境；建立野生动植物救护中心和繁育基地。禁止滥捕、乱采、乱猎等行为，加强外来入侵物种管理。

（2）构建区域生物廊道网络。

借鉴欧美国家实施的区域、大陆范围生态网络，在相同的生物地理区域内，构建包括生物保护核心区、缓冲区和生态廊道的相互连接的生态网络体系，切实保护生物多样性。根据全国野生动植物保护及自然保护区建设工程总体规划，我国生物多样性保护应该在切实保护本区域动植物基础上，通过科学分析与研究，构建区域生态廊道网络，增加栖息地的连接性，减少栖息地破碎化带来的影响。具体而言：东北地区应以保护大、小兴安岭、长白山典型森林生态系统和三江平原、松嫩平原的湿地生态系统为主，重点保护东北虎、原麝、野生梅花鹿、马鹿、丹顶鹤等动物栖息地和迁移廊道。

蒙新高原荒漠区以保护典型草原、荒漠草原和高原湿地生态系统为主，保护高原的重点兽类（如野骆驼、野驴、盘羊、白唇鹿、马鹿、雪豹等）、鸟类（如松鸡、榛鸡、黑琴鸡、天鹅、黑鹳、白尾海雕、大鸨、毛腿沙鸡、百灵等）、啮齿动物（如跳鼠、沙鼠）和爬行动物（沙蜥、麻蜥和沙虎等）等动物物种栖息地，构建草原大型动物迁移廊道。

黄土高原地区应该加强暖温带典型森林生态系统保护，重点保护林麝、鹤类和褐马鸡栖息地，保护残留的动物栖息地斑块。

青藏高原高寒区应该继续开展大面积的青藏高原生态系统、湿地生态系统类型自然保护区建设，加强藏羚羊等野生动物种群栖息地和迁移廊道的建设与保护。

西南高山峡谷区是生物多样性的重点区域，分布着诸多我国特有的古老和孑遗植物物种（如珙桐、秃杉、香果树、鹅掌楸等）和动物物种（大熊猫、小熊猫、血雉、虹雉、藏马鸡、红腹角雉、绿尾虹雉、锦鸡等），该区应重点建立集中连片的野生动植物自然保护区网络体系，保护大熊猫、金丝猴、印支虎等野生种群的栖息环境和迁移廊道。

中南西部山地丘陵区要加强建立各类典型山地森林生态系统自然保护区，保护我国独特的亚热带自然植被和国家重点野生动植物种群。

华东丘陵平原区，尽可能多建立一些常绿阔叶林森林生态系统和湿地生态系统自然保护区，以保护典型森林生态系统和湿地生态系统，抢救和保护国家重点野生动植物种群和栖息环境。

华南低山丘陵区应重点抢救性地建立典型热带森林生态系统自然保护区，建立红树林湿地生态系统自然保护区，重点保护灵长类国家重点野生动物、热带珍稀植物和红树林。

四、水土保持安全格局构建

水土保持是保护和改善水土流失地区生态环境、促进人与自然和谐相处、保障国家生态安全与可持续发展的重要战略。水土保持安全格局的构建战略为：判别需要进行保护与治理的水土流失发生区域，将其纳入全国生态安全格局的范围，以实现保护和改善水土流失地区生态环境，促进人与自然和谐，保障经济社会的可持续发展。

水土保持安全格局采用多因子综合评价法进行判别，具体评价步骤为：

（1）首先根据已有的研究成果和国土尺度数据的可获取性，选择确定影响水土流失的气象、地形、人类活动等多种因素作为综合评价的评价因子。

（2）参考国家已经颁布的水土流失危险性（风险）评价指标体系与分级标准，在 GIS 软件支持下进行因子分级和加权叠加运算，生成国土尺度的水土流失潜在危险性评价结果。

（3）根据水土流失潜在危险性（风险）评价结果，划定不同安全水平的水土保持安全格局。

根据水土保持安全格局划分结果，低安全水平水土保持安全格局面积为 41.6 万 km²，占我国陆地总面积的 4.3%，主要分布在长江中上游的四川丘陵盆地、秦岭大巴山高中山地、黄河中上游的晋陕蒙接壤区、陕北晋西黄土高原区、珠江南北盘江上游的鄂黔滇中山地区等区域；中安全水平水土保持安全格局面积为 114.2 万 km²，占我国陆地总面积的 11.9%，分布范围为除低安全水平区域外，主要分布在滇中中高山盆地、滇西南高中山地地区、横断山脉等区域；高水平安全格局面积为 282.1 万 km²，占我国陆地总面积的 29.3%，在低、中安全水平范围外，主要涵盖南岭武夷山脉、粤闽中小起伏低山、台湾中部山区、秦岭山地、陕北高原和青藏高原北缘等区域。

水土保持防治空间战略：

（1）低安全格局：低水平水土保持空间战略。

占国土面积 4.3%，低安全水平水土保持安全格局主要分布于长江中上游地区、黄河中上游地区以及珠江上游等水土流失最严重区域。该区域水土流失防治战略上应该采取以小流域为单元的水土流失综合治理，并注意同自然修复相结合，先封禁、后治理的措施。因地制宜，宜封则封，宜治则治，最终实现水土流失程度减轻、社会经济发展、人居环境改善的目的（刘震，2002）。黄土高原地区气候干旱，植被稀疏，水土流失十分严重，是黄河泥沙的主要来源地。根据全国生态环境建设规划，该区域应该以小流域为治理单元，以修建水平梯田和沟坝地等基本农田为突破口，综合运用工程措施、生物措施和耕作措施治理水土流失，实行草、灌木、乔木结合，恢复和增加植被。在对黄河危害最大的多沙粗沙地区营造水土保持林，恢复林草植被，减少粗沙流失危害。

长江中上游地区应该重点对嘉陵江流域、云南金沙江流域、川西地区和三峡库区等地区的生态环境进行恢复与重建，以改造坡耕地为中心，开展小流域和山系综合治理，恢复和扩大林草植被，控制水土流失。保护天然林资源，支持重点林区调整结构，停止天然林砍伐，营造水土保持林、水源涵养林和人工草地。有计划、有步骤地使 25° 以上的陡坡耕地退耕还林（果）还草，25° 以下的坡地改修梯田，合理开发利用水土资源、草地资源、农村能源和其他自然资源，禁止滥垦乱伐，过度利用，坚决控制人为的水土流失。

珠江流域上游地区由于石漠化极度严重，耕地土壤生产力非常低下，因此应该实施在中山和高山区的生态移民政策，同时启动对原有居民区域的石漠化综合治理，采取封山育林、人工造林、种植经济型作物、薪柴林相结合的措施，帮助生态自我修复。

低安全格局的水土保持战略是基本的生存战略，也是眼前必须实现的国土治理目标。

（2）中、高安全格局：中、高水平水土保持空间战略。

分别占国土面积的 11.9% 和 29.3%，首先，中、高安全水平安全格局涵盖水土保持最低安全格局区域的同时，还包括了一些水土流失风险相对较小的区域，在这些区域中，对那些水土流失轻微、降雨条件较好、人口密度较小但生态环境较脆弱地区也要进行封育保护措施，控制人对自然的干扰、过度索取和侵害，依靠生态的自然修复能力，促进大面积的生态环境改善（刘震，2002）。其次，针对存在较严重水土流失区域，应在全面规划的基础上，预防、保护、监督、治理和修复相结合，因地制宜，因害设防，优化配置工程、生物和耕作措施，宜林则林，宜草则草，形成有效的水土流失综合防护体系。最后，依法强化监督，预防人为造成新的水土流失，保护好现有植被，使开发建设过程中的水土流失减少到最低限度。占国土 1/3、高安全水平的水土保持空间战略，是再造秀美山川的理想战略，也是未来中国国土整治应该瞄准的目标。

五、沙漠化防治安全格局构建

沙漠化治理工作主要按照预防为主、先易后难的战略思想，旨在通过判别沙漠化发生发展的敏感性和沙漠化程度来共同构建沙漠化防治的安全格局，提出沙漠化土地保护和恢复的空间战略。

沙漠化防治安全构建主要从沙漠化敏感性评价和沙漠化程度评价两方面来综合分析确定，具体包括以下三个步骤：

（1）选择影响沙漠化发生发展的自然与人类活动因子（降雨、风速、土壤、土地覆盖类型、植被覆盖度），采用因子综合评价方法，从宏观尺度对我国潜在沙漠化发生发展状况进行敏感性评价；沙漠化敏感程度越高，表明该区域越容易发生沙漠化问题。

（2）选取植被覆盖度的年内变化幅度来综合表征沙漠化地区的沙漠化程度。

利用近 10 年的逐旬高分辨率植被遥感影像（Spot Vegetation），分析植被覆盖度 10 年平均的年内变化幅度，以此为依据评价我国沙漠化程度。

（3）根据沙漠化敏感性评价结果和沙漠化程度评价结果，按照"保护优先"战略，提出沙漠化防治安全格局构建的划定原则，确定不同的安全水平的沙漠化防治安全格局。

根据沙漠化防治安全格局划分结果，低安全水平沙漠化防治安全格局面积为 45.04 万km²，占国土面积的 4.69%，主要分布范围为内蒙古呼伦贝尔高原的呼伦贝尔沙地、锡林郭勒高原中西部的乌珠穆沁草原、西辽河平原的科尔沁沙地等主要区域；东北地区松嫩平原的松嫩沙地；晋冀蒙接壤地区的坝上高原、山西大同盆地、内蒙古乌兰察布盟南部、陕西榆林地区、甘肃省陇中地区的庆阳市、固原市、定西市；新疆沙漠周边绿洲地区和西藏的部分地区。

中安全水平沙漠化防治安全格局面积为 123.06 万 km²，占国土面积的 12.82%，主要分布范围包含低安全水平安全格局，此外，还包括西藏藏北高原、甘肃省陇中高原的兰州市、白银市、固原市、吴忠市；内蒙古鄂尔多斯高原的中北部、锡林郭勒高原、乌兰察布高原的中南部地区；呼伦贝尔沙地、松嫩沙地、科尔沁沙地中沙化程度较为严重地区。

高安全水平沙漠化防治安全格局面积为 167.12 万 km²，占国土面积的 17.41%，主要分布于内蒙古自治区的阴山—大青山脉以北的锡林郭勒高原西部、乌兰察布高原、巴彦淖尔高原北部、贺兰山以西、吕梁山脉以东的鄂尔多斯高原（毛乌素沙地），陕西省的榆林地区，甘肃省的武威、张掖等河西走廊地区，新疆塔克拉玛干沙漠西北部、古尔班通古特沙漠西南边缘零散的沙漠绿洲地区，藏北高原的那曲、阿里、玉树、日喀则等地区。

沙漠化防治是一项复杂的社会系统工程，要从根本上解决这一问题，必须根据不同区域自然与社会经济系统的特点，因地制宜地采取综合生态系统管理手段进行综合防治。在当前依靠生态工程进行防沙治沙的体制下，加强封禁保护，发挥自然修复作用才是遏制沙化土地继续扩展最有效的措施，也是预防发生土地沙化最经济的途径（回良玉，2007），因此，未来防沙治沙策略应该切实施"保护优先"战略，对依法划定的封禁保护区，要禁止一切破坏植被的活动，通过大自然的自我修复功能，逐步形成稳定的草原生态系统。

沙漠化防治的低安全格局是优先和基本的生存战略，中、高安全水平的沙漠化防治安全格局是再造秀美山川的长期和理想的空间战略。

（1）低安全水平的沙漠化防治空间战略。

占国土面积 4.69%，低安全水平沙漠化防治安全格局区域（即具有潜在沙漠化危险但仍未发生严重沙漠化的地区）是沙漠化防治最重点的区域和优先保护区、治理区，主要包括农牧交错地带、草原地带和荒漠绿洲带三部分区域。该区自然条件相对较好，但地表沙物质十分丰富，人口、经济压力大，存在沙地耕作、过牧、滥垦、滥樵等不合理土地利用方式，沙漠化的发生发展的危险较大，一旦植被遭到破坏极易形成沙化土地。该地区沙漠化防治应该采取以生态保育为主的保护性措施，主要包括：严格保护现有植被，控制和减少耕地数量，采取积极的退耕还草政策；压缩牲畜数量，采取轮牧、禁牧等方式，改变畜牧业生产经营方式，减轻草原压力；合理利用水资源，保障生态用水；加强宣传教育，提高公众防治荒漠化意识；调整产业结构，实行保护性开发；优化土地利用格局，推动社会经济和生态环境可持续发展。具体来讲，农牧交错带的沙漠化区域应该采取严格的退耕还林还草和降低草地载畜量的措施。如大兴安岭南—科尔沁沙地地区，应继续推行禁牧、轮牧、退耕还林还草等生态保育措施，实施乔灌草结合的生态建设工程恢复沙地植被，大力发展高产人工草地和草食性家畜基地，推广"内蒙古科尔沁小生物圈整治与发展"模式，即以户为单位，固定流沙，开发丘间地，农牧互补的生产一体化模式；张北—集宁丘陵区以灌木和草本为主，提高地表植被覆盖率，治理的重点是退耕还林还草、农田免耕、农牧互补，发展高效无公害特色农业，人工饲草与补饲相结合的畜牧业基地（史培军等，2000；卢琦等，2001）。

针对草原地区的沙漠化范围，应该采取耕地管制、草场改良、以草定畜和改变经济模式等方法。如在年降水量300mm以下的地区严禁开垦，已开垦的土地全部退耕，改建人工草地；年降水量300~400mm水分条件相对好的地段发展高产饲草饲料种植基地，推广飞播喷播等草地补播改良技术，培育优良畜种推行牧民定居和舍饲畜牧业从而提高畜牧业经济效益，大力发展公司+农户的产业化畜牧业模式（卢琦等，2001；史培军等，2000）。对条件较好的呼伦贝尔草原，严禁继续垦殖开荒，整治恢复撂荒土地，退耕还草；锡林郭勒草原重点解决夏季无水草场的开发利用、冬春草场的合理放牧利用问题，实施划区轮牧，人工种草发展饲料产业；严格保护基本草地，不得擅自征收、征用、占用或改变其用途。实行以草定畜，草畜平衡制度，严格控制载畜量。鼓励和引导农牧民发展饲草饲料生产，改良牲畜品种。在牧区要推行草原划区轮牧、季节性休牧和围封禁牧制度（卢琦等，2001）

荒漠绿洲带要以建立城市、道路、绿洲的生态屏障为重点。荒漠绿洲年降水在200~250mm以下，水资源极度缺乏使得绿洲生产生态用水的矛盾十分突出，成为绿洲生态环境退化的首要根源。荒漠绿洲带沙漠化导致沙漠向绿洲扩展，绿洲面积越来越小。流沙蔓延，城镇、工矿、交通设施、国防基地受到流沙掩埋，甚至导致村民沦落外乡，成为生态难民（卢琦等，2001）。缓解荒漠绿洲沙漠化的根本途径在于：控制人口的盲目增长，实行生态移民，控制荒漠化地区的人口数量；强化区域水资源管理，加强流域和区域水资源的统一调配和管理，严格控制人工绿洲面积，广泛采用喷灌滴灌等节水灌溉技术，发展节水型集约化的绿洲农业，降低绿洲生产用水，保障生态用水（史培军等，2000）；调整荒漠绿洲土地利用结构，缩小粮食种植面积，发展高投入、高产出、高效益、集约化的产业经营模式；在需要重点设防的地段推广绿洲防护林体系建设技术、铁路公路防沙造林技术、流沙控制技术、机械沙障保护下的灌木造林治沙技术、沙地飞播固沙技术等，从而实现绿洲生态环境的根本好转（卢琦等，2001；史培军等，2000）。

（2）中、高安全水平的沙漠化防治空间战略。

分别占国土面积的12.82%和17.41%，中、高安全水平沙漠化防治安全格局范围涵盖低安全水平安全格局，此外，还包括分布于乌兰察布荒漠草原、鄂尔多斯草原荒漠区和青藏高原地区。其中，乌兰察布盟荒漠草原和鄂尔多斯草原化荒漠区应实施严格的生态保护措施，实行退耕还草、退牧还草，封滩育草，恢复自然植被；青藏高原沙漠化地区以高寒草原为主，生态系统极度脆弱，牧草生长期短，产草量低，由于超载过牧、滥采乱挖草原野生植物、无序开采矿产资源等因素影响，加之自然条件恶劣，鼠虫害和雪灾发生严重，故此地区是我国沙漠化扩张速度较快的区域；青藏高原地区沙漠化防治的重点以保护现有的自然生态系统为主，加强天然草场、长江黄河源头水源涵养林和原始森林的保护，禁止一切采挖活动，全面退耕还林、退牧还草，封山育林育草，恢复植被，休养生息，建立高原保护区，适当发展生态旅游业。

对暂不具备治理条件以及因生态保护需要不宜开发利用的连片沙化土地，依法划定沙化土地封禁保护区。县级以上地方人民政府要妥善安排好沙化土地封禁保护区范围内农牧民的生产生活，有计划地组织迁出并妥善安置。在沙化土地封禁保护区内，禁止一切破坏植被的生产建设活动，对确需进行的修建铁路、公路等建设活动，必须严格按程序评估和审批。

在牧区要推行草原划区轮牧、季节性休牧和围封禁牧制度，推行舍饲圈养和退牧还草，保护和恢复沙化草原草地植被。在生态状况极其恶劣、缺乏基本生活条件的地方，要积极稳妥地进行生态移民（回良玉，2007）。

第四节　综合生态安全格局构建

一、构建方法

上节分析了水源涵养、洪水调蓄、生物保护、沙漠化和水土保持五种生态过程的安全格局，其中，水源涵养、洪水调蓄和生物保护的安全格局代表了国土尺度上提供重要生态功能的关键区，沙漠化和水土保持的安全格局则代表了国土尺度上面临着沙漠化和水土流失威胁的区域，是生态问题迫切需要解决的区域。国土生态安全格局研究的出发点是确定维护生态安全和健康的空间格局，通过对这些空间战略点和空间联系的维护和保护，让土地生态系统能够持续提供生态系统服务。因此，国土生态安全格局的确定主要从生态重要性的角度来考虑，即根据水源涵养、洪水调蓄和生物保护三种过程的安全格局来综合确定。

将水源涵养、洪水调蓄和生物保护三种过程的安全格局进行空间叠加，即可得到综合的生态安全格局。考虑到各种生态系统服务之间的不可替代性，单一过程安全格局的叠加过程中采取等权叠加方法；在叠加判别时，按照保护级别采取"两两取高"的算法。如：某一过程的高安全水平格局（保护级别较低）与另一过程的低安全水平格局（需要保护的最关键区，保护级别最高）相叠加时，结果为低安全水平格局，即给予高度的保护级别。

具体方法为在 GIS 软件支持下，分别对各单一过程生态安全格局结果进行赋值，低、中、高水平安全格局分别赋值为 3、2、1，然后利用多图层进行逐个栅格统计方法，按每个栅格单元的最小值输出最终的计算结果。[①] 公式如下：

$$ISP = \mathrm{Max}(SPi) , \quad i = 3, 2, 1$$

式中，ISP（Integrated Security Pattern）为综合安全格局；SPi 为三种生态过程的生态安全格局，分低、中、高 3 级，分别赋值为 3、2、1。

国土综合生态安全格局被划分为低、中、高三种安全水平，分别代表不同的保护重要程度。其中：

$SPi = 3$：低安全水平的生态格局，是国土上对于维护生态过程完整性最关键的生态区域，是维护当前人类生存和国土安全的最低要求；$SPi = 2$：中安全水平的生态格局，是维护主要生态过程的缓冲区域，是在现实条件允许的情况下，为再造秀美山川需尽可能争取的国土生态保护与恢复的空间战略；$SPi = 1$：高安全水平的生态格局，是维护主要生态过程的外围区域，是长远的生态安全格局恢复的最大空间范围。

二、综合生态安全格局构建结果

将水源涵养、洪水调蓄和生物保护三种过程的安全格局进行空间叠加，即可得到综合的生态安全格局。按照生态保护面积的大小，将我国的生态安全格局分为三个水平：

（1）底线格局（低安全水平的生态安全格局）面积为 280.57 万 km^2，占我国陆地总面积的 29.23%，是生态保护的最低限度和最小范围，即保障国土生态安全的最小范围，应该成为国土发展建设中不可逾越的生态底线，需要进行严格保护和重点生态恢复。

（2）满意格局（包括低安全水平和中安全水平的生态安全格局叠加的国土部分）的面积为 577.71 万 km^2，占我国陆地总面积的 60.18%，在最低保护限度的基础上增加了更多的保护区域，即较满意的生态格局。

（3）理想格局（包括低安全水平、中安全水平和高安全水平的生态安全格局叠加的

---

① 俞孔坚，李迪华，李海龙. 国土生态安全格局：再造秀美山川的空间战略 [M]. 北京：中国建筑工业出版社，2012.

国土部分）的面积为 790.75 万 km²，占我国陆地总面积的 82.37%，是在满意格局的基础上增加了更多的保护区域，是为再造秀美山川的国土生态保护与恢复空间战略中长远的理想的生态格局。

从我国生态安全格局的空间结构上看，我国国土生态安全格局主要以大型河流和山脉为廊道，连接起我国重要的生态关键区域，构成国土尺度上最低安全水平的格局，这也是我国生态安全保障的最低限度。

其中，重要的生态区包括：青藏高原的冰冻圈和三江源区，是我国重要的水源涵养、水文调节、气候调节的关键区域；东北地区的长白山、小兴安岭、大兴安岭，以森林生态系统和湿地生态系统为主，在水源保护、生物多样性保护等方面具有重要功能；北部的内蒙古中东部草原和黄土高原一带，是我国北方的农牧交错区，也是水土保护、沙漠化控制的重点区域；西北内陆的天山、祁连山，是我国内陆地区水源涵养、气候调节和沙漠化控制的关键区域；华北地区的太行山、京北坝上地区一带，是华北地区重要的水源涵养、水土保持和生物保护的关键区域；中部的秦岭大巴山地区，是我国多种珍稀动植物的关键栖息地；南方武夷山、南岭一带，以亚热带森林生态系统为主，是我国生物多样性保护的热点地区；西南的横断山区，是我国典型的亚热带高山生态系统，也是世界上生物多样性保护的热点地区，在水源涵养、气候调节、提供生物资源等方面具有重要的生态功能，是我国中东部长江中下游地区的生态屏障；长江中下游地区的大型湖泊、湿地和蓄滞洪区，如洞庭湖、鄱阳湖、太湖等，在洪水调蓄、生物保护等方面具有重要功能；台湾岛和海南岛山地区；海陆过渡带，主要包括滨海湿地、基岩海岸、红树林海岸等类型，是沿海地区重要的生态保护区。

上述国土上的关键生态区主要通过河流生态廊道连接起来，共同组成国土生态安全网络。河流生态廊道主要包括四条：长江、黄河及其主要支流；南方的珠江、西江、东江；北方的黑龙江、松花江、辽河；西南的雅鲁藏布江、澜沧江、怒江。

第三章 国土开发空间的组织与优化

对国土空间开发格局进行优化，是党的十八大以来在宏观战略决策上的一个重点。优化国土空间开发格局的目的，就是提高各种资源和发展要素在空间上的配置比例和效率，提高投资的边际产出。本章主要阐述如何形成国土开发空间的组织结构及优化国土空间开发格局的机制体制。

第一节　都市圈、城市群、发展轴、经济区的关系研究

城市、都市圈、城市群、发展轴、经济区是构成国土空间开发格局的空间单元，但它们之间通过何种方式形成国土开发的整体格局在理论界存在许多争议。我们认为"城市—都市圈—城市群—经济区"是空间组织在面上扩展的重要方式，"点—轴"延伸是空间组织在线上拓展的重要途径。

一、都市圈、城市群、发展轴、经济区的内涵

（一）都市圈的内涵

都市圈的内涵包括以下几个方面：

（1）拥有一个中心城市。中心城市是都市圈不可缺少的内核，在区域内的首位度高。它的人口规模、经济规模在区域内占的比重较大，对周边城市和地区有较强的吸引力和辐射力。

（2）中心城市周边有众多的中小城市。在都市圈发展相对成熟的阶段，中心城市辐射带动周边众多城市共同发展，按等级由大到小形成圈层结构，整个区域城市化水平较高，非农业人口比重高于全国平均水平，经济相对较为发达。

（3）都市圈内部的经济社会联系紧密。都市圈内的人流、物流、信息流、资金流等各

种经济要素互联，交通运输网络、通信网络等基础设施互通，城市规模结构、职能结构合理，具有较强一体化倾向。

（二）城市群的内涵

城市群的内涵应包括以下几方面：

（1）以一个或几个特大城市为中心。特大城市是城市群的重要组成部分。区域内分工合理的几个特大城市共同辐射带动区域发展。如美国波士华城市群中有波士顿、华盛顿、纽约、费城、巴尔的摩等特大城市，北美五大湖城市群中有芝加哥、多伦多等特大城市，日本东海道城市群有东京、大阪、名古屋等特大城市，英国中南部城市群有伦敦、伯明翰、谢菲尔德、利物浦、曼彻斯特等特大城市，欧洲西北部城市群有巴黎、阿姆斯特丹、安特卫普等特大城市。

（2）城镇结构相对合理。除一个或多个规模较大、经济发达和辐射带动能力较强的特大城市外，在这些城市周边还分布了大小不等的二级城市和三级城市，以及众多的小镇。这些城镇的功能结构、规模结构总体上比较合理，便于城镇之间的协作和合作。如美国波士华城市群中的波士顿是城市群智力、技术与思想政治中心，纽约是商业和金融中心，费城是制造业中心，巴尔的摩是重要的海港城市，功能结构非常明确。

（3）城市群功能比较完善。城市群多集外贸门户职能、现代化工业职能、商业金融职能、文化先导职能于一身，空间密集程度较高，成为区域政治、文化、经济的核心区，对国家、区域乃至世界政治经济都具有不可替代的中枢支配作用。

（三）发展轴的内涵

发展轴的内涵包括以下几方面的内容：

（1）重要基础设施和城市群（或若干个中心城市）是发展轴形成的基础。发展轴要通过重要的基础设施将城市群（或若干个中心城市）串联在一起。其中，重要基础设施既可以是陆上交通干线，也可以是海岸线、河岸线等。如我国20世纪90年代提出的"T"字形国土开发格局中的一横就是长江发展轴，一纵就是沿海发展轴。

（2）人口、产业、城镇、经济要素相对密集是发展轴形成的前提条件。需要说明的是，并不是所有的交通干线和河岸都能形成发展轴，如我国的黄河沿线就没有形成黄河发展轴。只有人口、产业、城镇、经济要素要相对密集的基础设施沿线才能形成发展轴，才能产生巨大的空间集聚效应，带动区域经济的整体发展。

（3）发展轴内部通过交通等重要基础设施束相连。发展轴内部通过交通等重要基础设施束连接有利于城市之间、区域之间、城乡之间便捷地联系，客观上能促进地区之间、城

市之间的专业化与协作，形成有机的区域经济网络。

（四）经济区的内涵

从前面所界定的经济区的定义可以看出，经济区的内部包括以下几方面的内容：

（1）依托一个或几个城市群而发展。从中心城市角度描述的经济区，最多是城市经济区，并不是通常所说的综合经济区。依托一个或几个城市群发展的经济区，地跨多个城市，经济互补性强，包含"地域经济、社会系统"，是相对综合的经济区，便于国民经济的有效管理。

（2）城乡统筹发展特征明显。经济区与城市群最大的区别在于，城市群主要包括城市地区，而经济区不仅包括城市，还包括城市辐射带动的广大农村地区，城乡统筹发展的特征比较明显。

（3）经济区内经济联系较为紧密。经济区通过生产联合、技术协作、科学文化知识交流、物质交换、信息传递、财政金融流动等不同经济关联方式，形成某种综合经济结构，是经济区的本质特征。

二、都市圈、城市群、发展轴、经济区的关系

由于都市圈、城市群、发展轴、经济区等概念存在一定的空间关系，理论界将其混用的情况非常普遍。其实它们之间还是有较大差异的。

（一）都市圈、城市群、发展轴、经济区的共性

1. 都需要有中心城市

从前面的分析中可以看出，不论是都市圈、城市群、经济区的形成，还是发展轴的形成，都至少要有一个中心城市。所以，中心城市是构成这些空间单位最基本的要素。

2. 内部经济联系比较紧密

尽管经济社会联系的紧密度不一样，基础设施互通的程度和广度有差异，但都市圈、城市群、发展轴、经济区都要求内部经济要素能够互联，交通等重大基础设施能够互通。

3. 都具有阶段性和层次性

都市圈、城市群、发展轴、经济区的发展都要经历培育阶段、快速发展阶段、成熟阶段，在不同发展时期，中心城市对周边影响的方式差异性较大，前期主要是集聚要素，后期才辐射带动周围区域发展。

（二）都市圈、城市群、发展轴、经济区的差异

1. 有相互包含的关系

首先，依托中心城市，寻找都市圈。其次，由都市圈决定城市群，如日本东太平洋沿岸分布的首都圈、大阪圈和名古屋三大都市圈，共同构成日本东海道城市群。再次，城市群的快速发展，将促进点——轴群（即全国性和区域性轴线联动开发）的开发。最后，点——轴群的开发将延伸城市群的腹地范围，形成有影响力的经济区。

2. 界定标准有差异

都市圈界定的标准有两个核心的要素，一是中心城市人口的规模，二是外围地区到中心城市的通勤率。城市群界定的标准既要有人口总规模，而且对总面积、人口密度、城镇密度都有明确的要求。经济区界定的标准除中心城市外，还需要考虑外贸货流、铁路客货流、人口迁移流和信息流等因素。发展轴界定的标准要体现两个因素，一是经济密度，二是重要的基础设施轴线。

3. 分工协作程度不同

都市圈、城市群内部经济联系紧密，分工协作的程度高。都市圈分工协作的程度甚至还高于城市群。发展轴、经济区内部的经济也有联系，但分工协作的要求不高，其中，发展轴内部的分工协作最为松散（见表3-1）。

表3-1　都市圈、城市群和经济区概念界定

类别	都市圈	城市群	经济区
英文表示	Metropolitan Circle Circle Circle	Metropolitan Cluster	Economic Region
城市地域结构	单核心	单核心或多核心	单核心或多核心
形成阶段	中高级阶段	高级阶段	高级阶段
形成主导力量	集聚与扩散并举，以集聚为主	集聚与扩散并举，近域横向扩散明显	集聚与扩散并举
逻辑关系	城市群的组成单元	一个以上都市圈的聚合体	以一个或一个以上城市群为核心的经济区域综合体
组织管理特征	不跨省市行政界限，便于协调管理	跨省级或地级市行政界限，协调难度大	跨省级行政界限，协调难度大
界定标准考虑的因素	中心城市规模、中心与外围的联系强度、基础设施完善程度	都市圈规模、都市圈与外围的联系强度、基础设施完善程度	城市群、城市群与外围的联系强度、基础设施完善程度

类别	都市圈	城市群	经济区
与之相同的概念	都市区、大都市区、大都市圈	城市带、城市连绵区、都市连绵区、都市连绵带	——

第二节　中国城市群的构建与空间规划技术方法

随着中国城市化发展速度的不断加快，城市群发展成为现代化城市建设的新特征。就目前而言，城市群的发展是建立在政治制度以及社会发展的基础上的。社会的发展和经济的进步会直接地影响城市群的发展。社会进步促进了城市经济的发展，经济的变化使得各个城市开始重新规划空间体系，这正是中国城市群发展变化的原因。但是相对于西方的城市群的发展变化，中国的地区要复杂很多，中国城市群规划也需要依据中国的国情进行创新规划。

一、城市群界定的标准

城市群的界定并没有单一、固定的标准。根据城市群的概念、内涵及其与都市圈的关系，我们认为，城市群的界定要符合以下标准。

（一）至少有一个经济实力强的中心城市

中心城市在城市群中处于核心与支配地位，对整个区域经济活动发挥组织和主导作用。一般而言，中心城市具有开放性、服务性、创新性，具有对区域社会经济发展能量与要素进行高效、有序、合理聚集与扩散的功能，主要表现为工业生产、劳动力就业、金融资本、商贸物流、人才技术信息、决策功能等级化效应，同时又对外扩散。中心城市首先形成都市圈，然后依托都市圈，培育发展中小城市，使得都市圈的覆盖范围相互叠加，逐步构建功能完善、结构合理的城市群。如果城市群中有两个或两个以上的中心城市，形成都市圈范围有重叠，城市群界定的范围要重点参考实力最强的中心城市覆盖范围。如长三角城市群中的上海、南京、杭州、宁波等都形成各自的都市圈范围，但在界定城市群范围时要突出上海的龙头作用，把其形成的都市圈作为重要基础。

（二）城镇体系相对比较完善

城镇体系比较完善主要包括两方面的含义：一是城镇的规模结构相对合理。由少数特大、大型以上核心城市与多数中心城市及市镇相互串联而形成的城市群体，层次分明，各规模等级城市之间保持合理的结构。总体而言，在城市群相对成熟的阶段，中心城市和小城镇的人口规模占的比重越来越低，中等城市人口规模占的比重越来越高。二是城镇的职能结构比较明确。城市群在与外界不断进行能量交换的过程中，产生自组织功能，不断调整和优化自身结构，逐渐形成职能明确的分工体系。因此，在界定城市群范围的时候，要充分考虑城市群的动态发展变化，将部分功能突出的城市纳入城市群的范围。例如，根据前面的分析，大连没有形成自身的都市圈，也不在沈阳辐射的都市圈范围内，但鉴于大连的航运优势，它也要纳入相应城市群的范围。相反，对部分属于都市圈范围内的城市，尽管理论上能接受中心城市的辐射带动，但由于与中心城市经济联系不紧密，或者与中心城市及其他城市联系松散，也不能纳入城市群的范围。

（三）有一定的人口规模、经济规模和发展空间

人口规模、经济规模和发展空间是构成城市群三个非常重要的指标。如美国东北部城市群面积仅占到美国国土总面积的1.5%，却集中了全国近20%的人口和30%的制造业产值，城市化水平高达90%；日本东海道城市群面积占日本国土的6%，却容纳了全国61%的人口，创造出全国2/3的经济总量和3/4的工业产值，城市化水平接近80%；巴黎城市群的国内生产总值占法国的27%，拥有全国50%的科研机构、70%的保险公司总部及96%的银行总部，拥有跨国公司2300家。结合我国的国情和城市群发展水平，国家级城市群人口标准、经济标准和发展空间的最低标准大致为：面积5万平方千米左右，区域人口2000万以上，人口密度400人/平方千米，城市密度2个/万平方千米，市域GDP总量超过5000亿元。

（四）基础设施网络相对完备

公路、铁路、航运、通信等相对完备的基础设施是构成城市群的基础。多种运输方式间相互贯通，速度快，密度高，运量大，将经济增长极、各城镇以及相关区域连接成一个有机整体。作为国家级的城市群，要拥有大型交通枢纽和对外口岸，如规模较大的港口、空港等。在具体界定城市群范围的过程中，要在可能的范围内尽量将有条件发展航运的城市考虑进去。

二、城市群范围界定的原则

借鉴国外城市群发展形成的经验，结合我国城市群发展的实践，城市群范围的界定要坚持以下几点原则。

（一）坚持定量分析与定性分析相结合的原则

任何事物都是质和量的统一体，在实际应用中，定性和定量方法都不能截然分开。一方面，量的差异性反映了质的不同，同时，由于量的分析结果比较简洁、抽象，通常还需要借助定性描述，说明其具体的含义。例如，城市圈域半径是确定的，严格按照确定的数值，有些城市可能被排除出都市圈的范围，但考虑到具体情况或计算误差，部分被排除的城市也可以纳入城市群的范围。另一方面，定性分析又是定量分析的基础，只有厘清都市圈和城市群的内涵，才能建立数量分析的模型。

（二）坚持把握重点和适度超前相结合的原则

一方面，城市群范围的确定要突出中心城市以及中心城市辐射带动的腹地范围；另一方面，要根据中心城市的发展势头，以及交通条件的改善，调整城市群的范围。充分考虑已明确列入"十二五"规划的铁路、高速公路建设对通勤距离的影响。同时，要结合水运发展的潜力，将沿海、沿江、沿河的城市尽可能纳入城市群的范围。

（三）坚持多元融合和功能互补相结合的原则

一方面，城市群范围的确定要体现城市群对外的竞争力和对内的服务能力，促进政治、文化、经济等多种功能的融合；另一方面，城市群内各城市之间功能要具有互补性，使产业群落、市场群落和城市群落高度联结成整体，做大做强，实现内部城市的互利共赢。

（四）坚持科学测定和动态调整相结合的原则

一方面，要将科学测定的结果作为城市群界定的重要依据；另一方面，要根据中心城市和城市群内部各城市的发展潜力，不断调整城市群的范围。例如，京津冀城市群和山东半岛城市群目前还是两个相互独立的城市群，经过若干年的发展后，特别是两大城市群之间的断裂带崛起后，两大城市群就会合并为一个特大城市群。又如，有的城市目前还没有纳入城市群的范围，但随着经济规模越来越大、中心城市辐射带动能力越来越强，将来也可能成为城市群的重要组成部分。

三、城市群空间结构的演变与优化

（一）城市群空间结构的演变过程

城市群的空间演变具有一定阶段性，和国家的发展阶段、产业的发展阶段等密切相关。在形态上，城市群空间结构演变有轴线特征、圈层特征和网络特征三方面特征。时间上，经历了分散的城市、城市组团、初级城市组群、高级城市组群的阶段。城市群区域内的网络化是城乡之间流动的最高表现形式，也是城市群发展过程中理想的城市化模式，有极核网络化、双子座网络化、多中心网络化和走廊发展型城镇网络化四种模式，从城市间竞争共生关系看，城市群的空间演变可分为弱竞争弱共生、强竞争弱共生、强竞争强共生和弱竞争强共生。

（二）城市群空间结构的演变机制

城市群空间演化的动力可归结为自然生长力、市场驱动力以及政府调控力，具体包括自然区位优势、交通、政策、人口因素、产业结构、社会历史文化和新经济环境等多个方面。交通运输和城市群空间结构演变之间存在着相互反馈作用。

从新制度经济学角度，城市群的演变是制度变迁影响人的行为选择，进而影响城市群各项经济活动的过程，制度的作用包括宏观的制度变迁、中观的机制设计和微观的交易成本，基于法团主义视角构建的相对完整、动态的制度分析框架，从国家法团主义下的行政权力主导资源空间配置，到地方法团主义下的"权力+市场"主导资源空间配置，再到社会法团主义下的多元治理和资源分散配置，城市群空间存在"单中心—多中心（或类多中心）—多中心网络化"的演化路径。从产业角度，演变的机理有产业关联效应、产业转移效应和产业聚集效应，现代物流通过增长效应、关联效应、空间效应与创新效应影响了城市群空间结构，从城市间内在关系看，城市群空间是一种专业分工的生产网络，是一种竞合博弈的关系图式。[①]

（三）城市群空间结构优化

以提升能级为目标的城市群空间结构优化从城市经济能级、潜力能级和支撑能级三方面，有节点优化、轴线优化和拓展方向选择等三种方式进行优化，以生态为目标的城市群空间结构优化，是在景观生态学的基质—斑块—廊道框架为基础的优化模式，以空间整合

---

① 谢正峰，冯亚芬. 中国城市群空间结构研究进展 [J]. 云南地理环境研究，2020，32（5）：39-45+53.

为目标的优化，不仅包括土地利用和空间布局，还要关注社会、经济、环境和政治领域。由于城市群及其发展阶段不同，城市群空间结构整合模式也不同。通过对城市群空间结构的正向扰动，实现城市群空间整合，城市群空间整合是产业和基础设施等整合的载体。城市群整合一般包括竞争力整合、城市体系整合、产业整合、空间整合、生态环境整合、基础设施整合和区域协调机制整合等，其中城市竞争力整合、空间整合和城乡生态环境整合是必须先期解决的。优化的途径有打破要素的行政壁垒，加强基础设施建设，建立和完善城市群协调发展机制。

四、城市群的规划方法

中国城市群的构建和规划主要通过以下方法完成。

（一）城市群规划体系

城市群出现于全球经济发展的宏观背景下，使得城市的空间形态以及城市的规模建设发生了巨大的变化。在这种情况下，城市之间的竞争不仅仅是单个城市之间的竞争，而是逐渐地转化为以某某个城市为核心的城市群之间的竞争。所以，城市群的规划也是区域性的战略规划，是为城市的总体建设规划，目的是提高整个城市群的竞争能力。城市群规划的目的是帮助政府建立城市和空间发展的战略扩建，促进区域经济建设和发展。

（二）城市群规划的实用方法

1. 区域划分法

城市群的规划范围应该以城市的经济发展和社会影响范围为规划的主要依据。

2. 区域协调法

即根据城市的跨行政区合作和多种协调方式对城市群规划中涉及的各个部门进行有效的规划，而不是局限在某一个城市或者某一个地区，规划的出发点是整个城市群，促进整体利益提升。所以，在规划中，应该结合不同利益主体之间的意见进行协调。国外在城市群的规划和设计中往往是选择经济、社会、环境为主要发展规划方向，集合一体的发展研究。但是在中国地方城市的管理权力有限，综合性的规划需要各种审批才能通过。

（三）城市群规划主要模式

城市群规划主要包括两种模式，一是环境和社会规划模式，二是团体和战略规划模式。这两种模式在运用中并不是单独、对立的，而是可以同时使用的。随着城市的发展，社会的进步，环境和公平成了 21 世纪人们生存和生活质量的侧重点，将这两种模式结合使用可以协同城市的运作发展。[1]

（四）城市群多中心空间规划

洞悉城市群发展规律，厘清什么样的空间结构有助于提升城市群的经济绩效，有助于提升城市群的经济有效性和建设可行性。但已有研究缺乏统一认识，研究方法存在很多缺陷。因此，孙斌栋等[2]运用相对更加准确的动态数据、更可靠的城市识别方法和因果分析手段，检验了城市群空间结构和经济绩效之间的因果关系，结论显示，多中心空间结构更有利于促进城市群经济绩效提升。

这一结论的政策含义在于支持城市群多中心空间规划的经济合理性，响应了我国以城市群为主体、大中小城市协调发展的新型城镇化战略，也与国家发改委提出的都市圈建设精神一致，为"十四五"期间城市群空间规划提供了具体政策启示。首先，在发挥城市群各首位城市中心辐射带动作用的基础上，要考虑引导经济要素在城市群空间范围内相对均衡地进行分布，以取得更高的经济绩效，同时也有助于缓解要素过度集中于主中心带来的大城市病问题。这种策略在较小空间尺度上则体现为都市圈建设。其次，多中心空间结构取得更好经济绩效的原因不仅是降低了集聚不经济，而且通过城市间"规模互借"亦即专业化分工协作，在更大空间尺度取得了集聚经济，因而在城市群的空间规划中需要格外强调完善城际交通和通信，实现基础设施一体化，以促进城市间的功能联系这是多中心经济绩效的物质支撑。其中，城际轨道交通建设应尽快提到实施日程上来。最后，多中心城市群内部城市之间的联系在体制上是以突破行政区经济限制为前提的。城市群空间范围大，内部城市行政等级不一，诉求不同，只有建立跨区域的规划、发展和管理机制，才能为多中心空间规划顺利实施提供制度支撑。

第三节　中国发展轴发展分析

一、国家级"5+1"发展轴

未来将构建以陆桥通道、沿长江通道为两条横轴，以沿海、京哈京广、包昆通道为三

---

①　李中乐. 城市群规划的理论与方法 [J]. 城市建设理论研究，2018：16.

②　孙斌栋，郭睿，陈玉. 中国城市群的空间结构与经济绩效——对城市群空间规划的政策启示 [J]. 城市规划，2019，43（9）：37-42+85.

条纵轴，以主要城市群地区为支撑，以轴线线上其他城市化地区和城市为重要组成的"两横三纵"城市化战略格局（见表3-2）。

表3-2　"两横三纵"发展轴主要城市

发展轴	主要城市
陇海兰新发展轴	博尔塔拉蒙古自治州、昌吉、乌鲁木齐、吐鲁番、哈密、嘉峪关、酒泉、张掖、金昌、威武、西宁、海东地区、兰州、白银、定西、天水、宝鸡、咸阳、西安、渭南、三门峡、洛阳、郑州、开封、商丘、宿州、徐州、连云港
长江通道发展轴	成都、德阳、宜宾、资阳、泸州、内江、自贡、重庆、遵义、宜昌、荆州、岳阳、咸宁、武汉、黄冈、鄂州、黄石、九江、安庆、池州、铜陵、芜湖、马鞍山、南京、镇江、扬州、泰州、常州、无锡、苏州、南通、上海
京哈京广发展轴	绥化、哈尔滨、长春、四平、铁岭、沈阳、盘锦、锦州、葫芦岛、秦皇岛、唐山、天津、廊坊、北京、保定、石家庄、邢台、邯郸、安阳、鹤壁、新乡、郑州、许昌、漯河、驻马店、信阳、孝感、武汉、咸宁、岳阳、长沙、湘潭、株洲、衡阳、郴州、韶关、靖远、广州、佛山、江门、中山、珠海
沿海发展轴	丹东、大连、锦州、营口、盘锦、葫芦岛、秦皇岛、唐山、天津、沧州、滨州、东营、烟台、威海、青岛、日照、连云港、盐城、南通、上海、宁波、舟山、台州、温州、宁德、福州、莆田、泉州、厦门、漳州、潮州、汕头、汕尾、深圳、香港、澳门、珠海、阳江、茂名、湛江、海口、北海、钦州、防城港
包昆发展轴	呼和浩特、包头、鄂尔多斯、榆林、延安、铜川、咸阳、西安、安康、内江、宜宾、昭通、曲靖、昆明、玉溪
沿边发展轴	丹东、图们、绥芬河、黑河、满洲里、二连浩特、巴彦淖尔、阿勒泰、塔城、伊宁、阿克苏、喀什、日喀则、瑞丽、河口、凭祥、东兴

陇海兰新发展轴。包括博尔塔拉蒙古自治州、昌吉、乌鲁木齐、吐鲁番、哈密、嘉峪关、酒泉、张掖、金昌、威武、西宁、海东地区、兰州、白银、定西、天水、宝鸡、咸阳、西安、渭南、三门峡、洛阳、郑州、开封、商丘、宿州、徐州、连云港28个地市。该发展轴贯穿我国东中西部10个省区，共与11条南北向铁路交会，另有310国道与陇海铁路并行，312国道与兰新铁路并行。陇海兰新线将黄海三角形地带与中部的中原城市群、西部的关中城市群，以及与西陇海兰新经济带连接起来，形成一条以铁路干线为纽带的发展轴。发展轴内煤炭、水力、有色金属、农业资源丰富，能源、电力、有色冶金、轻纺、石化、装备制造、电子、航天航空等工业较为发达，已形成郑州、西安、兰州、乌鲁木齐等若干重要的区域性经济中枢，以及徐州、开封、宝鸡、天水等一批工业城市。陇海—兰

新沿线虽然开发历史悠久，但沿线经济发展滞后，沿线城市中心城市辐射能力有限，城市间横向联系和分工协作还不密切，整体发展程度远不及沿海发展轴和长江通道发展轴。

长江发展轴。包括成都、德阳、宜宾、资阳、泸州、内江、自贡、重庆、遵义、宜昌、荆州、岳阳、咸宁、武汉、黄冈、鄂州、黄石、九江、安庆、池州、铜陵、芜湖、马鞍山、南京、镇江、扬州、泰州、常州、无锡、苏州、南通、上海 32 个城市。该发展轴将长江三角洲与中部的武汉城市群、长株潭城市群及西部的川渝城市群连接起来，形成一条以长江为纽带的人口与产业集聚轴线。长江沿线发展轴线城镇密集，产业基础雄厚，分布一大批我国重要的基础产业和战略性产业基地，具有巨大的发展潜力和优越的合作条件。沿江 32 座城市、100 多个开发区和各类高新技术产业开发区的发展，已使长江上下连为一体，初步形成了一条在全国占重要地位的长江干流经济走廊，是强化我国东中西部经济联系的最重要通道。但受区位和政策因素的影响，长江通道发展轴发展不平衡，呈现出反梯度的发展格局。需要采取有力措施加快长江上游经济的发展。

京哈京广发展轴。包括绥化、哈尔滨、长春、四平、铁岭、沈阳、盘锦、锦州、葫芦岛、秦皇岛、唐山、天津、廊坊、北京、保定、石家庄、邢台、邯郸、安阳、鹤壁、新乡、郑州、许昌、漯河、驻马店、信阳、孝感、武汉、咸宁、岳阳、长沙、湘潭、株洲、衡阳、郴州、韶关、靖远、广州、佛山、江门、中山、珠海 42 个城市。该发展轴涵盖了辽中南城市群、京津冀城市群、中原城市群、长江中游城市群和珠三角城市群五大城市群，几乎覆盖了我国东北和中部地区，是沟通环渤海湾地区与珠江三角洲地区的重要桥梁，是我国承东启西、南北交会的重要枢纽地区。带内发达的陆路通道为沿线经济发展提供了便利条件。沿线分布着六个主要交通枢纽，联通海河、黄河、长江、珠江四大水系。发展轴内老工业基地遍布，重化工业比重高，原材料工业、装备制造业生产能力强大。同时，该发展轴农业生产条件良好，是我国重要粮食生产基地的主要分布区域，农副产品加工业比较发达。随着沿线老工业基地的振兴及新兴工业基地的兴起，该发展轴的原材料工业、装备制造业、农副产品加工业将在我国产业体系中占据极其重要的地位。

沿海发展轴。包括丹东、大连、锦州、营口、盘锦、葫芦岛、秦皇岛、唐山、天津、沧州、滨州、东营、烟台、威海、青岛、日照、连云港、盐城、南通、上海、宁波、舟山、台州、温州、宁德、福州、莆田、泉州、厦门、漳州、潮州、汕头、汕尾、深圳、香港、澳门、珠海、阳江、茂名、湛江、海口、北海、钦州、防城港 44 个城市。沿海发展轴是经济最发达的人口与产业集聚带，发育相对成熟的城市群基本都分布在这一发展轴上，如长三角城市群、珠三角城市群、京津冀城市群、辽中南城市群、山东半岛城市群等。该发展轴经济基础坚实，产业结构层次高，基础设施完备，国际化起步早，已形成了整体优势，是我国今后参与国际竞争的先导区域，以及率先实现现代化目标的示范区域。

包昆发展轴。包括呼和浩特、包头、鄂尔多斯、榆林、延安、铜川、咸阳、西安、安康、内江、宜宾、昭通、曲靖、昆明、玉溪 15 个城市。该发展轴将西部两大城市群——关中城市群和川渝城市群连接在一起，辐射带动了西部地区的发展。发展轴内集中分布了多种能矿资源，是我国最为重要的能源原材料生产基地。通过加强能矿资源开发，沿线煤炭工业、天然气工业、石油工业、原材料工业对全国经济发展的支撑作用将进一步加强，对于保障国家经济安全具有极其重要的战略意义。但由于受多方面因素的限制，该发展轴发展的整体实力还比较弱，需要国家加大支持力度。

除此之外，作为沿边地区开发开放的重要载体，沿边发展轴也需要加快发展。

沿边发展轴。包括丹东、图们、绥芬河、黑河、满洲里、二连浩特、巴彦淖尔、阿勒泰、塔城、伊宁、阿克苏、喀什、日喀则、瑞丽、河口、凭祥、东兴 17 个城市。这些城市都不大，但战略地位非常重要。一些城市水资源及其他经济发展条件也很好，有条件发展成为大城市。有些口岸、县城和小城镇如新疆的霍尔果斯、广西的龙州、黑龙江的乌苏镇等，有条件发展成为规模较大的城市，甚至发展成为大城市。沿边发展轴的发展要以边境经济合作区和跨境经济合作区为重要的平台，以贸易和跨境旅游为基础，加快发展。

二、区域性发展轴的构建

除国家级的发展轴之外，辽宁省的沿海发展轴、沪宁杭发展轴、哈大发展轴、胶济—兰烟发展轴、新疆的天山北坡发展轴、山西大（同）太（原）运（城）发展轴、广西西江发展轴、南（宁）贵（阳）昆（明）发展轴、呼（和浩特）包（头）银（川）发展轴等区域性发展轴。

辽宁沿海发展轴。该发展轴以大连为中心，以辽宁沿海公路为轴的经济、城市集聚带。包括丹东、大连、营口、盘锦、锦州、葫芦岛 6 个城市。

哈大发展轴。以哈尔滨到大连铁路通道为主轴的发展轴是我国形成较早，吸引范围广，区域特征明显，发展相对成熟的发展轴。包括哈尔滨、大庆、长春、四平、铁岭、沈阳、辽阳、鞍山、抚顺、本溪、营口、大连 12 个城市。

京沪发展轴。以京沪铁路通道为主轴的发展轴包括京沪铁路沿线的北京、天津、济南、南京、上海等大城市，连接京津冀、山东半岛和长三角三大城市群，在全国经济发展中具有非常重要的意义。

黄河上游发展轴。该发展轴横贯西北地区的青海、甘肃、宁夏、内蒙古三省区，是我国重要的能源化工、有色金属和畜产品基地。该发展轴上分布着玉树、兰州、天水、玉门、酒泉、银川、石嘴山等城市。

上海至怀化发展轴。该发展轴以沪昆铁路为主轴，包括上海、杭州、金华、衢州、上饶、鹰潭、抚州、南昌、新余、宜春、萍乡、长沙、湘潭、娄底、怀化等城市。

山西大（同）太（原）运（城）发展轴。依托大同至运城的高速公路构建的经济长廊，是山西省经济最为发达的地区，包括大同、朔州、忻州、太原、吕梁、临汾、运城7个城市。

广西西江发展轴。以柳黔江、红水河、右江、左江等西江流域主要支流为主轴的发展轴，包括百色、崇左、来宾、柳州、南宁、贵港、梧州7个城市。该发展轴要发挥其对西南地区对外开放的龙头作用，提升西南地区经济的国际化水平，到2030年，最终形成与东盟、粤港澳、西南三大板块分工合作、优势互补的发展格局，打造对外开放的核心影响力和控制力。

南（宁）贵（阳）昆（明）发展轴。以南宁、贵阳、昆明等中心城市为枢纽，以西南出海通道、南昆铁路、重庆至湛江公路国道主干线为依托形成的发展轴。包括南宁、河池、宜州、柳州、来宾、百色、桂林、贵港、玉林、芩溪、贵阳、六盘水、安顺、都匀、凯里、福泉、清镇、兴义、昆明、曲靖、宣威、安宁、楚雄、大理、保山、潞西、瑞丽等城市。南贵昆发展轴是中国—东盟自由贸易区、泛北部湾经济合作区、大湄公河次区域、泛珠三角经济合作区等区域相互叠加、融合的区域，发展潜力巨大（见表3-3）。

表3-3　南贵昆发展轴沿交通线路分布情况

区域	沿交通线路分布的城市	交通线路名称
云南	昆明、曲靖、宣威	贵昆线
贵州	六盘水、安顺、贵阳	
贵州	贵阳、都匀	黔桂线
广西	河池、宜州、柳州、来宾、南宁	
云南	昆明	南昆线
广西	百色、南宁	
贵州	贵阳、福泉、凯里	湘黔线
广西	桂林、柳州、来宾、南宁	湘桂线
云南	昆明、安宁、楚雄、大理、保山、潞西、瑞丽、曲靖	国道320
贵州	安顺、清镇、贵阳、凯里	
云南	昭通、昆明、玉溪、普洱、景洪	国道213
贵州	遵义、贵阳	国道210
广西	南宁	
贵州	兴义	国道324
广西	百色、南宁、贵港、玉溪、芩溪	

呼（和浩特）包（头）银（川）—集通线发展轴。以京包—包兰铁路、集（宁）—

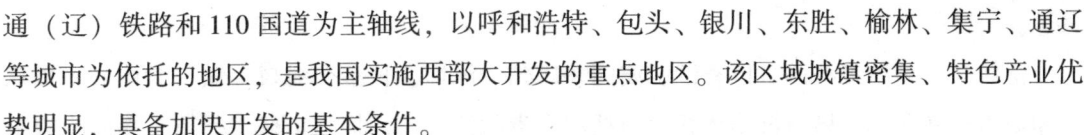

通（辽）铁路和 110 国道为主轴线，以呼和浩特、包头、银川、东胜、榆林、集宁、通辽等城市为依托的地区，是我国实施西部大开发的重点地区。该区域城镇密集、特色产业优势明显，具备加快开发的基本条件。

第四节　中国重点经济区的构建

随着全国性和区域性发展轴的开发，城市群的腹地将向外拓展。根据发展轴开发的走向，坚持"区域合作"和"以富带贫"的原则，结合前面中心城市、都市圈和城市群的分析，我国八大重点经济区划分如下：东北经济区。以沈阳、大连、长春、哈尔滨等中心城市为中心，以辽中南城市群为依托，包括辽宁省、吉林省、黑龙江省和内蒙古的呼伦贝尔市、通辽市、赤峰市、兴安盟和锡林郭勒盟等地区。东北经济区中辽中南城市群经济发展水平较高，吉林中部城市群和黑龙江西南部城市群发展的潜力较大，其他地区经济发展水平相对滞后，要以重大交通基础设施的对接为突破口，加快构建区域合作的体制机制，促进东北地区整体经济的发展。

泛渤海经济区。以北京、天津、石家庄、济南、青岛、太原等城市为中心，以京津冀城市群、山东半岛城市群为依托，包括北京市、天津市、河北省、山东省、山西省除运城外的地市和内蒙古的呼和浩特、包头、乌兰察布等地区。该经济区突破了传统的四大板块，包含东部地区的北京、天津、河北，中部地区的山西部分地市，西部内蒙古的部分地市，有助于促进东中西协调发展。要以加快两大城市群之间断裂带的崛起为切入点，引导经济要素向沿海和重要区域性中心城市布局，妥善处理好经济发展与生态环境保护的关系。

泛长江三角洲经济区。以上海、南京、杭州、宁波、合肥等城市为中心，以长三角城市群和江淮城市群为依托，包括上海市，江苏省，浙江省除温州、衢州、丽水三地市外的其他地市，安徽省，江西省的南昌、上饶、景德镇等地区。该经济区整体经济发展水平较高，但苏北地区、皖北地区、赣东地区经济实力相对较弱，要通过加强合作、强化对接、多式联运、做大中心等举措，实现经济区共同发展的目标。

海峡经济区。以福州、厦门、台北等城市为中心，以海峡西岸城市群和台湾地区为依托，包括福建省，浙江省温州、衢州、丽水，广东省汕头、梅州、潮州、揭阳，江西省上饶、鹰潭、抚州、赣州等地区。陆域面积约 27 万平方千米。要以大陆和台湾签署 ECFA 为契机，以海峡西岸经济区作为"两岸人民交流合作先行先试区域"为着力点，加强与台湾地区经济、文化、社会等领域的交流和合作，进一步整合两岸经济，实现海峡两岸互利共赢。

泛珠江三角洲经济区。以香港、澳门、广州、深圳、长沙、海口等城市为中心，以珠三角城市群和北部湾城市群为依托，包括广东省除汕头市、梅州市、潮州市、揭阳市以外的城市，海南省，广西壮族自治区，江西省的吉安、萍乡、宜春、新余四市和湖南省的郴州、衡阳、永州、株洲、邵阳、娄底、长沙、益阳八市及中国香港和澳门。要抓住港珠澳大桥建设的机遇，加快香港、澳门与珠三角、广西、海南经济的融合发展，共同打造区域整体竞争力。

中原经济区。以武汉、郑州为中心，以长江中游城市群和中原城市群为依托，包括湖北省，河南省，湖南省的岳阳、张家界、常德、益阳和江西省的九江市。要在加快提升两大城市群实力的基础上，做大做强宜昌、襄阳、信阳、岳阳、九江等区域性中心城市，辐射带动区域经济发展。

西南经济区。以重庆、成都、昆明、贵阳等城市为中心，以川渝城市群为支撑，包括重庆、四川、西藏、云南、贵州及陕西的汉中、安康二市，湖南的湘西、怀化二市等地区。要发挥长江黄金水道的作用，吸引要素在沿江布局，加快港口城市发展；同时，要高度重视生态保护工作，切实采取措施治理石漠化，维护长江上游流域生态安全。

西北经济区。以西安、兰州、乌鲁木齐等城市为中心，以关中城市群和天山北坡地区为依托，包括陕西除安康、汉中之外的所有地区，甘肃，青海，宁夏，新疆，内蒙古的乌海、巴彦淖尔、阿拉善盟三盟市，山西的运城市等地区。该经济区水资源短缺，除关中地区外，城市分布稀疏。今后的发展中，重点要打造区域性中心城市。

第五节　优化国土空间开发格局的体制机制

优化国土空间开发格局需要健全的体制机制作为保障，但体制机制的创新和改革不可能一蹴而就，需要从影响国土空间开发的根本性因素和重塑空间合理竞争秩序的要求出发进行整体设计，才能为优化国土空间开发格局创造好的体制机制环境，为保障我国经济社会的全面、协调、可持续发展奠定坚实的基础。

一、完善财政体制机制

自1994年实施分税制改革以来，我国对政府间支出责任划分、收入划分和转移支付进行了不断的完善，但从发展的要求看，与构建科学合理的国土空间开发秩序的要求还有较大差距，需要从制度上进行完善，为构建合理的空间开发格局提供基本制度保障。事权划分是建立合理财政体制的基础，只有明确了中央与地方各自的事权，才能明确相应的支出责任和建立相应的收入划分办法，理顺中央与地方财力与事权的关系。实现全国范围内的基本公共服务均等化需要中央政府承担更大的责任。从我国现实情况出发，在省域范围内先行实现基本公共服务均等化是实现全国基本公共服务均等化的必要步骤。省级政府尤其是经济较发达的省份，应优先保障省域范围内各地区之间具有大体相同的财政支出和基本公共服务水平。而对于欠发达地区，中央财政应弥补其财政支出缺口。

划分中央与地方收入来源必须从行政体制改革的长远性和财力与事权划分的基础上来确定具体的收入划分办法和标准。一方面，应将容易造成税源转移和跨地区间分配不公的税种进行调整，把有利于收入分配调节、推动经济发展方式转变、促进资源永续利用以及统一市场形成的税种改为中央固定收入，如关税、个人所得税、消费税等；另一方面，应该让地方拥有一个主体税种，如营业税。对于一些有可能对地方带来收入的新税种，如物业税、环境税、资源税等应积极开展试点，总结经验和实施效果。

从各国经验看，征收与当地投资和生活环境密切相关的物业税既符合我国依靠财产税增加地方财源的改革思路，也有利于引导地方政府加强改善生产和生活环境以及提供公共服务水平。由于计税依据和课税范围等方面所进行的调整，物业税将会增加地方政府收入，因此，物业税的征收可以起到纠正地方政府过于依赖 GDP 增长扩大财政收入的行为，并建立起地区政府履行职能与保持经济增长之间良性互动长效机制。

均衡性转移支付制度要围绕基本公共服务的范围和标准，对各项公共服务所应达到的水平建立量化标准，充分考虑各地自然、人文等因素所导致的成本差异，并形成依据社会经济发展情况自动调整的机制，既作为地方政府施政的参照，又作为对地方政府施政效果考评的依据，还可用作进行均衡拨款的重要指标，在此基础上，研究制定基本公共服务均等化的明确目标和具体时间表。

二、完善空间规划体制机制

空间规划包括国土规划、区域规划、主体功能区规划、城乡规划、土地利用总体规划等。2010 年 12 月，国务院批准了《全国主体功能区规划》和若干区域规划，建设部编制了《全国城镇体系规划》，国土资源部正在编制全国国土规划。各部门都在编制空间规划，缘于大家都认识到了我国宏观层面空间规划的缺失，但各部门的分头编制，又说明对于全国性的空间规划还存在很多没有厘清的问题，尤其是规划之间的关系未予明确。

空间规划是一个国家或地区对一定区域空间进行合理开发、利用、治理和保护的制度性安排，其核心任务是协调经济发展与人口、资源、环境的关系，规范开发秩序，提高开发效率，构建高效、协调、可持续的国土空间开发格局。大尺度的空间规划偏重引导性，小尺度的空间规划一般具有约束性。大尺度规划应作为小尺度规划的依据，长期规划应作为短期规划的依据。全国性规划不可能太细，只能编制一个纲要，指导区域规划的编制和地方政府编制规划。如主体功能区规划应以地级市为单元编制，以省为单元编制尺度太大，没有明确的空间边界，很难具有约束力，被戴上限制开发地区帽子的县拿到财政补贴后，也很难进行限制。

应编制经济区发展规划，根据经济区的区位交通条件、自然环境等因素，因地制宜，合理布局，明确城市和城镇发展的定位和方向。以基础设施对接为突破口，强化经济发达地区和欠发达地区的联系，促进经济区在产业发展、基础设施建设、生态环境保护等方面的合作。

市县规划应尝试"三规合一"。在市县层次，随着空间范围较小，可以考虑将目前的主体功能区规划、城乡规划、土地利用规划合并。要划定明确的空间管制区，如城市发展边界、农业保护区和生态保护区等，明确重大基础设施和产业的布局，可将一个市的国土空间开发利用在一张图上表示出来，用于指导每个地块的空间开发活动。

三、完善区际利益协调的体制机制

我国区域间关系在区域发展战略调整的格局下，正处于急遽调整变化的阶段。尽管采取了财政转移支付、对口支援等措施，但既无法律依据，也无国家层面的管理机构。目前我国尚无一项处理地方政府间关系的法律，建议以促进区域合作为契机，以解决区际利益关系为目的，制定一部《区域关系法》，规范地区间关系，明确各级政府在跨行政区合作中的权利、责任，明确区际利益协调的体制机制，鼓励多主体参与区域治理，鼓励采取多种方式解决跨行政区面临的问题。

建立区域协调管理机构。国外跨区的管理机构有三种模式：一是在各行政区政府之上设立统一的、跨区域的专职机构，取代互不隶属的部门管理机构，使地区政府的相关部门成为其分支组织；二是在中央政府层级设立负责区域管理的综合性机构，负责制定区域规划，组织跨区域重大基础设施建设，处理区域间利益冲突；三是由中央政府职能部门牵头，相关地方政府、企业和中介组织共同参与的治理型组织模式。结合中国的实际情况，建议整合国家发改委地区司、西部司、东北司和国务院扶贫办等相关机构，成立"区域协调发展委员会"或成立区域开发署，其职责：一是负责协调各经济区的权益；二是负责编制经济区的空间规划；三是负责制定区域政策，使区域政策更加符合各区域的实际，更具有可操作性；四是完善相关的法律法规体系；五是对各地区经济发展、资源开发、土地利用等加强监督。

经济区适宜采取"区域协调发展委员会"管治模式。经济区明确划分以后应建立区域协调发展委员会。"区域协调发展委员会"是一个具有一定行政管理职能的协调机构，但它不是一个一般的行政机构，而是一个自上而下与自下而上相结合设立的协调组织，它只为解决跨行政区发展中面临的重大区域问题而设立。区域协调发展委员会接受"全国区域协调发展委员会"的指导，通过地方政府，对跨行政区域的重大区域问题进行管理。区域协调发展委员会的组成由中央代表、省政府的代表和各城市的代表共同组成。委员会下设负责联络和组织日常工作的办公室或秘书处，具体负责日常事务。委员会工作人员可由专职和非专职人员组成，经费从当地政府财政收入中按一定比例划拨。

对经济联系紧密的城市群可成立城市联合会。"城市联合会"是由城市群（包括都市圈，下同）内各城市组成的自治组织。为保证管治组织实施的有效性，联合会通过城市间的协商，形成制度化的管治机制和措施。联合会的组成成员主要由城市群内部的有关城市组成，每个城市在联合会具有平等地位，在决策表决中都具有一票。联合会的成员除了地方政府代表外，也可采取多种灵活方式，吸纳上级政府部门的代表以及非政府组织、专家和居民代表参加，以提高城市政府联合会决策的有效性。"城市地方政府联合会"模式适合于发育程度高、经济联系紧密的城市群。

对发育程度不高的城市群，宜建立市长联席会议制度。"市长联席会议"系城市政府间松散式合作组织。对于这类城市群，可以根据各城市群的情况，鼓励探索不同模式的城市合作机制。目前，我国的一些地区建立了城市群间高层领导会晤机制和城市有关职能部门的联席会议制度。尽管这类管治模式存在着制度性不强、实施难度大等弱点，但它也可以起到促进城市间开展合作、共同发展的作用。

应赋予管治机构具有一定的行政管理职能，如规划权、监督权、资金分配权等，保证区域合作组织能够发挥协调作用。规划权是负责组织区域规划编制，重点是跨行政区的基础设施、资源利用和生态环境保护、空间管制。审核权是审核各城市发展中重大建设项目是否符合区域发展的总体要求，凡是涉及区域整体发展方向、布局的项目，必须报区域协调发展委员会进行审核，如不符合区域总体发展的要求，可予以否决。监督权是负责监督区域规划实施的情况，监督跨境环境保护、污染治理等区域性公共问题，监督区域内政府间达成的合作协议的执行情况。

建议设立区域发展共同基金。该基金主要用于解决跨行政区的区域公共问题，如重大基础设施建设、生态环境保护、区域信息平台建设、区域发展不平衡等问题。基金来源可以借鉴欧盟的经验，由中央财政和省财政给予支持，各市（州）按照人口、GDP、财政收入等指标测算合理的出资额。资金运用可采取无偿拨付、贴息、担保、股权投资等多种方式。为保障"区域共同发展基金"合理使用，要制定《区域共同发展基金使用管理办法》和《区域共同发展基金支持规划》，后者要提出一定时期内优先支持的领域和具体的项目安排。

四、完善政绩考核体制机制

在以经济增长为主要目标导向的考核体制下，政绩考核关注的是经济增长的绩效，而不顾不同区域发展的自然生态条件、经济基础以及由于过度追逐经济增长带来的对自然资源的过度利用和生态环境的破坏，因而造成了目前国土空间开发秩序混乱、生态环境恶化、环境污染事件频发、社会事业建设滞后等问题。按照主体功能区规划的理念，要在政绩考核中根据不同区域的主体功能差异，合理确定政绩考核的目标，以达到国土空间合理开发的目的。

在政绩考核指标体系中应将生态环境保护和社会事业发展与经济指标视为同样重要的内容进行衡量，而不能作为经济或经济社会指标中的附属指标。将经济发展、社会发展、资源与环境和行政效果列为政绩考核体系的重要组成部分。

针对不同区域、不同内容的政绩考核除了设计相应的指标体系外，必须对政府的职能，考核的责任主体和执行主体，考核的目标、内容和方式，建立监督约束机制等有一系列的配套措施，才能使绩效考核发挥应有的作用。要明确政府的职能定位，做好属于政府该做的事情，如加强经济引导调节、市场监管、社会管理、公共服务和生态环境保护等。一些属于市场可以调节的事务，可以交由中介机构和其他社会组织完成。要明确考核的责任主体，明确被考核者的考核目标，将静态的年终考核与跟踪式、阶段式的动态考核相结合。要健全相关激励与处罚制度，把不同区域主要目标的完成情况纳入对地方党政领导班子和领导干部的综合考核评价结果，作为地方党政领导班子调整和领导干部选拔任用、培训教育、奖励惩戒的重要依据。要建立问责制，对主要领导干部在国土空间开发中出现的各种不当行为及其所造成的损失要进行责任追究。

第四章 国土空间规划的世界观和方法论层面的革故鼎新

国土空间规划从规划体系、内容、组织和实施机制上都不同于以往的相关规划，是一种全新的规划形式。这个新的规划形式需要站在实现国家发展战略目标，实现国家治理能力现代化的高度进行更深层次的思考，以保证政策设计与施行的初衷。

第一节 中国国土空间规划的发展历程与演变

有关国土空间规划实施最早可追溯到 1935 年我国地理学家胡焕庸提出的"胡焕庸线"，该线探究了国土开发与人类活动在空间上的集聚分布规律。1949 年中华人民共和国成立后，优化国土空间格局、规范国土空间开发秩序的理念一直贯穿着整个国民经济与社会发展过程。基于国家政策文件出台与实施，我国国土空间规划经历了"萌芽阶段—逐步成型阶段—试点探索阶段—发展完善阶段"四个阶段。

一、萌芽阶段

中华人民共和国成立初期，百废待兴，为系统地厘清并掌握全国自然资源基本状况及其分布规律，中央筹备并成立地质矿产资源管理部门，组织开展了大规模的有关自然资源数量、质量等方面的科学考察和研究工作。

到了 20 世纪 80 年代初，面对全球日益突出的生态环境问题，联合国世界环境和发展委员会（WCED）提出可持续发展战略。届时，国内学界和决策管理部门也深刻地认识到合理开发与利用自然资源、加强生态环境保护的迫切性。因此，国家在全国范围内先后开展了有关土地资源、水资源、农业资源等资源综合生产潜力测度及相关研究，并进行了农业区域划分。同时，结合国土整治任务要求，进行了区域资源开发与经济发展相关研究。这为我国国土空间规划奠定了资源基础，并提供了科学依据。

二、逐步成型阶段

为了加强国土规划工作，1987 年 1 月《土地管理法》正式实施，土地利用总体规划得以确立。同年 8 月，国家计委印发的《国土规划编制办法》确定了国土规划任务，明确地区自然资源布局与开发规模以及人口、生产与城镇格局。同时，为确定城市规模及其发展方向，1989 年出台《城市规划法》，制定并实施城市规划。1990 年，国家计委牵头编制的《全国国土总体规划纲要（草案）》，由于诸多原因，该草案未正式获得国务院批复，但其南水北调、三北防护林等有关国土开发、整治与保护的重大工程仍得以实施，这些国土空间开发战略性思想对后来我国国土资源开发与空间布局产生了较为深远的影响。1998 年 3 月，九届会展人大一次会议第三次全体会议表决通过《关于国务院机构改革方案的决定》，组建国土资源部，明确了其对土地、矿产、海洋等自然资源的规划、管理、保护与利用，承担优化配置国土资源、规范国土资源市场秩序等职责。这标志着我国国土资源管理工作正式步入正轨，为开展国土空间规划实施工作提供了有力保障。

三、试点探索阶段

随着国家区域发展总体战略的深入，21 世纪初期我国逐步开展了国土资源规划试点工作。2001 年 8 月，国土部印发《关于国土规划试点工作有关问题的通知》，首先在深圳、天津两市开展国土规划试点工作。2003 年 6 月，国土部印发《关于在新疆、辽宁开展国土规划试点工作的通知》，国土规划试点工作又在新疆、辽宁等地开展。2004 年 9 月，广东省也被纳入国土规划试点。这些试点工作相继取得了一系列成果。随着试点工作不断进行和社会主义市场经济深入发展，此阶段国土空间规划也逐步发展。"十一五"期间为满足经济发展需要，更好地优化国土空间格局和加强管理，2008 年起国土部陆续在重庆、广西、福建等地部署试点工作。同年，为协调城乡空间布局，第十届全国人大常委会通过并实施《城乡规划法》，废止 1989 年的《城市规划法》，开展城乡规划工作。2010 年 12 月，发布第一部全国性国土空间规划《全国主体功能区规划（2011—2020 年）》，在国家层面上明确划分了主体功能区，提出切合区域实际的发展策略。这为国土空间规划产生了积极影响，但存在规划实施落地难、保护主题模糊等问题。为此，2013 年初，国土部、发改委共同组织编制的《全国国土规划纲要（2014—2030 年）（草案）》确定了未来国土开发、分类保护、综合整治、配套政策完善等任务。2013 年 11 月，中共十八届三次会议通过《关于全面深化改革若干重大问题的决定》，指出"建立空间规划体系，划定生产、生活、生态开发管制边界"，"统一行使国土空间用途管制职责"。这确立了国土空间规划基础性、综合性和战略性作用。2014 年 8 月，四部委联合下发《关于开展市县"多规合一"

试点工作的通知》，提出在旅顺口区等全国 28 个市县开展"多规合一"试点，以探索"多规合一"思路和完善市县空间规划体系，但由于实施过程中采用"拼凑模式"来"合一"规划造成其标准与流程并不统一。

四、发展完善阶段

面对资源约束趋紧等严峻形势，国家提出生态文明建设理念，加强国土空间源头保护在生态文明建设中占据主导地位。因此，为寻求适应时代要求的国土空间规划体系，中共中央、国务院在新形势下进一步开展了工作部署。2015 年 4 月，《关于加快推进生态文明建设的意见》指出"国土是生态文明建设的空间载体。要坚定不移地实施主体功能区战略，健全空间规划体系，科学合理布局和整治生产空间、生活空间、生态空间"。同年 9 月，《生态文明体制改革总体方案》提出"构建以空间治理和空间结构优化为主要内容，全国统一、相互衔接、分级管理的空间规划体系"。这为实现上下联结、规范统一的国土空间规划工作提出了新的更高要求。因此，中共中央、国务院在 2016 年 12 月进一步出台《省级空间规划试点方案》，在明确空间规划试点目标、主要任务等内容的基础上确定河南、浙江等全国 9 个试点省份。2017 年 1 月，国务院印发的《全国国土规划纲要（2016—2030 年）》对国土空间开发等作出总体部署与统筹安排。同年 10 月，《中国共产党第十九次全国代表大会报告》指出建立"国土空间开发保护制度，完善主体功能区配套政策"，在一定程度上把国土空间规划提升到了制度层面。2018 年 2 月，中共十九届三次会议通过《中共中央关于深化党和国家机构改革的决定》，组建自然资源部，统一行使"所有国土空间用途管制"等职责，"强化国土空间规划对各专项规划的指导约束作用"，推进"多规合一"，这使得国土空间规划得到深入规整与完善。同年 8 月，中共中央办公厅发布了自然资源部"三定方案"，明确提出成立国土空间规划局，负责"拟定国土空间规划政策，承担建立空间规划体系工作并监督实施"。至此，我国国土空间规划已形成权威机构（或部门）统领管理职能时代。2019 年 5 月，中共中共国务院《关于建立国土空间规划体系并监督实施的若干意见》指出了国土空间规划的总体要求、总体框架和编制要求等，为我国国土空间规划的编制提供了重要依据。

在这一发展历程中，我国国土空间规划虽然在逐步推进与完善，但仍处于纵横交错的状态，尚未形成统一有序的格局体系，国土空间规划实施任重道远。与此同时，伴随经济社会快速发展、科技水平不断革新，使得人地关系在时空格局上发生着巨大变化，对强调生态优先、人本理念的国土空间规划提出了更具时代意义的更高要求。

第二节　西方土地空间规划的模式考察

一、荷兰空间规划体系的演变及启示

荷兰是发达的市场经济国家，国土面积为 4.19 万 km^2，土地利用结构中农地占 60%，水域占 18%，建成区占 12%。荷兰是全球仅次于美国的第二大农产品出口国、欧洲农业强国。同时，在城市快速发展中仍然拥有优美的自然环境和生态空间，因此其空间规划享有国际声誉。分析荷兰空间规划体系的演变，对构建我国空间规划体系，实现生态文明体制改革目标具有借鉴意义。

（一）空间规划体系的演变

空间规划体系通常由法律、行政区划和运行体系构成。荷兰国家空间规划运行体系与三级行政建制一致国家和省级编制结构远景规划，属于战略性非法定规划：市级编制两层规划，上层是结构远景规划，一个市编制或几个市联合编制；下层是具有法律效力的土地利用规划，是土地用途管制的依据。总体看，空间规划体系的演变过程主要有三个阶段：源于住宅需求的空间规划体系雏形（1941—1965 年）。荷兰历经第一次技术革命引致的工业化和城市化，加上大型基础建设加速了城镇空间的集聚，导致城市中心住宅环境简陋，而富裕阶层搬迁至城市外围带来城市蔓延。因此，1901 年制定了《住宅法》，提出了发展公共住宅与城市规划的框架。规定人口 1 万以上或过去五年中人口增加了 20% 及以上的城市需要编制城市发展规划，旨在规范私人的建设项目开发活动。到 20 世纪 20 年代，城市规划扩展到乡村领域。在此基础上，1941 年成立重建与公共住房部国家规划局，开始尝试空间规划编制。1956 年《空间规划法》草案送交国会，1965 年正式生效实施，标志着荷兰空间规划进入新阶段。①

集权主导的垂直型等级体系（1965—2008 年），1965 年的《空间规划法》奠定了荷兰规划体系的制度基础。按照这一体系，中央政府编制了第 2 次至第 5 次国家空间政策，分别是 1966 年"组团式分散"理念的政策文件、1973 年"新城式分散"理念的政策文件、1988 年"紧凑城市"为理念的国家结构规划、1996—2006 年"城市网络"理念下以实现竞争力、活力、安全和保护为目标的国家规划战略。

---

① 蔡玉梅，高延利，张丽佳. 荷兰空间规划体系的演变及启示 [J]. 资源导刊，2017（9）：54-55.

分权主导的平行型层级体系（2008 年以来）。进入 21 世纪后，为适应欧盟一体化、全球经济竞争、气候变化等新形势，需要调整规划思路。荷兰对 1965 年以来《空间规划法》实施情况进行的评估表明，规划存在过于被动、导向不清和法律效力不够等问题。为此，2008 年通过了旨在简化程序、明确职责、权力下放的新《空间规划法》，2010 年机构也调整为基础设施与环境部。在规划效力方面，国家、省和市编制空间远景规划取代国家的关键规划决策、省级区域规划和市级结构规划。空间规划政策及实施内容尽可能落实到市级规划，市级规划有法律效力，市政府可以设置相应的条例。在内容方面，国家编制《基础设施与空间规划愿景》，重点关注改善交通可达性等国家利益。省政府编制省级空间愿景，关注景观管理、城市化和保护绿色空间等省级利益。市政府编制具有法律效力的土地利用规划，规定建设区位、类型、规模以及可能的用途。规划的强制性内容包括有关地区的规章制度、规划图表达的各种管制区的指示和解释。在层级关系上，国家放弃对市土地利用规划的审批权，各级规划具有独立的审批权，各层级规划之间呈现平行关系。但如果国家和省规划与市规划发生冲突，国家和省政府有权修改市土地利用规划，表明这种平行是一种有约束的平行。

（二）空间规划体系变化的特点

类型等级体系变为平行体系。1965 年的《空间规划法》建立的三个层级规划层层推进，相互呼应，并具有层层控制的垂直型特点。而 2008 年的《空间规划法》使规划体系具有了平行性特点：国家、省和市镇分别编制战略性的结构远景规划；国家放弃了审批市县规划的权力，省对市镇规划审批权力也局限在很小的范围内；只有在国家和省级的结构和愿景在市镇规划中得不到落实时，国家和省才可以对市镇土地利用规划进行局部修编。

主题综合集成变为区域经济。在 1965 年《空间规划法》背景下，荷兰更多地关注空间协调而非经济开发，且重点在于减少开发成本而非增值回报，市场化程度很低，规划体系复杂且效率有限。1988—1991 年，荷兰编制的第四次国家空间规划则由国内视角转向了欧洲乃至全球视角，重点关注竞争力的提升。2004 年出台的《国家空间战略》主旨是"为发展创造空间"，提出了优先发展的 6 个"国家城市网络"和 13 个"经济核心区"及若干重点优先项目。2012 年出台的《国家基础设施战略与空间规划》提出，荷兰 2040 年目标是"有竞争力、可达、宜居和安全"理念发展导向与公共服务之间的转换。与西欧多数国家相同，荷兰空间规划也源于"二战重建带来的开发活动"。1960—1973 年的三次空间规划均是以满足人口增加和城市化发展的空间需求，促进均衡发展保障公共服务为主。上世纪 90 年代以后，区域经济成为空间政策的重点，第四次空间规划提出了"主港""智港"和"绿港"等概念，旨在进一步强化荷兰作为欧洲交通物流枢纽的地位，让荷兰具有较强的市场竞争力。第五次空间规划的目标是强化荷兰的国际竞争地位、更强大的城市以及充满活力的乡村，保护并发展重要的国家与国际价值的空间、保证公共安全，均体现出发展导向的特点。但规划的实施带来了商业住宅和办公用房较高的空置率等问题。2008年的《空间规划法》采取分权的地方责任制思路，减少了规划对发展的直接控制。2012年出台《国家基础设施战略与空间规划》进一步分权，提出荷兰2028年的中期目标一是增强空间及经济基础设施以提升竞争力；二是改善和保护移动性及其所需空间，用户至上；三是保障安全和愉悦的生活环境，保护其中有价值和特色的自然文化遗产。总体上，空间规划回归到了为发展提供公共服务上来。

（三）空间规划体系建设的影响因素

一元化非集权的政治体制结构孕育了空间规划体系的协商传统。荷兰在政体上既不同于英国，也不同于德国，"一元化非集权"在达成一致的框架内允许多数群体表达不同观点。从空间规划体系的纵向看，无论是早期的等级体系还是现代的平行体系，均以沟通和协商作为各层级规划沟通工具，具有合作与协商的特点。

社会民主福利国家制度导致住房、基础设施与环境等构成空间规划主要内容。福利国家通过高税收和高福利来实现，政府不断增加对公共住房等社会保障的关注。起初，荷兰主要在旧城市中寻找建设区位，1960—1970年，转而利用大量的住宅补贴创建新的城镇和增长中心。到20世纪80年代和90年代，重点再次转向城市地区，直到1990年的一次国会咨询后，政府取消对公众住宅建设的补贴，住宅建设发展才变成非公共政策事务。1990年以来，环境政策或自然保护业部分地填补了空间规划中农业留下的空白，如建立国家生态网络。2000年以后，伴随全球化、信息化和网络化的发展，"网络城市"替代了自治的城市和城镇，交通运输在规划中日益重要。2010年，规划管理机构调整为基础设施与环境部。国家空间规划不断转变的内容一直体现福利国家的特点。

高度城市化发展阶段使得当代规划更多重视环境导向的可持续性发展。荷兰1990年第四次空间规划时城市化水平达到70%，编制经济发展导向的第四次空间规划，建立了城市发展稳定时期的城市网络体系。2011年出台《国家基础设施与空间规划战略》时，城市化水平接近90%，城市化已经完成，城市区域政策被废除。国家战略明确了13项国家利益，包括杰出企业的商业环境、能源网络和转型、管道网络、使用地下空间、坚固的铁路及公路和水路网、更好地利用现有网络容量、维护现有运输网络、提高环境质量、适应气候变化、保存独特的文化遗产、野生动物栖息地网络、军事点、认真透明的规划决策。2013年后的空间开发预算也被终止。中央政府更多关注基础设施和环境等国家利益。2016年出台的《规划和环境法》旨在统一和简化现行土地利用规划、环保、自然保护、文化和遗产保护、水管理、城乡重建和采矿等，增加自由裁量，促进规划现代化。因此，荷兰空间规划也表现出高度城市化国家的特点。

（四）经验启示

与行政管理体制改革协调，构建垂直型的空间规划体系。发达国家空间规划体系在结构上分为四种：自上而下指导或控制的垂直体系（如德国），上下分权指导为主的平行体系（如荷兰），空间规划与土地利用规划、城市规划"三规"并列的网络体系（如日本），地方规划主导的自由体系（如美国）。就我国现状来看，应与当前"放管服"的行政体制改革相结合，以事权明晰为前提，变"多规并跑"下的自成一体为"多规合一"下的求同存异，合理确定纵向上不同层级以及横向上不同部门规划之间的权责关系，逐步建立协调高效的垂直型空间规划体系。

适应全球经济一体化形势，建立区域经济型空间规划体系。改革开放以来，我国经济持续快速发展，2016年城市化水平为57.35%，第二产业增加值占国内生产总值的比重为39.8%，处在城市化和工业化的中期阶段。因此，仍需秉承创新、协调、绿色、开放、共享的发展理念，以资源环境承载能力为基础，以提升社会福祉、提高经济竞争力、保障国土安全等为目标，建立区域经济型空间规划体系，推进形成人口、经济和资源环境相协调的国土空间开发格局。

探索编制适宜性和多样化的空间规划模式。空间规划是空间视角下以资源环境为基础、空间优化为路径、可持续发展为目标的综合性政策，而我国各省（区、市）的自然条件和资源、文化传统、城市化水平、经济发展阶段等情况各异，因此省级空间规划编制中应在国家空间规划的统一框架下，立足地方特点，采取上下结合的方式，在实践中不断探索地区差异性的空间规划模式。

二、日本空间规划体系与启示

（一）日本空间规划体系内容

1. 与行政体系相对应形成空间传导为主的规划体系

日本行政机构由中央行政机构（内阁）和地方行政机构组成，内阁包括内阁机构、总理府及其所属机构和16个内阁部门。地方政府采取地方自治形式，有1都（东京都）、1道（北海道）、2府（大阪府、京都府）和47个县。每个都、道、府、县下设若干市、町、村。

日本规划的运行体系与行政体系相对应，包括中央政府负责的国家规划和区域规划，都道府县编制的土地利用规划和城市总体规划，市町村编制的土地利用规划和城市规划。国家规划以综合分区为主，提出不同地域的发展方向。都道府县确定土地利用分区并制定政策，市町村规划以土地利用分区政策为指导，通过总体规划划分城市促进区和城市限制区，在城市促进地区制定土地用途使用分区规则，形成空间传导为主的规划体系。

日本的国家规划包括全国国土空间规划和土地利用规划。全国国土空间规划主要确定国家空间结构、土地利用、环境保护、资源可持续利用以及防灾等基本原则，为各部门提供国土开发利用的指导。土地利用规划则提出土地利用的总体概念以及相应的实施措施，内容包括三部分：一是国土利用相关的基本构想；二是确定农地、森林、原野、水域、道路、住宅用地、工业用地、其他用地、公用及公共设施用地、游想用、低度或未利用地及沿岸地等土地利用类型的规模和目标；三是保障目标实施的措施。

区域规划指为促进区域发展，提升地方能力编制的综合开发规划，包括由内阁府负责的北海道、冲绳两个地区的综合规划：以抑制都市圈市中心的过度发展为目的，东京圈、近畿圈和中部圈三个整治规划东北、北陆、九州岛等五个综合开发规划。这些规划自编制以来都历经五到六轮，对促进区域发展发挥重要作用

都道府县空间规划包括土地利用计划和城市总体规划。土地利用规划包括土地利用总体规划和土地利用基本计划。其中土地利用总体规划的主要内容包括土地利用的基本理念、不同用地类型的规模和目标，以及必要的实施措施。土地利用基本规划将全域划分为城市规划、农业、林业、自然公园和自然保护五个区，分别编制城市规划（城市规划法，国土交通省负责）、农业促进规划（农业促进地区法，农林渔业部负责）、林业规划（林业法，农林渔业部负责）、公园规划（国家公园法，环境部负责）和保护规划（环境部负责的国家保护法），并制定相应的区域转换规则。城市总体规划范围是土地利用基本计划划定的城市规划区，主要内容包括划分城市促进区和城市限制区，提出规划区的总体发展目标和城市改善、开发以及保护的政策。[①]

市町村规划作为都道府县规划的实施手段，与上层规划一脉相承，包括土地利用规划和城市规划。土地利用规划的内容包括土地利用的基本理念、不同用地类型的规模和目标，以及必要的实施措施。城市规划包括城市总体规划和城市详细规划。城市总体规划主要内容确定城市发展方向、目标和远景，将城市规划区划分为城市改善区和城市限制区，并制定相应的开发方向，从而为详细的城市规划提供指导。城市详细规划的主要内容包括用途分区、公共设施建设以及城市开发项目，在城市促进区进一步划分用途分区（商业

---

① 蔡玉梅，郭振华，张岩，等.统筹全域格局 促进均衡发展——日本空间规划体系概览［J］.资源导刊，2018（5）：52-53.

区、居住区和工业区等 12 类)。

2. 主干法、专项法和相关法形成相互协调的法规体系

日本国土空间规划的法规体系以《宪法》为基础,包括主干法、专项法和相关法。《宪法》自 1947 年起实施,明确地方政府的自治准则,并在《地方自治法》中对中央和地方关系作了具体规定,成为空间规划法规体系的重要依据。

主干法包括《城市规划法》《国土综合开发法》《土地利用规划法》。其中,《城市规划法》主要内容包括城市改善、发展和保护的政策,城市化促进地域和城市化控制地域的划分;土地使用分区,地区规划;城市开发计划;土地开发许可制度,发展项目审批;城市规划程序。《国土综合开发法》对国土形成规划的目的、国家空间规划和区域空间规划的内容与机构,以及规划实施措施等作了相关规定。《土地利用规划法》规定了土地利用规划体系、规划主要内容和实施措施。

国土空间规划涉及诸多专项规划,国土空间规划需要在尊重专项规划空间战略的基础上进行协调。专项法包括区域开发类、土地利用类和城市规划类。其中,区域开发类主要指振兴不同地区的法律,如《特殊土壤地区防灾及振兴临时措施法》《海岛振兴法》《大雪地区对策特别措施法》《山村振兴法》《振兴农业地区建设法》《低开发地区工业开发促进法》《北海道开发法》等土地利用类与土地利用规划有关,如《土地改良法》《国土调查法》《土地征用法》《地价公示法》《土地基本法》等;城市规划类与城市建设和更新改造有关,如《都市公园法》《都市再生特别措施法》《灾害市区重建特别措施法》《景观法》《首都圈整备法》《近畿圈整备法》《中部圈开发整备法》等。

空间规划的相关法律涉及资源、生态、环境、产业发展、基础设施建设、社会与文化等诸多方面。如资源环境类的《森林法》《防沙法》《河川法》《海洋基本法》《水资源开发促进法》《自然保护法》《自然公园法》等;基础设施和交通类的《道路法》《铁道事业法》《航空法》等。

在审批上,为确保规划的协调作用,各级各类空间规划均成立由不同部门、层级和类型人员组成的审议会,负责有关规划研究、咨询、审议和建议等事项。

(二) 日本规划体系的经验

在日本,法律和规划(计划)是行政管理的两类载体,法律对规划制定进行授权并提供准则,规划是政府履行法定职责的手段,二者通常相互对应,如国土形成计划法对应国土形成计划和广域地方计划。

1. 体系结构科学顺畅的三级三类规划体系和国土规划子体系

日本规划体系,为三级三类。国家、都道府县、市町村三级。每一个级分三类,中长

期经济规划、国土规划、专项规划。其中，中长期经济规划以经济发展为目标，从产业、科技、区域经济、环境、社会保障等方面提出战略。国土规划中最上位是国土形成计划，用于提出国土开发战略。其下，在区域发展和土地利用上，分别再由国土交通省建立广域地方计划和国土利用计划。前者提出各区域板块的经济发展战略；后者提出约束性的国土利用战略。都道府县制订国土利用计划、土地利用基本计划，市町村制订土地利用基本计划、城市规划等。专项规划由各职能部门制定，集中在环境、农业、教育等政策内容多且协调性要求高的领域，其他领域通过法律法规、技术标准等实现政策目标。在自治体层面，根据地方发展需要确定专项规划领域。

三级三类规划体系做到了固定性和灵活性的统一。固定性为纵向上下级关系明确，下级规划依据上级规划战略，横向各类规划各司其职，经济规划提出国土规划、专项规划战略方向，国土规划、专项规划各有领域，无重复交叉。灵活性为自治体在规划上有一定自主性：结构自主性表现为上下级规划并非一一对应，自 2011 年《地方自治法》修改后，中长期发展规划制定不再是义务，41% 的地方自治体不确定是否继续制定此规划，多根据自身需要制订重点领域专项规划，体现地方特色；内容自主性体现在自治体规划有其独立的分析框架，分析和发现当地问题时间自主性体现为规划期不一致，原因是各级政府在规划中更多设定本级政府职责与行动计划，使用本级可直接使用的补贴、金融、行政政策工具，较少为下级政府设定职责，下级政府不必"复制"上级规划措施。①

国土规划子体系的"全国国土形成计划—广域地方计划—国土利用计划—土地利用基本计划—五类区域计划"，区分了"区域经济的规划"和"土地利用的规划"，建立了从宏观到微观的用途管制传导系统。国土形成计划提出国土开发战略，同时将区域经济和国土利用问题一分为二，区域经济问题由自身及广域地方计划解决，国土利用问题由国土利用计划解决。"国土利用计划—土地利用基本计划—五类区域计划"，比例尺变大，分辨率变大，使土地利用既有分区比例指标，也有微观的分区用途管制。此外，国家级不制订微观的土地利用基本计划，都道府县和市町村级不制定宏观国土形成计划，体现国家与自治体的职责区分，避免国家实施微观管控鞭长莫及，而自治体对原则性问题重复制定。

2. 规划内容问题导向，逻辑严密的规划制定框架

中长期经济规划在三类规划中具有统领作用；议题聚焦于解决当前经济社会发展问题，提出发展战略，内容包含战略推导过程、严密的政策体系设计、清晰的政策执行路径。

最新的《新成长战略——再现活力日本的愿景》（2010）内容有：（1）20 世纪 90 年

---

① 郭桂萍，孙月阳. 日本规划体系的经验与启示 [J]. 宏观经济管理，2019（5）：84-90.

代以来经济不景气的表现与原因，提出"强经济、强财政、强社会保障"发展战略。（2）新成长战略的基本方针的理论追溯：需求面、供给面、资金循环面的问题与对策，提出基本方针、经济目标（GDP增速、物价、失业率、国民满意度和幸福度），财政约束下政策优先级的判断标准（创造需求和岗位、国民的需求和政策效率、最佳政策手段，（3）分利用优势的、开拓增长机会的、建立增长平台的3个类别的7个战略领域，包括环境能源、健康、外贸、区域经济、科技、人才就业、金融，均有定量化的明确目标，总结了21个国家战略措施，包括以固定价格买入制度发展可再生能源、环境未来城市、森林再生计划、推进医疗实用化等。（4）战略实施的保障，包括建立战略实施工程图、税制和预算优先级确定原则、战略办公室报告措施进展情况并基于PDCA管理。（5）战略实施工程图，从2010年开始到2020年目标实现，以网络计划图制定施策路径。中长期经济计划也提及区域经济发展，如区域激活战略，内容为鼓励地区突出特色、鼓励自治、促进区域交流互通、加强大都市基础设施建设等。这些战略在国土规划中进一步细化。

国土规划起着规范经济活动的空间安排的作用。全国国土形成计划居于首位，只在国家层面制定，用于提出空间安排战略，统领各项下位计划，内容有：（1）计划制订的背景、国土构想、国土构想实现的方向。（2）分类政策方向，区域改善、产业、文旅、交通通信、防灾减灾、国土与海洋利用、生态环境、民间主体参与。（3）国土形成计划的推进和广域地方计划的制订和推进。广域地方计划用于制定区域发展政策，目前划分为北陆圈、中部圈、近畿圈等八个区域。国土利用计划在国家、都道府县两个层面制定，旨在更科学地利用土地资源，因此，主要内容为建立了分区体系，即都市区、农业区、森林区、自然公园区、自然保护区五类，并确定各分区的面积控制和法律、政策。土地利用基本计划统一以1：50000比例尺在都道府县、市町村层面制订，国家只发布制定指南，内容为进一步对五类分区细化并确定控制措施，在市町村层面，有的市町村土地利用基本计划与城市规划是同一项，实现了"两规合一"。

专项规划是三级政府在特定领域编制的发展规划。各级政府在中长期经济规划的战略重点领域编制专项规划，都道府县、市町村根据管理需要制订专项规划，不一定与国家级规划一一对应。专项规划涉及的领域有环境、农业、产业发展、教育、文化等。各类规划结构为问题分析、方针确定、政策措施、目标与实施路线。问题分析有详细的调查数据，且实施路线明确，体现了问题导向和注重落实。

3. 规划质量制定程序、多级目标、统计调查资料、模型预测

（1）规划制定程序。

行政计划对国民权利义务有重要影响，对其程序性规制有重要意义。日本既在统一的《行政程序法》中，也在单行法中对程序进行规定，如《国土形成法》《都市计划法》等。

国家级中长期经济规划、国土形成计划、重要专项规划需在起草后，与各部委、各都道府县协商，听取审议会意见，最后由内阁批准、发布而发生效力。其他国家级规划由各部委行政首长批准发布。都道府县、市町村级各类规划一般经审议会审议后，由政府行政首长批准发布。其中审议会制度是日本二战后建立的咨询制度，如内阁府有 20 个审议会，埼玉县有 83 个审议会。审议会汇聚行政机构和行业专家，每月召开会议，对既有的统计调查资料分析，对时事讨论，拟定战略和具体对策，同时，承担规划审议工作。日常讨论和阶段性审议保证了规划质量。审议会成员任期两年，每个人不能同时担任超过四个审议会的委员，审议会活动经费由政府负担，委员无工资，但出席有差旅费等津贴。审议会制度促进了日本二战后经济发展，但也造成机构繁杂、效率低下，并成为财界对决策施加压力的渠道，因此，多次行政改革涉及审议会改革。

（2）主要目标制定方法。

设定多级目标。以《新增长战略——活力日本的愿景》为例，主要经济目标到 2020 年，名义 GDP 年均增长率 3%，实际 GDP 年均增长率 2%，以 GDP 平减指数反映的物价水平稳定控制在 1%，失业率降低在 3% 的水平。另外，有分领域目标与操作性目标，如在环境领域建立 50 兆日元的环境相关新市场，并产生 140 万人的就业岗位；可再生能源占一次能源比重达 10%，新能源汽车占新销售汽车量达 50% 等。

（3）目标制定建立在完善的统计数据、调查、模型分析基础上。

①统计数据。经济社会综合研究所是内阁府智囊机构，负责整合发布国民经济核算、生产力、科研与社会活动等重点领域统计。现状分析与决策建立在足量而非零星数据基础上，大部分成熟指标统计到市町村，为月尺度数据，滞后期仅为一至二个月。②调查研究。经济财政分析担当是内阁府政策官，负责拟制决策支撑报告，包括年度经济白皮书、月例会经济报告资料、区域经济调查报告、海外经济报告、课题分析报告、政策评估报告等。③模型分析。经济社会政策担当是内阁府政策官，通过模型预测中长期各类指标情况，如每年通过经济财政模型预测 GDP 增长率、人均 GDP 增长率、物价指数、完全失业率、长期利率等某产业未来发展效益等，通过细分至市町村且良好维护的人口经济数据和模型估计区域经济、人口等指标，作为决策的坚实基础。以上资料在审议会议上得以讨论和决策，使定量预测与定性决策结合。经济社会相关会议包括经济和财政咨询委员会会议、经济和社会结构专家会议、劳工管理会议、月度经济报告部长级会议。经济社会综合研究所、经济财政分析担当、经济社会政策担当、审议会的工作使决策建立在科学的基础上。

（4）规划实施政策手段、中期财政规划、PDCA 管理。

为将观念形态的计划方案付诸实施，一要将决策转化成可操作的过程，二要为决策行动提供财力支撑，三要进行政策实施进度管理。

工程图将决策转化成可操作的执行过程。为实现 7 个领域 21 个国家战略项目，日本运用网络计划制定工程图，其要素有：（1）2020 年定量化目标，含市场规模、就业提供、效率提升等；（2）横向时间表，明确各年实施事项，体现任务间顺序关系；（3）纵向任务分解，如二氧化碳减排政策，分基本政策、家庭和工作场所、运输、产业、技术开发与投融资支持。

预算为政策提供财力支撑也控制政府财政的过度扩张。经济财政咨询会议于 2001 年设置，是内阁府最重要的审议会，每月至少召开一次会议，有扩大良性循环、中长期经济发展、财政健全化三个重点议题。

财政健全化的目标为改变入不敷出的局面，设置赤字占 GDP 比例的削减目标，即支出"天花板"。财政健全化议题由经济财政一体化委员会负责，其行动以《新经济，财政再生计划》为导向，促进各部委和财政当局的联系。其削减赤字的主要手段有支出改革，预算侧重于生产力革命、人力资源开发，推进公共服务产业化"激励改革"等建立一个不依赖补贴的经济收入改革，以生产力革命提高潜在增长率，促进人力资源开发，改革税收及预算制度。每年，内阁府均会确定预算编制的总体方针，以明确财政投入重点方向，如幼儿教育无偿化、科技创新等。此外，财政投入优先保证促进经济增长和就业的措施。

3. PDCA 管理

经济财政运营担当从效果、效率两方面评估措施进展情况，在必要时采取措施。（1）经济措施每三个月评估一次，评估报告以可视化方式显示，将措施根据干预程度高低分为四个类型，将措施进展分为三个阶段，每项措施检查其执行进度、融资规模，如有延迟写明了延迟原因。以措施的各阶段执行的件数、预算执行额度显示绩效。（2）每年发布经济白皮书，分析国家经济景气情况、家庭消费、工作方式变革、科技创新等经济数据，探讨少子化、高龄化和第四次工业革命对经济的挑战，分析如何实现"社会 5.0"的目标。年度回顾与展望有利于在中长期经济规划的框架内及时调整政策方向。各类白皮书注重通过详细的数据、可视化的图表、事例描述效果，如在年度环境白皮书中，用 2008—2019 年的各类食品回收利用率反映食品废弃物利用效果，数据为连续多年数据，覆盖各种物质流量，而不是断章取义的个别数据，最后提出分领域的详细政策。白皮书分析的结果将运用于次年预算安排。（3）月度检查与白皮书一样是公开的，以表格形式展示，市民可以随时查看政策执行进度。每一个事项都明确担当部门直至科室预算额度、执行所处阶段，使执行进度处于广泛的监督之下，保证绩效目标的达成。

（三）对我国空间规划体系的启示

日本规划的运行体系与其行政体系相对应，国土空间规划体系及其法规体系经历了一个不断发展完善的历史进程，也有一些经验值得参考借鉴。

理顺空间规划层级关系，发挥国土空间规划的指导和约束作用。日本在第二次世界大战后经济高速发展时期颁布《国土综合开发法》，建立国家、区域、都道府县、市町村四个层级的空间规划体系，发挥了促进经济发展的作用。20世纪90年代进入后现代化时期，地域发展多样化凸显，中央地方关系从"上下、主从"向相对"对等、协力"方向转变。建议我国在纵向上，理顺空间规划层级关系，发挥国土空间规划的指导和约束作用。尤其要突出国家空间规划的空间战略属性，确定国家空间开发和保护秩序的目标、结构和实施及监管政策措施，引导省级空间规划。在省级空间规划中强化构建国土空间关系，并提出空间开发和保护措施，指导市县空间规划。市县空间规划明确不同空间分区的开发和保护要求，为下级规划中管制规则的制定提供依据。横向上，建立多部门多层级人员构成的空间规划委员会，协调专项规划的空间安排。区域上，立足城乡和不同区域的差别性，兼顾统一性和多样性，定位城乡和区域规划。

合理定位区域规划功能，提升国家竞争力并促进均衡发展。针对区域不均衡发展问题，日本国家空间规划从第一轮开始就将促进均衡发展作为目标之一，并通过制订具有地区特点的区域规划，以及面向山区、离岛地区、落后地区等特定问题区的区域规划促进国土均衡发展。建议我国识别并划定以城市群为主导的不同类型重点区域，合理定位区域规划的空间协调功能和发展功能，强化区域规划的编制与实施，监测重点区域的空间变化并做出适时调整。

建立以《国家空间规划法》为核心的空间规划法规体系。建议我国制定《国土空间规划法》和《土地利用规划法》，作为编制和实施国土空间规划和土地利用规划的依据。立足我国所处的城乡关系发展阶段和城乡特点调整《城乡规划法》，客观体现城市与乡村规划的共性和差异性，统筹新型城镇化发展和促进乡村振兴战略。针对不同类型区域发展的需求，建议制定《区域规划法》以规范区域规划的主要内容、审批机制和实施措施，服务于平衡发展的目标。此外，还要协调好主干法律与相关法律的关系。

（四）通过政策工程图、中期财政规划联动、月度与年度检查调整等提高规划可执行性

在规划文本后附网络计划工程图，明确每项政策的所属领域、实施主体、阶段目标，

为实施和检查提供依据。建立中期财政规划制度，建立预算编制原则，优先满足发展生产和创造就业岗位的支出。月度检查以一至三个月为间隔，以表格形式标明政策担当科室、预算完成额、执行所处阶段、效果，检查结果公开。年度检查形成报告，注重通过详细数据、可视化图表、事例描述效果，分析目前存在的问题，并提出问题与解决办法，解决办法纳入已有政策计划与次年预算。

三、美国的空间规划体系及启示

（一）美国的规划法规体系

美国采用联邦政府与各州分权而治的政体，地方政府依据州立法而非联邦宪法产生，这使得州政府对地方的影响比联邦政府更多。因此，地方政府的规划法规基本上建立在州立法框架之内，联邦规划立法比较薄弱。

1. 联邦规划法

伴随美国南北战争之后城市化的迅速发展，一些城市开展了规划和区划工作。1922年出台的《州分区规划授权法案标准》和1928年出台的《城市规划授权法案标准》成为美国空间规划的法律依据与基础。（1）《州分区规划授权法案标准》为各州授权地方政府开展分区规划提供依据。地方政府可将其管辖区内的土地按用途分区，不同类型的分区的建设标准不同，而同一类型的分区则采用相同的控制标准。主要指标包括控制建筑的高度、总面积、体量、位置与用途等。（2）《城市规划授权法案标准》为各州授权地方政府进行总体规划建立了参考模式。内容包括六个方面规划委员会的结构和权力：总体规划的内容包括道路、公共用地、公共建筑、公用设施和分区规划；正式通过道路交通规划；正式批准所有公共投资项目；控制私人土地的细分；建立区界，进行区域规划，由区域内各地方政府（自愿）通过并采纳区域规划。两个法案在全国范围内得以推行，在实施中也出现了总体规划和分区规划衔接不明等问题。为此，1975年，美国法律协会颁布《土地开发规范》，在一定程度上改进了这两个法案。该规范强调了以现状为基础进行预测，制定远期战略和近期用地政策与措施，并提出制订五年一期的计划，内容包括优先建设项目、资金来源及负责执行的部门；更加注重规划的经济和社会效益、规划的定期修改和一年一度的法定建设项目报告；明确了总体规划进行远期指导和分区规划进行近期控制之间的关系。2002年美国规划师协会出版《精明增长立法指南规划和管理变化的法规示范》，内容包括启动规划法规改革、目的和授权等15章的内容，旨在适应可持续发展的要求，为各州的规划立法提供标准的模式和语言。

2. 州规划法

早在 1934 年，新泽西州颁布了州规划法。1968 年，联邦政府发布《政府间合作法案》，规定地方政府申请联邦基金要有州和区域规划部门的审核与推荐，以保证项目符合全州或区域的总体规划目标。州规划地位的加强导致更多州先后为州规划立法。州规划立法形式多样，主要针对与全州利益相关的增长管理和环境保护两个主题，个别州没有州域规划法。

（二）美国的规划行政体系

美国政府的行政设置包括联邦、州和地方。州以下通常分县政府、市镇村。县政府是州政府的代理机构，与州政府之间是上下级隶属关系。市镇村主要是那些因管辖过少而无资格列为市的地区，由州政府批准，定为市镇和乡村，建立相应的政府机关。根据 2013 年统计，美国有 3143 个县级机构，联邦级规划机构只在罗斯福新政时期曾经存在过，目前没有独立部门。规划行政体系包括州、区域和地方机构。

1. 州规划机构

与各州法规相适应，针对不同的规划需求，美国的规划机构设置也具有多样性特点。

2. 区域规划机构

不同州建立区域规划机构的方式有所不同。一些州采用法律授权形式，一些州采用政府间合作或权利协议的形式。总体来看，目前美国的区域规划机构主要包括三种类型。

（1）区域规划委员会。委员会通常由当地政府任命的公民组成，主要任务是为政府的成员单位编制规划并提供技术援助，有时也管理开发条例（如审查和批准分区图），州际区域规划委员会的管辖范围涵盖多个州的地域，最典型的是大都市区。特拉华谷区域规划委员会的管辖范围包括新泽西州和宾夕法尼亚州的部分地区，是由大会批准的特殊州际协定。

（2）政府的理事会。政府的理事会比区域规划委员会承担更多的功能，提供更多的服务。例如，在成员同意的前提下，对区域废水处理厂进行管理以开展应急救护服务等具体事宜。典型的有佛罗里达区域规划理事会、华盛顿都市区政府理事会及加利福尼亚州政府理事会。理事会成员一般由州有关部门及所在地域代表等组成。理事会成员的任命可采用单独立法、签订联合权利协议或州长任命部分成员等多种方式。

（3）特殊目的的区域机构。有几个州设立特定目的的区域机构，如加利福尼亚州的旧金山湾保护和发展委员会、纽约州的阿迪拉达公园局、加利福尼亚州和内华达州的泰浩区域规划局，这些机构有权对环境敏感地区或涉及全州的重要资源区域进行规划与实施开发控制。

3. 地方规划机构

地方规划机构与县、市两级政府管理层级相对应，包括县和市两级规划机构。以加利福尼亚州为例，地方政府主要包括 58 个县、500 个左右的市镇政府及市县联合体、学校区、特殊区与少量的土著政府，均有相应的规划机构。

加州阿拉米达县的规划机构为县社区发展机构，下设财务与管理、规划、住房与社区发展、健康家庭、农业与度量衡、邻里保护与可持续发展、经济与公民开发再开发七个部门。规划署负责计划并监督新的发展和重建计划，形成土地利用政策，调节、监测并实施县区划条例及分区、露天开采、邻里保护和其他条例。规划署执行非建制地区的市镇土地利用类型调控功能，确保辖区内近 13.6 万公民的用地需求。

伯克利市是隶属于阿拉米达县的一个市级政府，其规划机构为规划与开发部，包括建设与安全、土地利用规划、能源与可持续办、许可中心、再开发及有毒物质管理六个处室。土地利用规划处的职责是为伯克利未来发展准备长期的政策性规划，包括总体规划和分区规划，同时管理分区条例和细分条例确定的建议开发项目。

（三）美国的规划运行体系

美国从未编制过国家空间规划，《美国 2050 空间展望》是研究性成果，不是联邦政府主导的文件。美国空间规划的运行体系包括州规划、区域规划、地方规划和社区规划四个层级。

1. 州规划

美国没有州规划的立法授权，各州通过颁布法规确定是否编制空间规划，总体上 1/3 的州不编制空间规划，1/3 的州通过立法或政府文件的方式确定州目标或规划导则，另外 1/3 的州编制空间规划。州规划的主要任务是制定战略目标和措施，主要内容包括经济发展、土地利用、基础设施建设及环境等方面，旨在建立州域共同目标及开发优先开发地区的共识，控制"外延"模式、提倡紧凑开发，应对环境退化和损毁，或者为已经明确的开发同步提供相应的基础设施和公共服务，有些规划的内容是为了保持州规划、区域规划及地方规划在横向、纵向及内部的一致性。少数州（如新泽西）的规划要求绘制规划图，标注增长区域边界或城市发展等级等，但也只是示意性，不具备法律效用。具体落实到空间上的规划内容由地方规划负责。同时，以州利益相关内容为主的州规划的实施费用主要纳入投资预算中，其实施主要依托投资建设计划来落实。

加利福尼亚州政府通过发布州规划导则对区域和地方规划提出要求。2003 年版的《总体规划导则》由总论、总体规划基础、可持续发展与环境公平、总体规划的准备和修改、强制性要素、形式和要素整合、可选要素、加州环境质量法与总体规划、公共参与、总体规划的实施、总体规划的特殊情况 11 章构成。其中，"总体规划基础"这一章主要包括以下几点内容：明确规划内容包括开发政策和系列图表，明确社区规划、分区规划和专题规划的关系；明确总体规划的七个要素为土地利用、交通、住房、保护、开敞空间、噪声及安全，同时还设定了弹性的自选要素规划的采纳可以是规划的某个主题或某些内容，避免重复的规划工作。"可持续发展与环境公平"这一章阐述可持续发展的目标包括减少城市扩展、保护开敞空间和景观、保护环境敏感性土地、增强地方和区域经济、改善能源和资源利用效率及促进均衡发展。总体规划部分指出，强制性要素包括土地利用、交通、住房、保护、开敞空间、噪声和安全。总体规划的实施途径包括专项规划、分区条例、土地细分条例、开发协议、财产税优先评价、土地信托、交通系统管理、基础设施建设资金机制、交通融资方式及年度进展报告等，而分区是最主要的手段。

2. 区域规划

从内容上看，区域规划主要解决跨界和州际问题，以及具有区域重要性的重点区域、区域基础设施建设问题。对于涉及地方综合规划的相关内容采取审查和监督的方式予以协调，确保州规划、区域规划和地方规划各司其职、相互协调。从区域的重点问题出发，区域规划包括管理增长、保护生态和保护农业遗产等多种类型。

以加州旧金山湾区区域规划为例，该湾区包括 9 个市县，拥有 700 多万人口，面积达 7000 多平方千米。为响应 2008 年的《加州可持续社区与气候保护法》中关于实施可持续发展社区战略的要求，18 个都市区均需要编制长期的综合性交通和土地利用/住房战略规划，实现温室气体减排和满足住房需求。规划的主要内容是在职住分布预测的基础上提出交通网络和投资战略。规划实施工具，一是帮助地方政府寻找资助优先发展区项目的资金，二是资助交通项目。规划由湾区政府理事会执行局与都市交通委员会联合批准，监测与评估由加州环保机构大气资源局负责。

湾区区域规划确定了七个规划目标，其中，约束性目标包括保护气候、适用住房两类，预期性目标包括健康和安全的社区、开敞空间和农业保护、平等、经济活力及交通系统的有效性五类。为实现这些目标，规划制定了 10 个指标，并综合考虑土地利用方式和交通网络，构建了不同的情景，并最终形成优化的情景。在投资方面，根据财政模型及多方分析，预测到 2040 年的交通收入为 2920 亿美元，根据各种已有的政策和规划等，其中的 2320 亿美元的收入已有安排，还有 600 亿美元的资金需要安排。因此，投资方案需要以上述优选的交通情景为基础，将 600 亿美元落实到不同类型的项目上。最后，在进行湾区发展预测和区域布局方案选择的基础上，再次对设定的 10 个指标逐一可能出现的实施效果进行评价。结果表明，其中的 6 个指标可以实现，其余指标因存在不同的问题，需要在规划实施中予以关注。在规划的实施中指出，规划需要多部门的共同合作，尤其要保持经济活力，保持空气清洁，发展韧性规划，构建倡导性平台，客观分析环境质量法对填充开发的影响。

3. 地方综合规划

县级综合规划一般包括以下方面：健康、公共安全、交通、公共设施、财政健康、经济目标、环境保护及再分配目标。总体规划时限较长，一般在 20 年左右。地方总体规划通过《土地用途管制分区》和《土地细分》具体实施，这两部法令通常编入地方政府法典，并随着规划的修编而修编。以下以加利福尼亚州的阿拉米达县和伯克利市为例加以说明。

（1）阿拉米达县总体规划。

2015 年，阿拉米达县的用地面积为 2130 km²，人口为 151.03 万。依据加州规划法编制总体规划，规划范围为非建制地区。县总体规划主要是关于 7 个要素（住房、保护、开敞空间、安全、噪声、气候行动计划和风景路线）和三个分区规划报告的汇编。土地利用和交通要素主要在地区规划中加以体现。规划最后由县监督局批准。

地区规划以卡斯托谷底为例，人口为 6 万，规划旨在保护地区自然环境的基础上，实现整体的经济、环境和社会目标。地区规划有九个部分的内容，分别是土地利用和开发，社区特点与设计，交通，生物资源，社区设施，公园和学校，公共服务和公用事业，自然灾害和公共安全，噪声、空气质量和气候变化。每个部分又包括现状分析、总体目标、一系列指导性政策及具体的行动建议四个方面的内容。规划期为 20 年，行动建议主要包括条例（分区、生物资源和溪流保护）、导则（住宅设计、历史保护、生物资源和溪边开发）、方案（经济开发、交通安静和行人安全）、资本运营改善项目（街道、公园和社区建筑）、资本运营改善的资金资助等。

（2）伯克利市规划。

伯克利市是阿拉米达县内的一个建制市，面积为 10km²，人口为 12 万。市总体规划把加州规划法要求的噪声和保护因素纳入环境管理章节中，同时增加了经济发展和就业、城市设计与保护、公民参与三个主题。规划内容包括总目标、土地利用、交通、住房、防灾与安全、开敞空间和娱乐、环境管理、经济发展与就业、城市设计与保护、公众参与和规划实施 11 个部分。总目标是保护伯克利市的独特个性及生活质量，确保居民有体面的住房，有满足生活需要的工作及得到企业提供的充足的基本商品和服务，保护地区和区域环境质量，尽可能改善城市决策中的公民参与度，创建一个可持续发展的伯克利。每一个要素包括目标、政策和行动 3 个部分：目标指明方向，政策是为实现目标在不同领域需要遵循的原则，确保行动和目标一致；行动则由战略、方案和具体活动组成，旨在帮助城市实现目标。分区规划既可以作为总体规划的补充，又可作为总体规划的细化，以便于土地用途分区的落实。目前批复的分区规划有中心城区规划、西部地区规划、南部地区规划及海滨地区规划。①

（四）美国规划体系的特点及启示

总的来说，美国的空间规划体系具有依法构建、机构体系和运行体系多样化的特点。从严格意义上说，完整的规划体系（类似德国）具有上下纵向衔接、左右横向协调的特点，体现为各级各类规划定位清晰、功能互补、统一衔接。美国国家空间规划体系由于各州规划之间缺乏联邦规划的统一衔接，以及部分州规划的缺失或州规划对区域及地方规划不具有强的约束性，一般称为准规划体系或规划网络。

1. 规划体系的特点

（1）依法编制规划，自下而上形成"多样性"或"自由式"的空间规划体系。美国空间规划体系是由各类空间规划构成的"生命有机体"，其发展历程可以说是为解决各类规划的连接处的矛盾和交叉而对各类规划进行有序化的过程。整体而言，美国规划的编制从分区规划开始，其次是县综合规划，最后是区域规划和州规划，逐步形成目前的空间规划体系。各州规划体系因地域不同而有一定的差异，区域规划更是有政府主导或依靠市场独立编制等不同的类型，唯有县级综合规划全国适用，而且一些市县有独立宪章，规划具有足够的自主权。因此，由多样性规划构成的美国空间规划体系只能称为准规划体系，其主要特点是各地按管理或发展所需要形成具有地域特点的规划和规划体系，各州自成体系。

（2）规划机构因州情不同而各异，为相应的规划编制和实施管理提供保障。规划机构的设置服务于规划管理的需求。美国的州、区域和地方的规划机构有不同的设置模式，与相应的规划编制和实施要求相匹配。例如，州规划机构的办公室、内阁协调处、规划委员会或规划处，管理的方式、内容和程度有很大不同。区域规划结构既有综合型的，又有专业型的，均与不同的规划职能相协调。

（3）各层规划定位清晰、功能互补，形成以地方为主导的运行体系。作为联邦制的国家，美国从来没有过全国性的统一规划和规划体系。多设定全州目标和地方规划的要求，体现指导性。区域规划只在特定的区域存在，重点解决区际问题，全面编制的规划只有指导性的县级综合规划，但不具备法律效用。各级规划相互独立、相互协调，共同解决空间发展中存在的问题，具有以地方规划为主、统一协调的特点。

（4）美国的空间规划体系是在政治经济体制、地域特点、经济发展需求或阶段等因素

---

① 蔡玉梅，高延利，张建平，等. 美国空间规划体系的构建及启示 [J]. 规划师，2017，33（2）：28-34.

共同作用下形成的。美国分权的政体和地方自治的政治制度决定了规划体系以地方规划为主，地方规划中县政府只负责非建制镇地区的规划，建制地区的规划由建制的政府负责，依据市宪章实施，规划的编制和审批权都在地方政府。同样，市场经济体制决定了政府编制的规划更多地发挥市场的主导作用，内容侧重于激励和服务，在实施手段上以经济和法律手段为主，从而形成州级及县综合规划都不具备法律效用的特点，只有《土地用途管制分区》被纳入地方政府法典，才能成为审批和管理的法定依据。从地域看，美国东北部、西部、中西部和南部具有不同的规划需求，从而产生了不同的空间规划体系，这也是规划体系多样化的原因之一。1960 年以后美国的空间规划体系结构基本稳定，各层各类规划内容随经济发展的需求调整，重点向实施导向社区规划及城市设计等精细化方向发展。

2. 规划体系的启示

虽然美国空间规划体系形成的背景与我国不同，但其空间规划体系构建的基本规律仍然有可资借鉴之处。在建立严格的法律体系和适宜的行政体系方面，2017 年我国印发的《省级空间规划试点方案》已明确要求加强体制机制、法律法规等顶层设计，推动规划管理体制改革和完善相关法律法规。按立足国情，继承与发展的原则，结合我国现行空间规划体系及"多规合一"试点的情况，得出对我国空间规划体系构建的启示。

（1）合理确定纵向各层规划定位，探索刚性控制和弹性指导相结合的体系。行政管理的职能或权责体系是空间规划体系的载体。构建空间规划体系的关键是解决各类规划横向和纵向之间的关系。目前开展的市县"多规合一"以及省级空间规划试点工作应加强国家、省和市县级规划之间纵向的职能定位研究，确保各层级规划的有效实施。与以"简政放权、放管结合、优化服务"为特点的我国行政体制改革相适应，各层级的功能设置方式值得进一步探讨。针对各层级事权，合理区分各类规划的指导性、约束性、衔接性、操作性或执行性的职能。区域规划作为一种规划体系不可缺少的类型，采用综合规划和专项规划相结合的模式，还是类似综合规划的模式亦值得探索。

（2）有效协调横向综合规划和专项规划的关系，实现功能优化。综合规划变"多头管理"为"统一管理"，可有效提高治理能力。但正如推进"多规合一"不能从表面上的矛盾图斑入手，而是要针对问题的根源，编制统一的空间规划底图一样，综合规划也不是"多规叠加"或多个目标和指标的简单叠加，它不是一种新增加的规划类型，也不能取代所有的专项规划。在实现空间性规划的重组与优化的过程中，应突出综合规划的统筹或引领作用。从国土空间系统的整体功能和功能结构出发，将空间发展和保护中的核心问题及解决多规交叉、重叠或冲突的问题作为综合规划编制的核心内容，探索综合规划的强制性内容，充分发挥专项规划的作用。

（3）不断完善层级各异的基础评价和规划指标等相关技术体系。合理的基础评价体系和规划目标（指标）体系是实现空间规划体系的重要技术手段。考虑到不同等级行政区的面积、管理职能与尺度、面向的问题不同，国土空间变化的规律及驱动力不同，规划的目标和指标体系也应有所不同，研究所需要的数据数量、可获取程度及精度也不同。结合不同层级和类型试点工作，完善针对不同层级规划特点的技术体系。

（4）鼓励在统一空间规划体系构架下探索地方适宜的多种风格。规划是政府管理的工具，同样规划体系也是规划的工具，适用性是其重要特点。我国各地的自然条件和经济发展阶段有较大差异，海陆条件不同，不仅各地面临的国土空间问题不同，而且省级行政区和市县级行政区之间的国土面积有一定差别。在构建统一的国家、省和市县三级体系的前提下，结合地方管理的需求，按照因地制宜、服务发展的原则，鼓励探索适合省和市县特点的多样化模式或地域风格，以实现空间规划体系为规划而构建、规划服务于社会经济发展的总体目标。

第三节　中国城市群的形成发育与空间政策格局

在全球城镇化进程与经济全球化进程加快的双重过程中，城市群的快速扩张已经成为带有普遍意义的不可阻挡之势，以其足够的产业集聚和经济规模参与全球性的重新分工、竞争、交流与合作，形成强强联合的经济共同体和命运共同体。据联合国预测，到2050年全球城市人口比例将超过75%。与此同时，未来全球最大的40个超级大都市区以占地球极少的面积，集中18%的人口，将参与全球66%的经济活动和大约85%的技术革新。最新的《世界城市状况报告》指出，世界各地的超级大都会正渐渐汇聚成更大的超级都市区和超级城市群。可见，在新的全球化时代背景下，城市群正在成为国家参与全球竞争与国际分工的全新地域单元，其发展深刻地影响着中国的国际竞争力，并正在影响着21世纪全球经济的新格局。中国城市群是中国未来经济发展格局中最具活力和潜力的核心地区，是中国主体功能区划中的重点开发区和优化开发区，也是未来中国城市发展的重要方向，在全国生产力布局中起着战略支撑点、增长极点和核心节点的作用。

一、中国城市群形成发育规律

城市群的形成发育过程是一个各城市之间由竞争变为竞合的一体化过程和同城化过程，通过对城市群形成发育与拓展过程的长期研究和规划实践探索，可从理论上将城市群空间拓展的基本规律归纳为：城市群形成发育的阶段性规律、城市群多尺度空间集约利用传导规律、城市群空间晶体结构组合规律、城市群自然生长的育树成林规律和城市群可持续发展的梯度爬升规律共五大基本规律，这五大规律同时也构成了城市群形成发育的五大基本理论。随着人们对城市群形成发育认知水平的逐步提高，将会从更深层次揭示城市群形成发育与空间拓展的基本规律。

（一）城市群形成发育的阶段性规律

城市群形成与发育的过程就是城市群的节点、基质和网络三个构成要素演进的过程。城市群形成发育一般划分为三至四个阶段，且通常第一阶段是单节点主导阶段，第二阶段是单节点膨胀性增长阶段，第三阶段是城市群形成的初级阶段，而第四阶段则为城市群形成与发育的高级阶段。相对而言，城市群的形成发育过程研究起始于节点，落脚于节点，但这种发育过程通常是根据节点的外部结构形态，包括等级规模结构、空间演进方向等划分的。比尔·斯科特将城市群空间拓展阶段划分为单中心（中心城市为主导的阶段）、多中心（中心城市和郊区相互竞争阶段）和网络化阶段（复杂的相互依赖和相互竞合关系）三大阶段[1]；Friedman等从经济发展阶段角度将城市群空间拓展阶段划分为工业化前期（节点规模小且相对分散而独立）、工业化初期阶段（经济区位好的节点开始快速增长）、工业化成熟期（节点之间联系强度增大且方向明确）、工业化后期阶段（节点处于稳定平衡的增长过程）共四大阶段[2][3][4]；姚士谋等将城市群空间扩展过程划分为农业经济时代、前工业化时代、工业化时代和城市化阶段四大阶段[5][6]。

张京祥[7]将城市群空间拓展阶段划分为多中心孤立膨胀阶段、城市空间定向蔓延阶段、城市间向心与离心扩展阶段、城市连绵区内的复合式扩展阶段共四大阶段，综合国内外学者的观点，都认可城市群空间拓展过程具有阶段性规律，在此基础上，将城市群空间拓展阶段划分为七大阶段，分别为：分散独立式节点均衡发展阶段、单节点积聚的非均衡发展阶段、单体大都市区形成与继续拓展阶段、基于单节点的空间结构与职能结构整合发展阶段、多都市区一体化区域的形成阶段、都市区整合发展与结构重组阶段、城市群的稳

①　刘友金，王玮. 世界典型城市群发展经验及对我国的启示 ［J］. 湖南科技大学学报（社会科学版），2009，12（1）：84-87.

②　Friedman J. Political and technical moments in development, aggropolitan development revised ［J］. Environment and Planning, 1985, 122（3）：23-32.

③　Friedman J. The world city hypothesis. Development and change ［J］. Urban studies, 1986, 117（2）：46-57.

④　Friedman J. Where we stand. A decade of world research//Knox P L, Taylor P J. World Cities in the World System ［J］. Cambridge：Cambridge University Press, 1995：35-39.

⑤　姚士谋，陈振光，朱英明，等. 中国城市群 ［M］. 2版. 合肥：中国科学技术大学出版社，2006.

⑥　姚士谋，周春山，王德，等. 中国城市群新论 ［M］. 北京：科学出版社，2016.

⑦　张京祥. 城镇群体空间组合 ［M］. 南京：东南大学出版社，2000.

定与持续发展阶段。其中，前三个阶段相当于城市经济区，或者大都市区的形成与发展过程，第四、五、六个阶段相当于都市区以及都市区集合体的发展过程，是城市群发展的相对较高级阶段，最后一个阶段，即城市群持续发展阶段是城市群发育的最高级阶段。依据城市系统演进的组织与自组织理论，也可将城市群形成发育阶段分为发育雏形阶段、快速发展阶段、发育成熟阶段、趋向鼎盛阶段和鼎盛阶段共五个阶段。

（二）城市群多尺度空间集约利用传导规律

多尺度城市群空间是一个由宏观尺度的城市群空间、中观尺度的城市空间和微观尺度的城市中心区空间联动形成的空间整体，是一个上下联动、层级优化、环环相扣的多尺度有机系统，不同尺度的城市群空间、不同层级的核心—边缘区之间在集约利用方面客观上存在着逐级"正向传导"和"负向传染"的规律性。不同尺度的城市群空间存在着边界互划、管控互认、互为牵制、互为反馈、互为调控的逐级联动关系，进而提出了由城市群—城市—城市中心区、由宏观—中观—微观三级空间集约拓展优化有机构成的城市群空间多尺度集约利用传导理论。通过正向层层传导，可实现不同尺度的城市群空间自上而下、自外向内的逐级联动优化和反馈，进而提高城市群空间集约利用效率。通过城市群—城市—城市中心区三个空间尺度的规划层层传导、产业层层传导、技术层层传导、布局优化的层层传导、交通的逐级传导、生态廊道的层层传导、要素配置的层层传导、政策制定与实施的层层传导、联动和反馈，实现城市群空间多尺度集约利用和空间集约利用的组合决策。该理论为解决中国城市群空间中单尺度优化而多尺度不优化、单尺度集约而多尺度不集约的现实问题提供了理论支撑。

（三）城市群空间晶体结构组合规律

根据晶体空间群理论和晶体衍射理论，城市群空间扩展过程符合矿物学中晶体结构的形成机理，城市群形成的节点网络结构类似于晶体结构，存在着分等级、分层级的有机组合规律，形成立面晶体结构组合图谱和平面晶体结构组合图谱。一般情况下，超大或特大城市群往往处在晶体结构的核心位置，发挥着引领晶体结构的中枢作用，大城市处在晶体结构的关键节点上，中等城市处在重要节点上，小城市和小城镇处在连接节点上，不同等级的节点城市通过交通网络联系。

由于城市群形成发育的自然条件和历史基础各不相同，所以在发育过程中形成的晶体结构客观上存在着单中心晶体组合、双中心晶体组合和多中心晶体组合发育的现象。从单中心到双中心再到多中心晶体组合的城市群，呈现出中心性指数越来越小、空间结构的稳定性越来越差、复杂性越来越大、紧凑性越来越低、发育程度越来越低的规律性。

单中心晶体组合的城市群以一个城市作为核心城市带动周边城市实现一体化发展，呈现出最为稳定的单核晶体结构形态，是一种理想的高级城市群晶体结构组合形态。在长期的经济发展过程中因为核心城市无可替代的"截获中介机会"优势，或者"区位优势"和"成本优势"，保持了突出的中心地位，发挥着强大的辐射带动周边城市发展的功能。例如以北京为中心的京津冀城市群。以上海为中心的长江三角洲城市群，以乌鲁木齐市为核心的天山北坡城市群等。

双中心晶体组合的城市群以两个城市同时作为核心城市带动周边城市一体化发展，由于两个核心城市发展实力相当，长期处在竞争与合作交织状态，腹地范围相互交叉重叠，背向发展倾向明显，空间结构不稳定性加大，所形成的双核晶体结构稳定性最差，对城市群的形成发育极为不利，是一种不理想的城市群晶体结构组合形态，但又是客观存在的一种组合形态。[①] 例如以长春、哈尔滨为双核心的哈长城市群，以成都、重庆为核心的成渝城市群，以沈阳、大连为中心的辽中南城市群，以济南、青岛为中心的山东半岛城市群等。

多中心晶体组合的城市群以三个以上城市同时作为核心城市带动周边城市一体化发展，外部环境的不确定性对城市群空间结构的变异产生了较大影响，晶体结构的复杂性明显提高，优化难度越来越大，城市群总体发育程度、紧凑程度均比较低，城市形成发育的中心性不强，但城市群网络的均衡化程度大大提高，是一种不太理想的城市群晶体结构组合形态。例如以武汉、长沙、南昌为中心的长江中游城市群是发育程度最低的城市群。

（四）城市群自然生长的育树成林规律

城市群形成发育与拓展过程好似若干棵树从树苗演化为参天大树的过程，处在特定地域范围内的多个树苗类似多个城市，在生长初期各自有各自的"营养空间"或"生长空间"，树苗之间相互独立不需要借助其他树苗输送"养分"，但当树苗逐渐成长为小树、大树、参天大树时，各个大树之间逐步会形成争"养分"、争"空间"的竞争行为，客观上需要进行对树的修剪或者对养分的重新分配等干预措施，确保多棵参天大树苗壮成长，最终形成具有旺盛生命力的茂密森林，即城市群。

在多个树苗或城市生长的空间范围不变的情况下，为确保多个城市继续发展，需要协调各城市之间的"养分"与"空间"，通过互借养分，互让空间，互为依存，实现一体化的共同生长，才能成为森林这个命运共同体密不可分的重要组分。多个城市构成的命运共

[①] 方创琳，王振波，马海涛. 中国城市群形成发育规律的理论认知与地理学贡献 [J]. 地理学报，2018，73（4）：651-665.

同体就是一片茂密的森林。森林茂密的前提需要树和树之间形成一个耦合的决策体。只有确保林中的每棵树苗壮成长，才能为森林的茂密创造条件；每棵树的安全与整片森林的安全息息相关。相应地，每个城市的安全与整个城市群的安全密切相关，城市的发育不良会导致城市群发育不良，城市群健康是多个城市健康发展的重要保障。这就是城市群生长发育的育树成林规律。

（五）城市群可持续发展的梯度爬升规律

城市群形成发育的自然过程表现为多个城市为了自身可持续发展而联合周边城市相互依靠、相互提升可持续性的过程，这一过程具体表现为当一个城市 A 依靠自身能力无法提升其可持续发展能力时，自然就会联合第二个城市 B 开展合作，通过联合在新的层次上继续维持该城市可持续发展能力；当联合第二个城市 B 无法继续维持其可持续发展能力时，自然就会联合第三个城市 C 开展合作，通过联合第三个城市在更高层次上继续维持该城市可持续发展能力；当联合第三个城市 C 无法继续维持其可持续发展能力时，自然就会联合第四个城市 D 开展合作，通过联合第四个城市在更新层次上继续维持该城市可持续发展能力；依次类推，当联合第 $n-1$ 个城市 N-1 无法继续维持其可持续发展能力时，自然就会联合第 n 个城市 N 开展合作，通过联合第 n 个城市 N 在更高层次上继续维持该城市可持续发展能力。通过城市 A 不断联合 B、C，…，N 个城市，促进城市 A 与 n 个城市抱团形成可持续发展的命运共同体，最终发育形成城市群。随着联合城市数量的不断增多，城市的可持续发展能力随着时间的推移呈现出阶梯式爬升趋势，这就是城市群可持续发展所遵循的梯度爬升规律。

二、中国未来城市群建设的政策格局

（一）中国未来城市群建设的"5+9+6"政策格局方案

通过对城市群布局与全国主体功能区规划、全国城镇体系规划的对应协调关系的分析，结合中国城市群划分的"15+8"基础方案和其他相关方案的比较分析，最终将形成与国家主体功能区和国家城镇体系相协调的中国城市群空间结构新体系，即由 5 个国家级城市群、9 个区域性城市群和 6 大地区性城市群组成"5+9+6"的中国城市群空间结构新格局。按照统筹规划、合理布局、完善功能、以大带小的原则，遵循城市发展客观规律，以大城市为依托，以中小城市为重点，逐步形成辐射作用大的城市群，促进大中小城市和小城镇协调发展。构建以陆桥通道、沿江通道为两条横轴，以沿海、京哈京广、包昆通道为三条纵轴，以轴线上若干城市群为依托、其他城市化地区和城市为重要组成部分的城市化战略格局，促进经济增长和市场空间由东向西、由南向北扩展。

通过对多种方案的比较分析，并广泛征求学术界和政界相关专家的意见和建议，最终将中国城市群的选择与培育分为三大类共 20 个城市群，一是重点建设的国家级城市群，包括 5 个城市群；二是稳步建设的区域性城市群，包括 9 个城市群；三是引导培育新的地区性城市群。

（二）关于合理界定长江中游城市群建设范围的思考

随着国家新型城镇化战略和主体功能区战略的深入实施，国家"十一五"和"十二五"连续十年都将城市群作为加快国家城镇化进程的主体空间形态，未来十年继续将城市群作为加快国家城镇化进程的主体空间形态，计划在全国重点城市化地区有序建设 20 大城市群，长江中游城市群（简称"中三角"城市群）是其中规划建设的一个拉动中部地区崛起的国家级重点城市群。但对长江中游城市群的建设从一开始就存在着不少争议和问题，尤其是对其空间范围的界定缺乏科学依据和理性判断，导致长江中游城市群从一诞生发育就成了一个政府强烈主导下的"怪胎"，迫切需要采取科学界定方法合理确定长江中游城市群的建设范围。

（1）长江中游城市群的合理范围应包括三省 28 市，不应将江淮城市群纳入其中。充分考虑地理邻近性、功能互补性、文化认同性、联系紧密性和共同利益诉求、共同政策导向、共同发展潜力等因素，按照城市群的发育标准，采用断裂点模型和引力模型计算可知，长江中游城市群的合理空间范围应集中在长江中游从湖北宜昌至江西湖口的地区，建议具体范围包括湖北的武汉、黄石、鄂州、黄冈、孝感、咸宁、仙桃、天门、潜江、宜昌、荆州、荆门 12 市，湖南的长沙、株洲、湘潭、岳阳、益阳、常德、娄底和衡阳 8 市，江西的南昌、九江、景德镇、鹰潭、新余、抚州、宜春、萍乡 8 市共 3 省 28 个城市，面积 26.37 万平方千米，2011 年总人口约 1.08 亿，GDP 为 31580 亿元，分别占全国的 2.75%、8.05% 和 7.9%。

从历史渊源、经济联系交通可达性和对外开放等多角度分析，长江中游地区已初步形成了由武汉城市群、长株潭城市群和环鄱阳湖城市群连接而成的"中三角"城市群建设雏形，而江淮城市群距离长江中游城市群空间距离较远，经济技术联系不够紧密，反而长期与长三角城市群联系紧密，所以从自身发展的角度出发，江淮城市群不应该向西与长江中游城市群联动发展，而应该向东与长三角城市群联动发展，纳入长三角城市群的范围，进而把长三角城市群做大做强，建成世界级超大城市群。

（2）依托合理的建设范围，科学编制长江中游城市群总体规划。长江中游城市群的合理空间范围一旦确定，在较长时期内就不能再随人事变动而变动，就必须以此为基础编制统一的长江中游城市群总体发展规划，实现规划同编、产业同链、城乡同筹、交通同网、信息同享、金融同城、市场同体、科技同兴、环保同治、生态同建，实现长江中游城市群地区产业发展布局一体化、基础设施建设一体化、区域性市场建设一体化、城乡统筹与城乡发展一体化、环境保护与生态建设一体化、社会发展与社会保障体系建设一体化。发挥市场机制在城市群形成发育中的主体作用，先行启动基础设施建设，形成全方位、立体式的大交通网络格局。

（3）从国家层面建立长江中游城市群建设的协调推进工作机制。长江中游城市群地跨湖北、湖南、江西三省 28 个城市，单独依托某一个省、某一个城市为核心推进长江中游城市群建设基本上不可行，建议国家从中部崛起和国家安全的战略高度，打破行政束缚，整合三省优势资源，建立一个国家级的长江中游城市群建设协调领导机构，统筹安排协商城市群建设的若干重大问题，形成良性的协调推进工作机制，调动三省各方的积极性，避免各自为政、各图其利的现象发生。各省可下设长江中游城市群建设的省级领导小组，协助长江中游城市群建设的国家协调领导机构开展日常工作。

（4）高度重视建设的重要性，把长江中游城市群建成带动中部地区崛起的国家级城市群。长江中游城市群作为中国加快工业化和城镇化的国家级重点开发区域，其健康发展对长江中游地区的城市化和探索中国特色的健康城镇化道路具有十分重要深远的战略意义。未来重点建设武（汉）—长（沙）、武（汉）—南（昌）主轴线和长（沙）—南（昌）次轴线，建成全国重要的综合交通枢纽，科技创新、先进制造和现代服务业基地，建设全国资源节约型和环境友好型生态城市群，形成引领中部地区崛起的核心增长区。同时构建长江中下游水生态安全保障区，为全国大江大湖综合整治和"两型"社会建设提供示范，为保障国家粮食和生态安全提供战略支撑。

（5）充分认识建设的长期性和艰巨性，切勿操之过急和急于求成。从城市群发育的阶段性规律分析，长江中游城市群目前尚处在发育程度很低的雏形阶段，实现高度同城化和一体化发展还需要一个十分漫长的探索融合过程，长江中游城市群的建设不是依靠主观意志"画"出来的，而是依靠市场机制"育"出来的，更是依托城市合作"干"出来的。因此，要充分认识长江中游城市群建设的长期性和艰巨性，切勿操之过急和急于求成，要遵循城市群发育的阶段性规律，逐步培育，持续建设。

（三）城市群与全国主体功能区和国家城镇体系的对应关系

1. 与全国主体功能区确定的 21 个主要城市化地区的对应关系

与全国主体功能区确定的 21 个重点城市化地区相比，中国城市群选择的"5+9+6"方案一一对应覆盖了其中的大部分地区，只有东陇海地区和藏中南地区未能覆盖和一一对应。这是因为：

（1）东陇海地区城市主要为连云港市和日照市，两城市虽然是第二亚欧大陆桥的双桥头堡，但城市数量和集聚程度还没有达到都市圈的发展阶段，更没有达到城市群的发育阶段，所以未能将其作为城市群地区或都市圈地区。

（2）藏中南地区位于西藏自治区，城市数量少，发育程度低，拉萨与日喀则等城市之间空间距离过大，城市发育尚处初级阶段，未来无法达到都市圈和城市群发育的条件与程度，所以无法被培育成为城市群或都市圈。

2. 城市群与全国 25 个重点生态功能区布局的错位关系

所选择出来的 5 大国家级城市群、9 大区域性城市群和 6 大地区性都市圈均错位布局在 25 个国家重点生态功能区范围之外，形成了互为发展和互为保护的联动关系。

3. 城市群与全国城镇体系中 11 个重点城镇群的对应关系

中国城市群选择的 "5+9+6" 方案，与全国城镇体系规划中提出的建设 11 个重点城镇群形成了一一对应协调关系，而且所选择的 5 大国家级城市群、9 大区域性城市群和 6 大地区性都市图均位于全国城镇体系 "一带七轴多通道" 的基本骨架上。

三、中国城市群发展的战略对策

加快推进中国城市群的发展，需要明确中国城市群建设的战略方针、目标与发展战略；需要建立城市群发展的政府组织协调机制，明确国家归口管理机关，组建国家级城市群协调发展管理委员会和地方级城市群协调发展管理委员会；需要建立城市群公共财政与储备机制；需要加快建设国家高速公路 "7918 网"，完善城市群快速公路系统，加快建设四纵四横的国家高速铁路网和城际环网，完善城市群快速铁路交通系统，加快建设适宜于千千米以上运输的远距离空中快线系统；需要抓住全球供应链重构机遇，快速融入国际化，构建与全球供应链关联的城市群现代产业体系，成为全球价值链上的利益主享城市群；需要出台城市群规划技术导则，引导城市群科学规划。

（一）制定发展战略：城市群的发展战略方针与目标

从加快推进国家城镇化进程的战略目标出发，针对中国城市群所处的发育阶段、发育现状与存在问题，在经济全球化和信息化的时代背景下，继续把城市群作为推进国家城镇化进程的主体空间形态，通过实施产业集聚战略、高度一体化战略、城乡统筹战略、空间紧凑组织战略、可持续发展战略和国际化战略，把城市群建成国家及世界级产业集聚与先进制造业基地，建成国家经济发展的战略重点区和国家现代化的先导区与核心区，建成国家不同类型的可持续发展示范区、科学发展模式示范区和对外开放国际合作的先行先试区。

（二）建立协调机制：城市群发展的政府组织协调机制

中国城市群发展历程表明，城市群难以形成经济协调发展格局的根本原因在于缺乏统一、协调、有效的竞争规则，缺乏制定和执行规则的具有权威性的机构。城市学家 L.芒福德指出："如果经济发展想做得更好，就必须设立有法定资格的、有规划和投资权利的区域性权威机构。"并在权力、职责、资金等方面给予区域协调组织以保障，使之高效运作。为此，进行城市群协调必须建立行之有效的区域协调机构。国外城市群虽然实现完全自由市场经济，区域协调机构大都为松散的由官方、企业和民众参与组成的非官方或半官方性质的机构，但它们具有两方面的权力，即对地方规划进行审查的权力和对具有区域影响力的重大基础设施项目进行审查的权力，从而对下级规划保持较强的指导或指令性，可见其协调机构权威性仍然比较大。而中国城市群的协调机构尽管具有官方性质，但由于往往不具权威性而收效不大。因此，需要建立由各城市上一级政府组织成立的具有协调权威的区域协调机构以及行业协调组织，推动包括组织协调能力、调控管治能力、综合治理能力、防灾减灾能力、应急指挥能力等在内的城市群综合运转能力建设。

（1）明确国家归口管理机关，组建国家级城市群协调发展管理委员会。

（2）明确地方归口管理部门，组建地方级城市群协调发展管理委员会。

（3）建立跨城市的行业协调组织。

（4）倡导多中心治理，建立城市群横向利益分享机制和利益补偿机制。

（三）推行公共财政：建立城市群公共财政与储备机制

公共财政的一个重要任务是进行城乡的建设与维护，公共财政支出有相当一部分是用于城乡基础设施建设和城乡公用事业的发展。作为城乡一体、城市密集且联系紧密的城市群地区来说，公共财政也是解决城市群区域内资源配置与空间布局的重要保证。

（1）建立城市群公共财政机制和公共财政专业委员会。

（2）建立城市群公共财政储备制度，共建共享区域公共物品。

（3）建立城市群公共财政支出的监督体系。

（四）建设快速通道：形成网络化的城市群快速通道系统

依托高铁、高速公路与空中快线等快速交通轴，完善城市群快速交通系统。随着中国城镇化与工业化进程的不断加快，中国正在掀起建设高速公路和高速铁路的热潮，交通建设迈入了全新的高速时代，作为国家快速交通轴的高速公路轴、高速铁路轴和空中快线的建设成为中国未来综合交通运输网络建设的重点，这将极大地推动中国城市群之间与城市群内部快速交通系统的建设步伐，形成城市群快速交通系统。

（1）加快建设国家高速公路"7918网"，完善城市群快速公路系统。

（2）加快建设八纵八横的国家高速铁路网和城际环网，完善城市群快速铁路交通系统。

（3）加快建设适宜于1000千米以上运输的远距离空中快线系统。

（五）构建产业体系：与全球供应链关联的城市群现代产业体系

构建与全球供应链密切关联的城市群现代产业体系是城市群得以可持续发展的最主要支撑，优化的产业结构和良好的产业成长环境，是提升城市群产业竞争力和国际竞争力的关键。在国际经济波动和金融动荡的全球化时代，为应对国际金融危机影响，中国政府及时实施了积极的财政政策和适度宽松的货币政策，推出了进一步扩大内需促进经济增长的一系列措施，制定出了汽车、钢铁、纺织、装备制造、船舶工业、电子信息、轻工、石化、有色金属、物流业和文化产业11大重点产业调整振兴规划及相关政策。受中国重点产业发展政策的激励和吸引，发达国家的跨国公司正在脱离本土恶化了的经济环境，逐步把各自有国际竞争力的产业开始向低成本、高成长的发展中国家转移，以求另辟蹊径获得生存与进一步发展机会，一场以高端服务业为主导的新一轮全球产业转移逐步拉开，全球产业引发新一轮重组，全球供应链重新构建。在这种情况下，中国城市群的发展一定要抓住全球供应链重构机遇和国家产业振兴机遇，切实转变经济增长方式，扩大城市群经济总量，促使城市群充分利用国内外两种资源与两个市场，通过产业重组与结构调整加快城市群产业结构优化升级，构建包括现代农业、现代制造业、现代服务业在内的城市群现代产业体系。

（六）科学规划引导：引导城市群科学规划

城市群规划是指导城市群实现可持续发展的行动纲领。规划编好了，就是政府最大的财富和最大的资本，规划编不好就是政府最大的浪费。城市群规划并非区内各单体城市规划的简单汇总，而是以城市群体系统的区域层面为出发点，对城市群总体发展的战略性部署与调控。近年来，随着城市群区域的兴起，国家发改委和国家住房与城乡建设部与各省、自治区组织编制了不同层次的城市群规划，对引导城市群地区城市发展起到了重要的作用，然而由于城镇群规划不属于法定的空间规划体系，缺乏城市群规划的统一编制标准，缺乏长期稳定的编制组织机构进行长期的跟踪监督，造成城市群规划的延续性不够，这就导致城市群规划编制内容千差万别，编制的时序与城乡规划不衔接，规划的指导性下降，导致城市群规划很难真正落到实处。因此，很有必要出台城市群规划技术导则，引导城市群科学规划。

四、我国城市群"巨型化"特征的显现与战略定位

世界范围内的城市群与区域现代化的进程都表明，区域一体化是经济增长的助力器，而城市群和都市圈的形成，则首先表现为区域一体化的空间集约，形成高效的经济区域，这是发达国家经济发展的源泉和重要动力。从经济学角度看城市群或都市圈的发展，重点是大区域内经济活动的空间组织与资源要素的空间配置，更看重城市之间、城市与区域之间的集聚与扩散机制。现代意义上的城市群或都市圈，实际上是一个巨型的城市经济区，即是以一个或数个不同规模的城市及其周围的乡村地域共同构成的、在地理位置上相连接的经济区域，是一定区域内空间要素的特定组合形态，其在产业结构、组织结构、空间布局、专业化程度、区位条件、基础设施、要素的空间集聚方面比其他区域具有更大的优势。受城市的空间分布特性、社会经济发展水平以及由交通条件决定的空间可达性的影响，在城市群的形成过程中其空间要素的发育程度、空间聚合特征、经济活动的空间集聚与空间扩散方式存在差异，从而形成了不同类型的城市群和都市圈，当前，我国的城市化进程进入城市群、都市圈主导的空间发展新阶段，"一带一路"倡议、京津冀一体化、长三角城市群以及粤港澳大湾区的规划引导，加上高速铁路网的快速建设，高铁城市带的逐渐成形，已经在重塑全国的经济地理，京津冀、长江三角洲、珠三角及粤港澳、长江中游和成渝等五大巨型发展区，体现出国家的空间大战略。在巨型发展区内，会有传统的龙头城市、首位城市或中心城市，但多层级的中心地化是不可阻挡的大趋势。顺应巨型发展区的规律，优化资源配置手段和利益协调机制，探寻高效的政府和市场的协同方式，这将有助于从根本上破解大区域内的均衡发展、协调发展问题。巨型发展区带来的城市群形态的网络化、多层级的中心地化，在一定程度上是对传统经典的都市圈、城市群理论的深化和发展。遵循单一城市发育发展—大都市规模的形成—相邻大都市区域的扩张—多个城市支撑的现代城市群—多中心的区型发展区这个基本轨迹，是从芝加哥学派衍生出的空间多向扩张理论到卫星城理论、新城理论、田园城市理论以及彼得霍尔的基于欧洲的多中心大都市理论等，在城市与区域规划中的具体运用和实践。多中心巨型城市区域主要是针对主城、中心城市存在的功能过度集中问题，通过有效的疏散和平衡作用，来解决无序发展、快速膨胀、资源浪费的城市病问题，为现代城市规划走出单中心的思维定式、促进大空间的网络化，多核心大都市区、多中心城市区域等的建设，提供了方向性的引导。从世界五大超级城市群从空间扩张到内涵提升的历程来看，从原先初级阶段的单中心到中高级阶段的多中心，首先是有效缓解了中心大城市集聚带来的集聚不经济现象。城市及都市区域的

发展，明显存在"经济人"的路径依赖，单纯的市场力量会使城市在规模化过程中错过最优化窗口，而导致无效率的规模最大化。因为在城市发展中，按照"经济人"对社会的作用机制：在追求自身利益最大化的过程中，人或企业个体的选择是理性的，但整体的结局往往是非理性的选择。通过规划建设新中心、形成层级化的多中心，可以在整体上达到平衡空间价值的作用。其次，在超级城市群构成的巨型发展区内，形成多中心的空间结构，可以达到内部的"规模互借"效应，即在更大的地理空间范围内实现经济的规模收益和集聚。城市群、都市圈发展高级阶段的多中心，不是简单的低密度分散，而是规模化、分工集群化的重新集中。在轨道交通体系和互联网技术的支持下，这些集群尽管在空间上是分离的，但具有高度互动的通勤性、便捷性，形成的是高效协同的功能体系。再次，在一个巨型区内，城市群内部等级化的多中心演化，有效促进了专业化的分工协作，以及均衡的生产力布局，缩小了相邻区间的收入差距，实现了整体性的增长。美国现代城市发展、城市群演进的过程，以及巨型发展区设定的指标，就是要有序实现多中心化的目标，这和城市化高级阶段出现逆城市化的规律也是基本对应的。

随着巨型发展区时代的到来，在全球城市体系的空间结构相对稳定、网络化节点城市地位变动快的情况下，如何在更大范围内带动区域的增长与均衡发展，多中心的发展理念和实践无疑是可行的。2016 年 10 月，联合国第三次住房和城市可持续发展大会（简称"人居三"）通过的《新城市议程》，突出了"开放城市"的发展主题。预计到 2050 年，世界城市人口将接近翻番，由于全世界的人口、经济活动、社会和文化交流，以及环境、人道主义影响都越来越向城市集中，这对城市的包容和可持续的经济增长带来了严峻挑战，必须利用城市化实现结构转换、高生产率、高附加值活动和资源效率，治理地方经济。要促进城乡功能融入国家空间格局的区域系统，以及城市和人类住区系统，来促进自然资源和土地的可持续管理利用，并确保可靠的供应价值链来联结城乡供需，以促进公平的城乡一体区域发展，缩小二者间的社会、经济和区域差异。全球性的人口扩张和朝城市区域集聚的趋势，只有通过"开放城市"的规划扩展，即大都市、城市群区域的共同增长核均衡发展，不断培育出新的增长极、发展带，才能应对这一挑战。

在中国的五大巨型发展区中，长三角、珠三角、京津冀、粤港澳和长江中游城市群等，是在国家战略层面进行空间规划与功能界定的，已经突出了功能疏解的多中心发展理念，体现了作为发展大国、"城市中国"和经济大国的责任担当。2010 年通过主体功能区规划的发布，构建了"两横三纵"为主体的城市化战略格局、"七区二十三带"为主体的农业战略格局、"两屏三带"为主体的生态安全战略格局。其中，"两横三纵"为主体的城市化战略格局，具体指构建以陆桥通道、沿长江通道为两条横轴，以沿海、京哈京广、包昆通道为三条纵轴，以国家优化开发和重点开发的城市化地区为主要支撑，以轴线上其他城市化地区为重要组成部分的城市化战略格局推进环渤海、长江三角洲、珠江三角洲地区的优化开发，形成3个特大城市群推进哈长、江淮、海峡西岸、中原、长江中游、北部湾、成渝、关中—天水等地区的重点开发，形成若干新的大城市群和区域性的城市群。在主体功能区规划的统领下，我国未来重点推进的城市化地区也得以明确，国家的相关政策也将对这些地区给予倾斜和支持，促进其带动区域一体化的发展。

超级城市群、巨型发展区的去中心化与多中心化，在中国区域一体化、均衡发展的新理念与实践中，京津冀协同发展战略的推进更有代表性。从中心城市的带动成效来看，京津冀一体化发展，将成为世界第七大城市群。但北京优质高端经济和公共服务资源的极化效应，以及快速无限的空间膨胀，带来了愈来愈严重的"大城市病"，周边的河北地区则形成了"环北京贫困带"。京津冀一体化涉及北京、天津与河北三个行政区，破除行政区隔带来的体制机制束缚难题，一直难以找到突破口。其中有关北京的非首都功能疏散问题，更是难以实施。党的十八大之后，中央政治局多次研究京津冀协同发展问题，在2015年出台了《京津冀协同发展规划纲要》，确定了"功能互补、区域联动、轴向集聚、节点支撑"的布局思路，明确了以"一核、双城、三轴、四区、多节点"为骨架，推动有序疏解北京非首都功能，构建以重要城市为支点，以战略性功能区平台为载体，以交通干线、生态廊道为纽带的网络型空间格局。把有序疏解非首都功能、优化提升首都核心功能作为重点，同时进一步强化京津联动，全方位拓展合作广度和深度，加快实现同城化发展，共同发挥高端引领和辐射带动作用。石家庄、唐山、保定、邯郸等区域性中心城市和张家口、承德、廊坊、秦皇岛、沧州、邢台、衡水等节点城市，形成支撑京津冀巨型发展区的协同网络。2016年4月1日，中央宣布设立河北雄安新区，在距离北京西南110千米的雄安设立国家级新区，意在通过"反磁力"手段，为京津冀协同发展再造一个新中心，使这个人口在200万—300万的"未来之城"与北京、天津形成距离100千米左右的"等边三角形"，以促进京津冀世界级城市群宏伟目标的实现。2017年9月，经过充分酝酿的《北京城市总体规划（2016—2035年）》正式发布，规划明确了北京到2020年人口规模将控制在2300万，以后将长期稳定在这一水平上。由此，北京的未来发展一定是建立在非首都功能疏散的前提下，全方位对接雄安新区，建立起两地便捷高效的交通体系，推进科技创新资源有效转移共享聚集。在这个新的规划格局中，北京是京津冀城市群中的北京，雄安不仅是河北的国家级新区，在一定程度上也是北京的飞地和"副都"，未来的新中心地位已经确定。从国家重大战略的角度看雄安新区的定位和发展愿景，其支撑的是京津冀世界级城市群的核心框架，未来和长江三角洲城市群、粤港澳大湾区城市群等一道，直接代表国家参与全球产业竞争与创新价值链的搭建，是具有全球影响力的地理单元，在国家的现代化进程中，以及世界经济地理重构的过程中，发挥协同引领、创新带动作用。

无论从巨型发展区的崛起还是从超级城市群的规划来看，在我国的城市化进程进入加速期、城市发展更趋集群化、融合化之后国家的城市与区域重大战略已经发生了根本性的转变，按主体功能区对国土和大区域进行系统规划、科学分工，尤其是从城市群的内部层级与分工体系来细分都市圈、发展走廊，强化城市之间、城镇之间的深度连通，以处理好集中与分散、中心地带与相邻地区的协作关系，体现了国家层面的"顶层设计"作用。但是，跨地区超级城市群规划在推进实施的过程中，深度的互联互通会涉及行政、交通、经济、生态等多个领域，存在着多重利益纠葛，如何建立利益共享机制，形成协同发展的共识，并落实到实施方案和行动上，还是存在诸多新的挑战。从当前我国城市化、城市发展的政府主导空间规划的运作机制来看，要把握好三个方面的侧重点：

　　一是树立"城市群家族"的有机系统识别，在政府和市场的双重力量作用的平衡下，有序推进集群式、协同型的多中心区域建构。巨型发展区是超级城市群，未来将形成结构多元的庞大网状城市复合体。对一个有机的"城市群家族"来说，内部单元是存在"辈分"的，主中心、次中心、节点城市等，由行政层级、资源禀赋、经济实力、特色文化等多种因素聚合而成，充分认识自身所处的层级和节点位置，把握机遇、顺势而为，会加速提升自身的能级。大都市区、城市群的多中心规划实践已经证明，成功的都是政府强力主导，失败则是政府作用缺失。要充分尊重城市与区域发展规律，模拟市场运行程序，来进行周密的政策设计与科学的持之以恒的贯彻实施。政府应在前期完成使命后退出，让市场充分发挥后续的主导力量。

　　二是抓住高铁网络系统重塑中国城市群形态，以及高铁城市带逐步成为空间发展主轴的机遇，把次区域、节点城市发展重心朝高铁城市带靠拢或对接。进入"十一五"以来，我国开展的新一轮现代交通网络建设，高速铁路、城市轨道交通、航空航运交通的大项目建设，为区域发展、城市功能提升注入了新动力。一方面，快速的交通网络，特别是高速铁路的网络化，使知识、资本、技术等新产业的发展要素集聚的程度更高，中心城市、大城市的"虹吸效应"加剧；另一方面，高铁站、空港带动的新产业区，又成为新兴产业和现代服务业的新载体，再造城市与都市区的新增长点。在巨型发展区内，高铁是整合高端资源要素的"通道"，地铁和轻轨是促进大都市机体内部循环的"血管"。对外"通道"与内在"血管"的有机结合，能高速、高效率地整合发展的资源要素，培育出一个个新的"空间落点"，以缓解大城市中心城区压力，强化中小城市产业功能，增强小城镇公共服务和居住功能，推进大中小城市的产业互融和空间融合，促进合理的空间层级体系和特色性功能区的协调发展。

　　三是加大培育地方性的"创新单元"，由此构成跨越层级的网状创新空间，促进大都市复合体内部的结构重组与要素配置效率提升。城市群内部的协调发展与新增长平台的打造，需要宏观和微观两个层面的合力作用。从宏观方面讲，城市群往往跨域发展，因此离不开中央政府和地方政府、地方政府和地方政府之间横向和纵向的协调与合作，政府可以运用经济、法律、行政等手段，以制度创新来引导大区域与城市群的协调发展；从微观层面讲，区域一体化、城市群的协调发展，离不开强有力的"发展极"的带动，通过"发展极"的集聚、扩散以及创新作用的发挥，引导各种要素资源在城市群内部合理地广域流动，在各个城市、城镇之间形成发展梯度和分工协作，推动城市群合理的产业布局与空间体系的重构。因此，创新协同发展的组织模式，发挥地方单元的主观能动力，促进各种利益群体参与，建立完善的利益评判与分配、补偿机制，培养一个个充满创新活力的"创新单元"，倒逼整体系统创新。在一个巨型发展区的内部，只有各个层级的"群落"与"载体"形成生生不息的创新机制与生态环境，才能在聚合中强化协同性，实现各自利益的最大化，从而在更高层次上塑造出要素有序自由流动、主体功能约束有效、基本公共服务均等、资源环境可承载的跨区域协调发展新格局。[①]

五、中国城市群未来高质量协调发展的策略

（一）增强城市群的空间紧凑度

要"建设现代化都市圈"，首先应提高城市圈附近的空间紧凑度。受建设用地指标省内占补平衡及基本农田划定的影响，城市郊区普遍存在大范围的农业用地。这导致城市群内的城市间存在明显的空间间隔，而大城市的空间溢出效应又随着空间距离的增加迅速衰减。我国虽然这些年通过大力推进高铁建设、增加路网密度将城市间的时间距离大幅缩短，但与此同时也占用了大量农田，并且时间距离的缩短并不能完全替代城市间空间距离的减小。对于超大城市和特大城市（特别是城市群中心城市），应调整原有的城市空间布局及建设用地指标制度，扩大原有建设用地指标省际占补平衡的范围，重新调整基本农田范围。通过调整城市郊区用地结构，先实现小范围内的空间紧凑发展，再将小范围内的空间紧凑发展扩展为大空间范围内的紧凑发展，这更有利于人流、物流、信息流和资金流的交换，以中心城市带动整个城市群的发展。

（二）提升成熟型城市群的创新能力和创新效率

成熟型城市群是创新资源最为集中的区域，也是未来我国以高科技产业占领世界舞台的大本营。从内部来看，京津冀和长三角的创新投入产出相对较低，而珠三角创新投入产

---

① 李程骅，黄南. 中国城市群发展的新方略与动能再造 [J]. 南京社会科学，2018 (5)：11-19.

出最高。珠三角是三个城市群里落户限制最少、人员流动最自由的区域。相比而言，长三角和京津冀中，特别是上海和北京的落户门槛仍然较高，这对吸引创新人才非常不利。由于行业间薪资差异较大，移动互联网行业和金融行业成为资金和人才争相进入的领域。未来应引导更多资金和人才进入战略新兴产业，在高校专业设置、项目批准、落户限制等方面给予更多扶持和倾斜。通过吸引人才和增强人才专业技能缩小与一线国际城市和城市群之间的差距，通过战略新兴产业的发展增强我国在高科技领域的话语权。

（三）以城市圈或城市群为载体，推动生产要素市场化改革

一直以来，中国生产要素领域的非市场化被广为诟病，学界普遍认为这是抑制中国全要素生产率增长的一个重要原因。在人口层面，附着在户籍上的子女入学、养老、医疗、购房等福利使人一旦落户某一城市就很难迁移。未来应将户籍制度改革为一种登记制度，即只登记而不限制人口迁移，实现学籍、养老保险和医疗保险在城市圈内的一体化，尽量减少人口流动障碍。可以先在城市圈进行试点，再逐步在城市群内推广，最终扩大到全国层次，彻底消除人口流动障碍。在土地层面，将城市新增建设用地增减挂钩试点放大到城市群范围，更大范围内的土地指标自由流动有利于发达地区提高城市密度，实现规模经济，而相对落后地区则可以获得新增建设用地的补偿资金，更好保护生态环境。

（四）鼓励人口向城市群流动并落户，允许其以宅基地指标换取相应的城市福利

流动人口落户城市可以推动消费升级，更容易实现"双循环"，家庭整体落户也增强了流动人口的幸福感。与此同时，我国目前建设用地面积约395865平方千米，而其中城市建设用地面积只有56075.9平方千米，占建设用地面积的14%，还有86%的建设用地以村镇建设用地形式存在，其中大部分是宅基地。随着我国城市化率日益提高，宅基地及其上面的房屋闲置情况非常普遍。如果流动人口进城落户能将其宅基地指标也带入城市换取相应福利，将大大节约建设用地面积。在此过程中，城市可以通过建设用地增减挂钩制度获得大量新增城市建设用地，流动人口可以获得住房或养老保险等各种福利，这推进了公共服务均等化，实现双赢。

（五）使建设用地指标等生产资料与人口流动方向相匹配

效率最高的生产方式是使生产资料之间相互匹配。虽然成熟型城市群是人口流入最多的区域，但建设用地指标和固定资产投资却更多投入发展型城市群和形成型城市群。生产

资料错配带来的直接效果就是生产效率降低。实际上，规模越大的城市，集聚效应越明显，人均需要的新增建设用地面积越小建设用地指标向大城市集中更有利于全国范围内的新增建设用地指标节约。同时，不必固于传统的经济空间平衡的观点，经济在空间上从来都不可能平均发展，将地均平衡观点转化到人均平衡上来更有利于经济高质量发展。

（六）确定官方的城市圈和城市群界定标准，做好城市群统计

我国早在 2006 年 "十一五" 规划中就提出 "要把城市群作为推进城镇化的主体形态"，但现在尚无官方的城市圈和城市群界定标准，更无相关统计，与美、日、加、英、澳等发达国家有较大差距。制定城市圈或城市群的相关标准并定期统计，一方面可以更好地服务于政府决策，另一方面也有利于学术研究的发展。从目前发布的各城市群规划来看，城市群除包括地级市外，还包含县级市或自治州，地方政府和学者很难通过现有的统计数据准确了解城市圈的发展状况，特别是城市群内人流、物流、信息流、资金流的交换状况。官方出台相关标准并进行统计，将有利于更精准地制定城市群相关政策，促进城市群健康高质量发展。

"十四五" 时期是中国经济高质量发展的重要时机，应推进 "以人为核心" 的新型城镇化，推动中国城市群向紧凑、集约、高效的方向发展。成熟型城市群创新能力和效率的提高将引领中国科技腾飞，鼓励生产要素集中与人口流动方向相匹配将进一步解放生产力，而城市群统计将服务于区域经济决策，进一步引领中国经济高质量发展。①

第四节　新时代空间规划以人为本的思维路径

以人为本的规划的 "人" 是个理性的动物，有理性也有物性。理性驱使他保持自存与共存的平衡，物性带引他聚焦于具体的物质需要和追求，包括经济、社会、生态、生理等各个层面。这些需要和追求有一定的空间维度，也就是他通过在空间上的接触去满足这些需要和追求：农民到田里耕种，购物者去商场买东西，学生到学校去上课，工人去工厂上班。这些活动都发生在空间上：耕地、商场、学校、工厂。耕种是农民与耕地的接触，买东西是购物者与商场的接触，上课是学生与学校的接触，上班是工人与工厂的接触。在这些空间的接触上人用他的物性去衡量安全、方便、舒适和美观，也就是 "人的尺度"。人以他的体能、官能、感觉、经验去衡量快慢、大小、高低、远近、明暗等，人的眼睛视野

---

①　李文静. "十四五" 时期中国城市群高质量发展的思路与策略 [J]. 学术研究，2021（1）：90-96.

是上 27°，下 30°。在这范围内，一目了然，无须东张西望，有安全和舒适感。因此，如果路宽 20m，从一边望过另一边，高度 12 ~ 13m 的楼房（sin27° + 1.5m 眼睛离地高度）是最"顺眼"。

正常人谈话的声音传播距离约 2.5m，超过这距离就要提高嗓门才可使对方听到。因此，2m 左右的圆桌是谈话的极限，也就是 10 ~ 12 人坐在一起。成人走路的正常速度不超过 4.5 千米/小时，而且越走会越累、越慢，所以步行范围超过 45 ~ 60 分钟就会觉得太远、太不方便。这些都是绝对科学的。

人追求空间接触机会（但也避开负面的空间接触），他的物性决定他追求那些空间接触，去满足他对生活、生产、生态的追求。放在国土空间的维度上就是安全、方便、舒适、美观。规划就是通过匹配土地与用途去使人满足和满意。

以人为本的国土空间规划是以满足人的理性和物性为指导原则的规划。它的起点在人：人的正常理性、人的共通物性。终点也在人：人与人之间自存与共存平衡的人居。因此规划的实践要考虑"人"与"居"。

人是种"身份"的理念——通过聚居去追求空间接触机会者。他的身份是综合人、事、时、空而定的。"人"可以是"个人"也可以是"个体"（例如家庭、企业、社团等），如果是个人，他的基本属性是年龄（孩童、少年、青年、壮年、老年等）、性别（男、女）、生命阶段（成长、成家、生儿育女、空巢、独处等）；他的偶然属性会是经济条件、社会地位、教育水平等。如果是个体（例如企业），它的基本属性也是年龄（主要是规模大小）、性别（主要是业务类别）、生命阶段（主要是发展阶段）；它的偶然属性会是资本实力、行业地位等。基本属性决定追求的空间接触机会；偶然属性支配追求的能力与方式。基本属性不可改变。也就是，特定的性别、年龄、生命阶段有特定的空间接触追求，例如，有小孩的家长一定会为孩子追求好学校。他的收入多少、教育水平、住在哪里不会改变这个追求，这些只是追求的约束和条件，是他的偶然属性，可以改变。规划的作用就是改变这些偶然属性，特别是他的空间条件和约束（相对其他条件和约束，例如经济、社会）去提升他的空间接触机会。

"事"是指这个"人"追求的空间接触机会（类别），如合适的上学距离、合适的通勤时间等。"时"是指这个"人"所处的时机，如城市急速发展期或逐渐衰落期。"空"是指他所在的空间，如大城市或小乡村。"居"是个空间接触，每一个"人"都可以同时有多层身份。他可以同时是学校选址时的家长和工厂选址时的老板。而且这些身份是动态的，随着当事人的人、事、时、空的改变而改变。每个"人"同时是空间接触机会的追求者和供给者。学生家长为孩子追求学位的同时为学校供给学生，学校追求学生的同时供给学位。同样地，工人追求职位的同时供给劳动力，工厂追求劳动力的同时供给职位；顾客追求商品的同时供给消费力，商场追求消费力的同时供给商品。他们追求和供给都取决于他们的基本属性。机会的载体，是不同的人对空间接触机会的追求和供给的交易之所。人聚居是为了增加空间上的接触机会；人聚得越多、越密，接触机会越大（相对于追求的气力）；但同时，人聚得越多、越密，生活空间也可变得越紧张、环境素质越差。不同的"人"寻找不同的空间接触机会，不同的人居供给不同的空间接触机会。在特定的经济模式、社会结构和政治体制下，特定人居类别将是特定空间接触机会的供、求交汇点。每个人居类别会产生不同的空间接触机会，吸引不同类别的"人"；每个特定类别的人居会使某类别的"人"得到最大的满足。

"居"包含三个变量：人口规模、人口结构、人居密度。首先，人口规模肯定是人居规模的基本变量，而人居规模也肯定是空间接触机会的基本变量。其次，"人"会以最省力的手段去追求最优的空间接触机会。

他会主观地判断什么是他的正、负接触，理性地选择最能满足他需要的人居。但他的年龄与生命阶段也在不断改变，改变他的追求、改变他创造给别人的空间接触机会。在一定的时空里，一定的人口规模下，一个人居会由不同的"人"组合，他们追求和提供不同的空间接触机会。因此，人口结构也应是人居的基本变量。通过观察和比较现有的人居类别（按人口规模定义）和居民的满意程度（对空间接触机会的满意程度），我们应该可以分辨出哪类人居吸引哪类"人"。再次，人口多、密度高自然会产生更多的空间接触机会（正与负）。人居密度直接影响空间接触机会，是规划工作的焦点。可用的手段包括土地部署、道路系统、功能等级、园林格局、楼层分布、城市肌理，等等。

把理性"人"以最小气力追求最高自存/共存平衡演绎在国土空间规划上就是"人""通过聚居"去"追求空间接触机会"的"最优化"："通过聚居"是因为人是理性的群居动物，知道在聚居之中自存与共存会相得益彰，会使他生活得更美好；"追求空间接触机会"是因为空间接触是美好生活的必要条件（当然这包括追求正面空间接触和避开负面空间接触）；"最优化"就是自存/共存的最高平衡。换句话，"以人为本"的国土空间规划就是以尊重人的尺度，按自存与共存平衡的法则去建设和管理合适的"居"。

第五章 新常态下国土空间规划新理念及技术方法

中国新时代开启全面建设社会主义现代化国家新征程。作为新时代的国土空间规划，既是传统经济、土地和建设三类空间规划的传承，也是满足从"物质文化需要"向"美好生活需要"转变，从解决"落后的社会生产"向"不平衡不充分的发展"的问题转变的新制度设计，国土空间规划的理念与技术创新至关重要。

第一节　土地资源安全评价与安全保障

一、土地资源安全评价

土地资源安全评价是针对土地利用的宏观结构调整与布局对环境与生态的可能影响做出的预测性评估，对于避免规划造成的环境影响和维护区域土地资源安全有着重要意义。

土地资源安全评价实质是一个综合型的系统，其把与土地资源开发利用相关的人口、经济、资源与环境等诸因素组合起来进行综合评析，以保证土地资源可持续利用的一个有机整体。该系统的主要目标是分析土地资源与社会经济可持续发展的关系，寻找土地资源管理体系运行的最佳状态，保障土地资源安全促进社会经济可持续发展。系统的主要功能是对土地资源进行评价，包括土地资源安全信息的收集和管理、土地资源安全综合评价和土地资源安全管理决策。土地资源安全虽然是一个复杂的概念，但基于土地资源的特点，我们可以将土地资源安全的内容简化为土地资源供求之间的矛盾、人类活动对土地资源质量的影响和土地生产力等三个关键方面。在实际当中根据具体情况内容有所侧重。

（一）土地资源安全评价概述

土地资源安全评价系统是一个典型的人口、经济、资源与环境的复合系统，影响土地资源安全的因素也分布在这几个方面。在实际当中，常常选用相关代表性指标进行综合评价，来体现区域的土地资源安全度。

从一定程度上讲，对区域土地资源安全状况的分析和评价，其重点的分析和评价的内容是这一区域土地资源系统的稳定性和安全性所在；此外，还有对此的评价和研究分析的另一项重点的内容就是对这一系统的连续性分析和研究。综合来说，对区域土地资源安全状况的分析和评价的主要内容不仅包括这一系统的完整性和稳定性，同时还有系统本身的连续性。

从全球的国际研究学者的研究来看，土地资源安全评价的研究是从土地质量评价开始的，对土地质量的评价全球范围内是存在一定程度的研究成果的。

1993 年，联合国粮食与农业组织（简称 FAO）发表了《可持续土地管理评价大纲》，对生态和可持续这两大类概念进行了定义和综合解释分析，从而引导出了生态安全的概念和研究的意义所在；在 1995 年，FAO 又连同联合国开发计划署（UNDP）和联合国环境规划署（UNEP）发布了《土地质量指标》。

从最近几年以来的研究成果来看，这些研究成果综合了各个层面的研究，建立了一系列的土地资源安全研究体系，构建了初步的相关理论基础。这些研究理论内容概括来说，主要包含以下几个方面：（1）土地资源安全性研究；（2）土地生态服务价值研究；（3）土地资源安全评价研究；（4）引起土地资源安全变化的相关因素的研究。其中，土地资源安全评价研究是以上四类内容中最为重要的研究内容。

在人类社会的协调可持续发展中，土地资源安全评价起到的作用非常重要不可忽略。土地资源安全评价能够从一定程度上表现出这一区域的土地资源安全状态，因此对研究区域内的土地资源安全状况起到一定的监管、检测、预防、报警作用。截至目前，从很多研究内容来看，还没有对土地资源安全的概念做出统一的规定，因为对它的研究的层面参差不齐、各有所重，如从研究对象来看，分析自然地理的研究区域和社会活动的研究区域；从各层面的要点来看，有评价指标体系、方法等。[①]

（二）土地资源安全评价指标体系

对这一体系的研究，最早的还是源自加拿大，这一学者提出了 PSR 模型（压力—状态—响应），PSR 模型的最基本的理念就是人类社会活动能够给生态环境的发展带来一定的阻碍作用，而这种阻碍作用随之发生着各种变化，同时，区域内的人类采取各种手段对

---

① 邰鹏宇. 基于系统动力学的区域土地资源安全评价研究——以南京市为例 [D]. 南京：南京工业大学，2016.

生态环境改变后的状态作出对策，以便对由社会发展带给生态环境的相关破坏逐渐得到减少，有利于向全面实现科学、可持续发展的基本理念和状态靠近。这一模型表现出了人类社会和生态环境的相互影响、相互依赖的复杂关系体系。针对土地资源安全评价指标体系的研究，综合来看，有以下几个方面：

（1）王楠君、吴群等①通过对土地资源安全的形势和影响分析，建立了以土地资源经济安全、耕地安全、土地生态安全为准则层的土地资源安全评价指标体系，同时对这一指标体系进行了解释和说明。

（2）李四林、王海峰②从价格的角度对土地资源的内涵进行分析的基础上，建立了以PSR 为基础和从城市扩张、社会发展、质量价值、环境价值等多个因素出发的土地资源价格安全评价指标体系。

（3）黄辉玲③在分析和论述了土地资源安全评价标准的基础上，建立了以人均耕地面积、土地人口容量、生态足迹等四个方面的若干个指标的土地资源安全评价指标体系。

（4）丰雷、郭惠宁等④建立了以土地资源数量安全、质量安全、结构安全、效率安全、价格安全为准则层，以人均耕地面积、人均建设用地面积、森林覆盖率等为指标层的土地资源安全评价指标体系。

（5）曾乐春、李小玲等⑤以广州为区域的研究范围，利用上述说到的"PSR 模型"，构建了以土地、生态环境、社会经济这三个因素为基础的土地生态安全评价指标体系。

（6）陈松林等⑥以福建省为区域的研究范围，在"PSR 模型"的基础上，运用多种分析方法相结合，建立了土地生态安全评价的指标体系。

（7）刘勇等⑦通过对相关观点的研究，形成了以土地自然生态安全、土地经济生态安全、土地社会生态安全为系统层指标的土地资源生态安全评价指标体系。

综合分析来看，我国国内对这一研究的起步比较晚，起始点主要是从生态环境景观的

———————

①　王楠君，吴群，陈成. 城市化进程中土地资源安全评价指标体系研究［J］. 国土资源科技管理，2006（2）：30-33.

②　李四林，王海峰. 论土地资源价格安全评价指标体系及其构建［J］. 湖北行政学院学报，2011（3）：64-68.

③　黄辉玲. 土地资源安全评价的指标体系及其利用［J］. 农机化研究，2006（1）：61-62.

④　丰雷，郭惠宁，王静，等. 土地资源经济安全评价研究——以上海市为例［J］. 中国软科学，2011（1）：87-96.

⑤　曾乐春，李小玲. 土地资源生态安全评价及分析——以广州市为例［J］. 国土与自然资源研究，2011（4），56-59.

⑥　陈松林，戴菲，福建省土地利用效益动态变化研究［J］. 亚热带资源与环境学报，2011（2）：64-69.

⑦　刘勇，刘友兆，徐萍. 区域土地资源生态安全评价——以浙江嘉兴市为例［J］. 资源科学，2004，26（3）：69-75.

利用布局、土地利用模式的优化、土地资源的利用方式和发展时间等几个大的方面和因素①，设定的研究区域分散在我国各大城市中，区域遍及比较广。随着时间的推移，越来越多的研究者和学者逐步向土地资源安全的研究靠近，并定义研究区域。这些研究主要以人类社会、经济发展的需要为出发点，围绕区域土地资源安全问题，开展了各项相关的研究。

对土地资源安全评价指标体系的研究，还有以下几个方面：

（1）郭凤芝等②建立了以土地资源的质量、承载力等为核心思想的土地资源安全评价指标体系。

（2）曲衍波等③研究并建立的土地资源生态安全评价指标体系分为了四个层次，即农村、城乡、社会和城镇层次。

（3）王楠君等④研究并构建的指标体系，从四个方向进行研究和分析，这四个研究的方向分别是制度、经济、生态和耕地。

（三）土地资源安全评价的研究方法

上述的分析可以看出，对土地资源安全的研究开始时间较晚，因此对此评价方法的研究更是很晚，而且研究的成果较少，很多研究者们不断进行探索和创新，参考类似或相关行业的研究方法，逐步研究并提出了一些评价方法。主要有以下几个大的方面：

（1）张清军等⑤在单项指标评价的基础上，建立了土地资源经济安全评价的综合权重确定指标法评价模型，并以河北省和实证案例进行了分析。

（2）张升元等⑥在对土地资源安全概念研究和分析的基础上，运用综合赋权法构建了土地资源安全评价中相关指标的权重，然后采取了物元分析法以武汉市为例进行了土地资源安全评价研究。

---

① 刘孝富. 基于 PSFR 模型的东江湖流域生态安全评价［J］. 长江流域资源与环境，2015（1）：52-54.

② 郭凤芝. 土地资源安全评价的几个理论问题［J］. 山西财经大学学报，2004，26（3）：61-65.

③ 曲衍波，齐伟，束宏，等. 小城镇土地生态安全评价方法及应用——以山东汶南镇为例［J］. 安徽农业科学，2006，34（5）：998-1000.

④ 王楠君，吴群，陈成. 城市化进程中土地资源安全评价指标体系研究［J］. 国土资源科技管理，2011（2）：28-31.

⑤ 张清军，尚国琲，秦岭，等. 区域土地资源经济安全评价——以河北省为例［J］. 南方农业学报，2012，43（7）：178-182.

⑥ 张升元，于靖，罗洋洋，等. 基于物元分析法的武汉市土地资源安全评价［J］. 湖北大学学报（自然科学版），2012，34（4）：38-43.

（3）王强等①提出了针对草地这一相关领域的土地生态安全综合评价指数法。

（4）罗贞礼②以湖南省为研究区域，选取了相关的二十四个相关指标，采取系统聚类分析法对选取区域的土地资源生态安全进行了评价分析。

（5）田克明③针对我国的农业用地领域建立了一套具有实施性意义的系统聚类法。

（6）王双④提出了对土地生态安全评价的 BP 神经网络评价方法，可以跨越传统评价中的专家打分环节，在一定程度上避免主观因素对结果的影响。

（7）张琪⑤提出了对某一时间序列内区域土地生态安全评价的综合指数法评价方法。

从目前来看，针对土地资源安全评价的研究方法主要有综合权重确定指标法评价模型、物元分析法、综合评价指数法、系统聚类分析法、BP 神经网络评价方法，评价方法原理呈现多样化趋势。

二、土地资源安全保障

（一）土地资源安全保障体系构建

1. 构建思路

以科学发展观为统领，按照建设节约型社会和可持续用地的原则，通过科学的用地预测，构建合理、有效的国土资源开发利用与土地资源空间配置模式，从而正确协调农用地与各项建设用地之间、各部门之间的用地矛盾，为计划、因地制宜地合理安排农业和非农业用地，最大限度地保护中原经济区耕地特别是基本农田，最大限度地保障各行业发展对建设用地的合理需求，提高国土资源对于中原经济区建设发展的支撑保障能力。

2. 构建原则

（1）优化土地资源利用的结构和布局。

落实最严格的耕地保护制度，严格控制各类建设占用耕地。从严控制城镇建设空间的过快扩张，集约利用工矿建设空间，整合农村建设空间，完善农村基础设施和公共服务设施。适度扩大交通设施空间，构建现代化综合交通体系。合理调整城市空间的区域分布。

---

①　王强，杨京平. 我国草地退化及其生态安全评价指标体系的探索 [J]. 水土保持学报，2007，17（16）：27-31.

②　罗贞礼. 土地利用生态安全评价指标体系的系统聚类分析 [J]. 湖南地质，2006，21（4）：252-254.

③　田克明，王国强. 我国农用地生态安全评价及其方法讨论 [J]. 地域研究与开发，2007，24（4）：79-82.

④　王双. 不同评价方法下的土地生态安全评价的比较研究——以玛多县为例 [J]. 北大报，2015，28（2）：77-78.

⑤　张琪. 富裕县土地生态安全评价 [D]. 哈尔滨：东北农业大学，2015.

（2）集约高效利用土地资源。

引导人口相对集中分布、经济相对集中布局，走土地资源集约利用的发展道路。严格控制土地资源开发强度，合理确定土地资源开发布局和时序。结合河南省国土空间的主体功能，实施差别化的空间开发政策，充分利用现有建设空间，以集聚促集约，推进粮食生产核心区全面快速发展。

（3）保护和改善生态环境。

工业化、城镇化开发必须建立在对所在区域资源环境承载力评价的基础上，严格控制在土地资源和生态环境承载能力和环境容量允许的范围内。根据土地资源利用特点，以保护自然生态为前提，以土地资源承载能力和环境容量为基础进行有度有序开发，走人与自然和谐的发展道路。

（4）统筹协调开发土地资源。

按照人口、经济、资源环境相协调以及统筹城乡发展，统筹区域发展，统筹省、市、县、乡、村发展，统筹地上地下土地资源利用的要求进行资源全面开发，合理安排交通、水利等基础设施的建设规模、布局、密度，促进人口、经济、资源环境的空间均衡。

3. 分类构建模式

杨建波等[1]在粮食生产核心区土地资源安全保障体系构建一文中以河南省为例提出分类构建模式。

（1）耕地。

严格保护耕地特别是基本农田，确保完成全省耕地保有量和基本农田保护面积责任目标。要重点保护好东部黄淮海平原、南阳盆地、豫北、豫西山前平原优质耕地，以粮食生产核心区建设为契机，全面提高耕地质量，推进粮食生产区域化、专业化，建设全国重要粮食、棉花、油料等生产基地。依据全省经济社会发展规划和河南省农用地分等定级成果，科学调整基本农田布局，在为经济社会发展留出必要的、合理的用地空间的同时，把质量较好的一般农田优先补划为基本农田，保证基本农田数量不减少、质量有提高。

（2）园林地。

稳定粮食核心区园地面积，大力发展"名优特新"产品，不断提高园地质量。园地重点向豫西丘陵山区、南阳盆地边缘岗地区、南部丘陵山地发展。在豫西北部的太行山、西部的伏牛山以及南部的大别山和桐柏山等山地丘陵区，坚持生态效益优先，大力加强对天然林和公益林的保护，重点营造水源涵养林、水土保持林、名优特新经济林、生态能源林

---

① 杨建波，王莉，温锦盼. 粮食生产核心区土地资源安全保障体系构建 [J]. 天津农业科学，2017，23（9）：51～54+58.

等。在黄淮海平原及南阳盆地的平原农业区，重点建设高效的农田防护林体系，以保障农业生产能力，同时大力发展工业原料林。生态廊道中的景区道路、南水北调干渠两侧、高速公路出入口等重要地段，实行乔灌花草相结合，扩大常绿树种比例，提高绿化美化标准和景观效果。

（3）城镇工矿及村庄用地。

促进"一极、两圈、三层、两轴、四带"的城镇空间结构的形成，建设"向心布局、集群发展、两规（城镇体系规划和村镇规划）衔接、五个层次"具有河南特色的现代城镇体系。合理布局农村居民点。加强村镇建设规划和布局，改造旧村镇，重点建设中心村，合理归并自然村，引导农村住宅建设适当集中，提高供排水、电力、道路、卫生等设施配套水平。对城中村、产业集聚区内的村庄进行优先改造和迁并。

（4）交通运输用地。

建设畅通中原，打造服务东融西拓、全面开放的战略性通道。构建交通枢纽体系。推进郑州东站、郑州航空港、郑州火车站三大客运枢纽和内陆无水港建设。改造提升洛阳、商丘、南阳、信阳等地区性综合交通枢纽地位。加快铁路运输网络建设。完善公路网络。推进航空体系建设。大力发展通用航空产业，形成以郑州机场为中心，洛阳、南阳、商丘、明港、豫北、鲁山等机场为辅助，以干带支、干支协调、客货并举的民用航空运输体系。

（5）水利设施用地。

完善防洪减灾体系，建立现代化水利支撑保障体系。建设河口村水库、出山店水库和前坪水库等大型洪水控制工程，全面推进汝河、贾鲁河、沙河、北汝河、金堤河、卫河等骨干河道治理，加快淮河流域重点平原洼地治理及淮河、海河流域蓄滞洪区建设。推进南水北调中线工程及受水城市供水配套工程建设。

4. 实施土地资源安全保障途径

（1）大力推进村土地综合整治。

改变农用地整治项目分散、规模偏小和单一部门管理的现状，以实施土地整治重大工程为重点，在成规模的基本农田范围内特别是粮食主产区，有计划、有步骤地开展大规模整治。在增加耕地面积的同时，按照"田成方、林成网、路相通、渠相连、旱能浇、涝能排"的标准，建设一大批成规模的土地整理项目区。

（2）从严控制城镇新增建设用地规模。

城市建设要按照循序渐进、节约土地、集约发展、合理布局的原则，科学确定城市定位、功能目标和发展规模，大力发展节地型产业、节地型建筑和紧凑型城镇，避免因盲目投资、过度超前和重复建设等浪费土地资源。要进一步完善各类工程项目建设用地标准，合理确定建设项目供地数量，核减不合理用地。

（3）着力提高存量建设用地利用效率。

制定完善"城中村"改造的政策措施，加快推进旧城区和城中村改造，加大市、县（市）建成区内棚户区、旧住宅小区和传统商业区的改造力度。污染严重、干扰居民生活的工业企业或仓储用地，以及符合产业政策但不适宜在城市市区生产经营的工业企业要逐步迁出，原有用地按照城市规划重新安排使用。鼓励工业企业在现有厂区进行技术改造和产业升级，在符合规划、不改变用途的前提下，企业利用存量建设用地改扩建成多层标准厂房、提高土地利用率和增加容积率的，不再补缴城市基础设施建设配套费，不再增收土地价款。

（4）严格清理处置闲置建设用地。

农用地转用被批准后，满两年未实施具体征地或用地行为的，批准文件自动失效。超过《土地出让合同》约定或《土地划拨决定书》规定的动工开发期限尚未动工造成土地闲置满一年的，按出让或划拨土地价款的20%征收土地闲置费，并按国家规定征收增值地价。土地闲置满两年的，经市、县级政府批准收回后重新安排使用。对省政府已经批准的城市和乡镇批次建设用地，因城市和乡镇规划调整、原申报的土地用途或用地意向项目发生变化、项目选址有特殊要求需重新选址等原因尚未实施征地的新增建设用地，可以按照城市和乡镇批次用地方式调整建设用地区位。

（5）有序推进土地集约节约利用。

有序增加建设用地流量，提高建设用地利用效率。加强产业与用地的空间协同，合理调整建设用地比例结构。鼓励划拨土地盘活利用，完善工业用地出让最低价标准相关实施政策，建立有效调节工业用地和居住用地合理比价机制，提高工业用地价格，优化居住用地和工业用地结构比例。推动城乡土地综合利用，大力推进城镇低效用地再开发，强化开发区用地内涵挖潜，因地制宜盘活农村建设用地，积极推进矿区土地复垦利用。加强建设用地全程监管及执法督察。

（二）增强我国国土资源安全的对策

1. 创建国土资源安全保障体系

国家要创建一系列相关的保证国土资源安全的体系，要在国土资源的开发利用、调查维护方面有一定的可操作性，预防土地正常功能的丧失造成水土流失、土地退化等此类现象的发生。体系要注重涵盖保护土地的生产等基本功能，通过对土地资源进行调查评价以及最后的开发保护来改善国土资源目前状况，实现土地资产的价值化，提高国土资源在新形势下的有利作用，促进我国国民经济的快速发展。

2. 注重国土资源开发与保护一体化

鉴于目前我国国土资源严重不足及土地问题的严重化，通过国土资源的开发来拓宽国土资源的来源渠道是至关重要的，而同时必须注重土地资源的保护，否则，进行再多的资源开发也是无法满足生产发展的需求，而在具体措施的采取上，必须要结合不同土地及矿物质资源的使用及破坏情况进行综合性的治理，能合理有效地开发出新资源，又要确保实施保护措施，争取使国土资源的开发和保护能满足可持续发展的要求。

3. 完善相关法律法规，加强政府宏观调控力度

市场机制的建立健全在国民经济的发展中起着重要的作用，但设置并完善相应的法律、法规则能更加有效地实施对国土资源的健康引导和调控，法律法规要注重耕地占用的补偿措施，要考虑到农田保护尤其是优质农田的保护，引导土地利用模式由粗放型向集约型过渡，寻求国土资源的利用和环境保护、资源节约的平衡点。①

第二节 土地利用与耕地保护

一、土地资源高质量利用

伴随我国高质量发展拉开帷幕，土地资源高质量利用不仅是贯彻习近平新时代中国特色社会主义思想、积极推进建设现代化经济体系的内在要求，而且是缓解我国新型城镇化下土地供需矛盾日益尖锐和土地稀缺性日益凸显的必要举措，还是优化国土空间开发格局、促进城乡一体化发展等的重要手段。②

（一）正确处理好整体与局部之间的关系

整体与局部是土地资源高质量利用最需要重视的关系之一。由于土地利用涉及一个行政辖区的社会经济全面发展定位、发展导向等问题，因此每一层次、每一区域的土地资源所涉及的范围不同、利用状况等不同，其所要求土地资源高质量利用的重点、目标、实现路径等也不相同。传统上，中央及地方政府强调战略眼光、全局观念利用土地资源，对于各行政辖区内部土地资源的尺度与尺度间、地类与地类间的协调性、空间一致性有待进一

① 齐亮. 合理开发利用土地 保障国土资源安全 [J]. 吉林农业，2015，(21)：115.

② 李骏文. 浅谈土地资源高质量利用应正确处理好的五个基本关系 [J]. 国土与自然资源研究，2021 (2)：29-31.

步加强重视。其次，整体与局部不仅是简单的包含与被包含关系，更加反映出的是自上而下的层级关系。实际工作中，地方政府土地利用的目标往往是根据中央政府为"标杆"制定的，这不仅体现出最终要达到"1+1>2"的整体效应，也表现出下一级与上一级的"步调"需要协调一致。鉴于此，正确处理好整体与局部的关系应以合理安排整体土地利用为基础，协调局部土地利用为关键，综合提升整体与局部土地利用的生态、经济和社会效益的统一，缩小城乡之间、区域之间发展的差异。

建议可以从以下原则出发分析和把握土地资源高质量利用的整体与局部的关系，重在逐渐深入具体问题的广度与深度分析，一是从"时空锥理论"角度厘清时间和空间上土地利用活动整体与局部的形成与发展过程；二是从资源合理有效配置与永续利用角度进行土地利用转型（包括土地利用显性转型与隐性转型）的整体与局部协调性、空间一致性的权衡分析；三是从规模经济角度解决土地低效、细碎化利用模式，重视土地适度规模利用；四是从动态管理与土地伦理原理审视"生态—生产—生活"用地整体与局部的改进方向。

（二）正确处理好供给与需求之间的关系

随着经济社会的不断发展，我国城镇化已进入"诺瑟姆S形曲线"的稳定增长阶段（"紧缩型"城镇化），GDP增长也逐渐放慢步伐。因此，在我国当前城市平面扩展严重受阻的环境下，面对土地资源短缺与错配问题，如何控制与调控土地资源供应的总量、结构、方式、时序，实现土地资源高质量利用是目前亟待解决的问题之一。建议可以从以下三个方面出发，逐渐深入进行具体问题分析。

1. 内涵挖潜

我国土地资源供需不平衡、利用强度不充分、利用程度不高效、利用绩效不均衡等问题依旧存在。高质量利用土地资源是寻求资源高效、节约集约以及永续利用的必要举措，通过创新与完善节约集约用地机制，优化用地结构与布局，促进地上、地下立体空间利用，推进建设用地减量化，着眼紧凑型高效、互利型用地的微观设计等途径盘活存量土地资源，指导调控土地资源供应总量与结构。

2. 供给引导

深度剖析与预测各类用途土地的供求关系，加大推进供给侧结构性改革、调整产业结构与促进产业转型升级等措施优化土地资源供应结构与时序安排。金倍认为，经济社会"高质量发展"相较于"高速增长"的实质性差别在于高质量发展的任何量化表达都可能与真实情况存在相当程度的偏差，因此度量土地资源高质量利用水平最应完善的是其评价指标体系的合理性。

3. 市场决定

《中共中央国务院关于构建更加完善的要素市场化配置体制机制的意见》中强调，完善土地要素市场配置体制机制，健全土地市场体系。因此，在满足国土空间规划与用途管制的条件下，要充分发挥市场决定性作用，积极努力建成城乡建设用地统一市场体制，推进城乡土地市场信息化平台建设，完善与创新土地资源供应方式。例如，浙江省温岭市探索创新"先租后让"模式进行工业用地供给。

（三）正确处理好发展与保护之间的关系

土地资源高质量利用的发展与保护之间的关系可以认为是一种博弈。发展与保护最为重要的任务，一方面是要适应经济由高速增长转向高质量发展的要求，以国土空间开发与利用方式转变推动经济发展方式转变，不断努力探寻出符合高质量发展的新途径；另一方面是坚持"以人为本"的新发展理念，力求在"发展中保护、在保护中发展"，加强国土空间治理，提升人居环境质量。

在贯彻新发展理念、生态文明建设的背景下，土地资源高质量利用发展与保护的博弈主要包括：在国土空间规划"三区三线"的边界、规模、结构与布局上进行博弈；在城乡发展、区域发展不平衡上进行博弈；在土地资源资产价值实现与国家、集体和个人土地增值收益分配上进行博弈；在土地资源高质量利用目标实现的先后顺序、主次关系上进行博弈；在土地利用传统行动观以及国土空间综合治理模式与合规律性、合目的性相统一和加强"自治""共治"的社会意识上进行博弈等。

（四）正确处理好政府与市场之间的关系

土地资源高质量利用的重点是改革与完善土地国家管理制度与市场配置机制，正确处理好土地资源高质量利用政府与市场之间的关系可以通过"扬长避短、因情施策，市场调控为主、政府干预为辅"进行控制。可以从以下两个视角进行理解。

其一，扬长避短、因情施策。政府与市场都会存在"失灵"，如何激活市场"无形的手"，用好政府"有形的手"实现土地资源高质量利用，这就需要针对特定环境、具体问题进行科学分析、测算与判断，以充分发挥政府与市场的有机组合优势，协同"两只手"为导向，引导与调控土地利用朝向更集约、更高效、更持续的方向迈进高质量发展。

其二，市场调控为主、政府干预为辅。处理好政府与市场掣肘关系，一方面通过深化"放管服"，加快政府职能转变等制度体制改革，与此还要视情调度政府的监管与服务职能和对经济活动的直接约束力，为土地资源高质量利用提供保障；另一方面通过健全城乡一体化土地产权体系、市场体系，完善土地要素市场机制，优化土地产权结构体系、市场结构体系，积极推进土地供给侧结构性改革，充分发挥市场在资源配置中的决定性作用。由此形成政府与市场调节的"二元呼应"。

（五）正确处理好刚性与弹性之间的关系

刚性与弹性是土地资源高质量利用不容忽视的内生关系。土地资源高质量利用是个复杂的系统工程，从广义上讲，"刚性"是对土地利用所进行必要的严格规定与管制，包括制度安排、规划控制和法律约束等；"弹性"是为满足合理发展需求对"刚性"所进行的适度调整与革新，如划定"三区三线"的界线、建立国土空间用途管制制度等。二者辩证统一，并且在一定程度上可以相互转化。譬如，规划的刚性与弹性。规划是对未来所做出的预见性安排和调控，因而长期以来，规划在时空尺度上与实际发展常出现"脱轨"。为适应经济社会发展需要而重新调整"三生"空间边界，由此刚性与弹性在一定程度上可以相互转化这就有了很好的说明。此外，还会涉及诸如我国城乡统一建设用地市场、土地增值收益分配、行使土地发展权的刚性管控与弹性许可等问题。

平衡刚性与弹性之间的关系应注意以下两点要求。一是从约束限制上说，刚性与弹性及其转化的依据和标准要具有科学性、合理性与规范性，就如生态保护红线、永久基本农田、城镇开发边界三条控制线的划定要科学合理，切勿主观臆断、立足于短期发展；二是从转化机制上说，弹性许可须以战略指导思想、长远全局导向为基础，完善刚性管控的不足与处理现存突出矛盾。目前，我国正积极推进《国土空间规划法》的确立与实施、进一步商榷与界定土地发展权的法律特征等方面，这些过程都离不开刚性管控的不断优化与弹性许可的调节；或者通过"替代刚性"，逆向转变思维模式，譬如为满足日益增长的人口对土地的需求，盘活存量土地增加有效供给和引导土地需求等方式替代城市平面扩张；为缓解地区性土地利用程度、利用效益、承载压力等不平衡的矛盾，采取在以往经济、行政、法律等手段的"限流"方式基础上，探索与创新如发挥地区特色优势、迁进迁出相关产业、设立"卫星城镇"等"分流"方式实现高质量利用。总之，土地资源高质量利用正确处理好刚性与弹性之间关系的核心应在于弹性的"分流"方面。

二、我国耕地保护与利用面临诸多挑战

中国农科院农业资源与农业区划研究所副所长周卫表示，面对人多地少的国情，我国采用高投入、高产出模式，加剧了土壤酸化和农业面源污染，迫切需要充分发挥农业科技的作用，推动耕地保护利用与地力提升，保障国家粮食安全和生态安全。

周卫表示，"十三五"期间，中国农科院坚持以科技前沿和国家战略需求为导向，持续加强基础理论创新、关键技术研发与重大产品研制，在东北黑土地地力提升与可持续利

用技术、南方低产水稻土改良与地力提升关键技术、典型红壤区农田酸化特征及防治关键技术构建与应用、主要粮食作物养分资源高效利用关键技术等方面取得了较大进展。

中国农科院牵头，全国相关单位联合攻关，明确了东北黑土地过去 30 年的有机质时空演变特征，定量评估高强度种植的影响，探明了有机物料长期利用效率，实现了土壤有机质定向培育目标的定量化。通过研究推广黑土地地力提升、水肥资源高效利用及种植制度优化等技术与规范，东北黑土地有机质提高了 12%~16%，玉米平均增产 5%。

"十四五"时期，中国农科院将加快建设国家耕地质量科学研究中心重大科技平台，全力推动全国农田建设综合监管系统运行，围绕东北黑土、南方红黄壤、北方旱地"三块地"深入开展科技攻关，开展土壤培肥与地力提升重大科技攻关，为国家耕地保护提供科技支撑。

三、我国耕地保护政策未来趋势

党的十八大、十八届三中全会、中央经济工作会议等对耕地保护工作提出了新的更高要求。这一时期对已形成的耕地保护体系进行了进一步的丰富和完善。2014 年 2 月，国土资源部发布了《关于强化管控落实最严格耕地保护制度的通知》，确保严守 1.2 亿 hm² （18亿亩）耕地保护红线、稳定实有耕地面积、并重耕地数量和质量保护等；10 月，国土资源部、农业部联合发布了《关于进一步做好永久基本农田划定工作的通知》，将城镇周边、交通沿线现有易被占用的优质耕地优先划定。2016 年 7 月，国土资源部发布了《关于补足耕地数量与提升耕地质量相结合落实占补平衡的指导意见》，以补充和提质改造相结合的方式落实耕地占补平衡。2017 年 1 月，中共中央、国务院出台了《关于加强耕地保护和改进占补平衡的意见》，对中国耕地保护及耕地占补平衡政策进行了实践总结和调整完善，极大丰富了耕地保护体系；12 月，国土资源部发布《关于改进管理方式切实落实耕地占补平衡的通知》，要求建立以数量为基础、产能为核心的占补新机制。2018 年 1 月，国务院办公厅更新了《省级政府耕地保护责任目标考核办法》，进一步拓宽了考核范围、加大了考核力度；3 月，自然资源部成立，形成了"山水林田湖草生命共同体"的构建格局。这一时期耕地保护上升到更高的层次，强调数量、质量、生态"三位一体"，强调耕地保护的全国统筹、协同发展。2014—2016 年，耕地年平均减少 6.8 万 hm²，年平均变化率为-0.05%。

（一）补充耕地全国统筹规范化

2017 年 1 月，中共中央、国务院《关于加强耕地保护和改进占补平衡的意见》具有里程碑的意义，《意见》指出耕地占补平衡可探索补充耕地国家统筹，向国务院申请批准。

耕地占补平衡制度自 1997 年提出以来，减缓了建设用地占用耕地的速度，对耕地保护有重要作用。历经 20 年部分地区由于后备耕地资源不足已难以直接实现建设占用和耕地补充之间的平衡，为保持全国范围内耕地数量的稳定，也为充分发挥各地自然、经济资源的突出优势，补充耕地国家统筹具有重要意义。这一举措还可以保障补充耕地质量，避免耕地后备资源不足地区强行补充耕地无法达到质量要求；维护国家生态安全避免受自然条件强烈限制地区为完成指标破坏生态环境等。

补充耕地全国统筹需要规范化。一是要制定明确的标准，严格界定耕地后备资源严重匮乏和补充耕地能力严重不足，最大限度地利用本地区内可利用的后备耕地资源。二是加大补偿力度保障补充耕地省（市、自治区）的利益。由于第一产业带来的单位效益远小于第二、三产业，应规范补充耕地指标调剂费用，以及产业转移、基础设施建设支持等其他扶持方式实施的标准避免扩大经济差距，调动保护耕地地区积极性。三是摸清各省区后备耕地资源情况和复垦、整理。耕地的潜力确保补充耕地省份在一定时期内足以完成本省任务，再向其他省份进行协调保证先进行规划、再补充耕地。

（二）完善耕地质量保护法律体系

目前国家耕地保护政策虽然对于质量保护的力度逐渐加强，但由于发展时间较短，且耕地质量相对数量来说更难量化、变化不明显，还没有形成完善的耕地质量保护体系，耕地质量保护效果差。一是政策大多是在强调注重耕地质量保护、提升耕地质量，但对耕地质量保护的具体方法和措施涉及不多，对破坏耕地质量的行为等也没有明确的界定；二是对于耕地质量保护的要求大多是作为政策的一部分，没有专门的法律对耕地质量保护的权责、奖惩措施和监督等做出规范；三是耕地的质量保护不如数量保护一般深入人心，农民对于耕地质量保护的法律意识淡薄且对保护方法等没有确切的认识。

未来耕地保护政策应继续规范质量保护体系。一是要明确破坏耕地质量的行为、保护耕地质量的方法等，为政策执行制定标准和规范；二是要制定专门的耕地质量保护政策，规范法律体系，从明确保护的权责主体、监测耕地质量变化，到奖励和惩罚保护和破坏行为、加强监督等各个方面通过立法的途径确立下来；三是加大普法和宣传的力度，让农民意识到耕地质量保护的强制性，并普及稳定耕地质量的方法，如化肥的使用规范等。

（三）调动农户保护耕地的积极性

目前耕地保护政策主要是通过由上而下推动实行的方式来进行，主要以政府行为和决策为主，而农户作为耕地保护的最小单位，缺乏保护耕地的主动性和积极性、参与程度不够，制约了耕地保护政策的实施效果。

　　未来耕地保护政策应充分考虑农户意愿，调动农户保护耕地的积极性。一是要提升农户在耕地保护中获取的效益，由于人均耕地越少，进行耕地保护性投入的概率越小，且获取的经济利益越低，为激发农户保护耕地积极性，还应继续推进城镇化建设、减少农村人口比例，同时加速耕地流转，扩大机械性耕作规模，保障农户在农业生产中获得的利益。二是充分发挥基层组织的作用，协调政府、企业与农户之间的关系，对耕地保护状况进行实时监管，既要规范农户行为，又要保证农户利益不受到侵害。三是要加大宣传、让农户认识到耕地保护的重要性以及能够为他们自身带来的好处，提高他们保护耕地的意识。同时通过普及相关的农业知识，开展技术培训，提升农户保护耕地的能力。①

第三节　蓝色国土管理

　　中共十八大报告指出："提高海洋资源开发能力，发展海洋经济，保护海洋生态环境，坚决维护国家海洋权益，建设海洋强国。"党和国家高度重视海洋工作，是因为海洋强国梦是实现中华民族伟大复兴的中国梦不可缺少的组成部分，海洋强国战略的实现关乎着国家和民族的生存与长远发展。

一、海洋资源概况

　　我国国土地域广阔，拥有众多的海域面积，从北到南依次包含渤海、黄海、东海和南海四大海域。在不同海洋地区，由于地理环境、自然环境、气候的不同而形成了多种多样的海洋资源，不仅有生物资源、石油资源、天然气资源、矿产资源、能源资源等天然资源，而且有滨海旅游资源等人为开发的资源。我国海洋中的生物种类多种多样，数量繁多，已知的生物就有2万多种，相当于世界海洋生物总数的十分之一。目前海洋生物资源多用于药材、食品、能源等方面，一些有独特功能的生物也用于电力、制造业等方面，有力推动了我国海洋经济的发展。在深海域中，深海石油资源是珍贵的矿产资源，目前我国已经勘测出200多亿吨的深海石油，虽然每年的开采量都在增长，但是总体仍处于一个较低的水平，还需要大力研发新的技术。在浅海域中，存在极大的金属资源和非金属资源，比如煤、锌、铜、铬等，广泛应用于工业生产。新型可燃冰的开发和利用是国际上的热点话题，我国拥有较多的新型可燃冰资源，但是受限于目前的开采技术水平，利用率并不

---

　　①　王文旭，曹银贵，苏锐清. 我国耕地保护政策研究：基于背景、效果与未来趋势 ［J］. 中国农业资源与区划，2020，41（10）：40-51.

高。除此之外，我国海洋经济的快速发展也离不开滨海旅游产业的快速发展，随着人民生活水平的提高，去海边度假也成为热门旅游项目。

二、海洋资源开发与综合管理

（一）当前我国海洋资源开发与综合管理的现状

改革开放以来，我国海洋资源的开发管理取得了一定的成就，规模不断壮大，技术水平也得到了显著提升，但是在某些方面仍旧存在着较大的不足，与发达国家相比差距还非常大，我们要准确地认清当前发展的现实情况，才能推动我国海洋资源更好地进行开发与综合管理。具体的不足包括以下四点。

1. 海洋观念落后，缺乏整体的规划和政策的指引

长期以来，人们习惯于认为海洋资源是自然力量所创造，没有对海洋资源存在经济价值的观念，这就导致了在海洋资源开发过程中无序，但是近年来这种观念逐渐淡化，国际海洋法的出台将1/3的海域划分到沿海国家进行管理，这也加剧了国家之间对于深海大洋的争夺。在此情况下，我国更加注重对海洋的开发利用，中共十六大上首次提出了海洋开发的战略方针，并逐渐把建设海洋强国作为我国发展的目标。但是，从整体而言，尽管国家领导层高度重视，但仍没有统一的、能够促进海洋资源可持续发展的规划和政策出台，对海洋工作进行统筹规划的能力还不具备。

2. 海洋资源浪费严重，无法进行充分利用

新中国成立之初的长时间计划经济以及重陆轻海的政策，使得我国海洋产业的规模相对较小，开发利用的技术水平较低，这就与发达国家产生了较大的差距，浪费严重。同时海洋开发与综合管理的科技储备不足，海洋产业结构的不合理，使得发展的矛盾更加突出，一些新型的产业没有经济的支持导致无法形成一定的规模，而传统的海洋产业产能极度落后，仍停留在粗放型，无法形成规模上的优势，加之各项技术的不健全，致使海洋资源的开发利用率极低，浪费程度严重，无法实现可持续发展。[①] 在一些海洋资源的勘探与开发上，受技术水平制约导致的不必要的资源浪费也是制约发展的重要因素。

3. 海洋污染严重，生态环境遭到破坏

近年来，我国海域不断受到污染，生态环境严重恶化，其中主要的生态问题包括环境污染、生物入侵、生境丧失、生物多样性大大减少。陆地污染物排海严重是造成海洋环境污染的重要原因，据监测显示，有八成之多的入海排污口存在环境污染，另外，围填海、

---

① 官玮玮. 中国海洋资源开发与海洋综合管理研究［J］. 科技创新导报，2016，13（22）：120-121.

养殖业的扩大等都直接导致了环境的破坏。随着近年来全球气候的逐渐变暖，也加剧了赤潮的发生，这些海洋环境的污染成为制约海洋资源开发与综合利用的重要因素。

4. 法律法规不健全，综合执法力度不高

海洋法律法规的建立是保证海洋可以有序开发、合理利用的基本保障，当前我国为了规范海洋资源的开发与综合管理先后出台了《中华人民共和国海洋保护法》《中华人民共和国海洋石油开发环境保护管理条例实施办法》《中华人民共和国渔业法》等法律法规，但是纵观这些法律，还未能形成一套完整的、系统的体系，在一些方面仍旧存在诸多漏洞。这就使得无论在立法上，还是监督与执法上都存在较多的不足，法律法规的不健全就使得综合的执法力度不高，在管理上存在交叉和空白，无法满足当前海洋资源开发与综合管理的需要。海洋资源权属不清楚，常常以行政权、经营权代替所有权的管理，没有明确的界定导致的不必要纠纷也阻碍了海洋的综合管理与开发。

（二）中国海洋资源开发与综合管理的措施

1. 建立综合海洋管理机制，推动海洋资源可持续发展

综合管理机制可以有效避免海洋资源的无序开发，使得开发和利用工作更有序、更规范，避免工作重叠和不必要的浪费。比如以国家海洋管理部门为主体，协调各方利益建立一个既对立又协调，相互制约、相互监督的管理体制，这样可以保障各部门的公平竞争，有效提高工作效率。此外，灵活转变海洋管理模式，例如可以实行"一级多层"管理模式，即统一领导、分层管理，杜绝交叉管理造成的人才资源浪费情况，弥补管理空白区，使海洋资源管理机制真正成为海洋产业健康发展的得力助手。①

2. 优化海洋产业结构，加大投资促进新兴产业的发展

我国多种传统行业都面临行业转型的态势，传统海洋产业也不例外。传统海洋产业的产业结构不合理，在开采的过程中，造成一定的资源浪费。想要推进海洋产业的现代化进程，就必须要进行产业升级，淘汰落后产能。一些传统海洋产业，比如海洋交通业、海洋捕捞业、海洋工业普遍拥有大量的劳动力，但是这些劳动力的整体素质水平却比较一般，也就是缺乏专业化的人才资源，开采技术不能及时更新换代，制约了我国海洋产业的创新发展。滨海旅游业、海洋医药是新型的海洋产业，一直是国际上关注的热点，尤其是海洋医药这方面，具有巨大的发展潜力，我国应该不断加强对其研究的资金支持和技术支持，使我国的海洋医药产业走向世界前沿，使我国的海洋产业在国际上能够站稳脚跟。

① 崔晓菁. 中国海洋资源开发现状与海洋综合管理策略［J］. 管理观察，2019，（17）：63-64.

3. 加强海洋资源的保护管理, 走创新发展之路

在经济发展的过程中一定会伴随环境污染问题, 海洋经济的发展也不例外。海洋污染不仅会造成生态恶化, 而且给沿海地区人们的生活带来不利影响, 所以在加强对海洋资源的开发和利用过程中, 一定不要忘记控制和治理污染问题。国家要制定相关规定, 以严格控制海洋排污量。对于海滨城市的治理要同时兼备生态和经济的发展, 打造环境优良的海滨城市, 吸引更多的人前来旅游, 促进当地经济的发展。值得注意的是, 预防的重要性大于治理的重要性, "防患于未然", 加强预防工作, 及时更换废水处理设备, 从源头上杜绝废水进入海洋中。治理不仅要花费大量的人力、物力资源, 而且治理的效果很难达到我们的预期目标, 所以要从根本上杜绝污染源。

4. 完善海洋资源开发与管理法律法规, 加强执法力度

国家应该从全局观念出发不断健全和完善相关海洋法律法规, 建立系统的海洋资源开发和管理体系。发达国家在海洋资源开发和应用方面比我们有更多的经验, 我们可以借鉴他们的先进经验, 结合中国实际情况, 融会贯通, 制定我们自己的、科学的海洋综合管理策略。目前已有的法律法规, 我们要加大执法力度, 充分发挥它们的作用, 使这些规定真正落到实处。

三、海洋权益管理

回望中国历史, 既有妈祖的传说, 也有抵御倭寇的壮举, 更有甲午战争的惨败。历史证明, 中国的耻辱和兴衰与海洋相连, 从 600 多年前郑和下西洋, 到晚清时倭寇入侵, 再到今天的海洋强国战略, 中国作为自古以来的陆权大国, 它的海洋权益意识一步步觉醒。如今, 实现中华民族伟大复兴的中国梦是党中央提出的重大战略, 其中建设海洋强国是实现这一战略的重要组成部分。在此背景下当务之急是加强对海洋权益的有效管理和维护。[①]

(一) 明确对海洋权益管理的定位

如王巧荣所指, 海洋权益管理是指: "运用国家力量或专门的管理队伍, 根据国内、国际海洋法律、法规对国家管辖海域实施有效管理, 防止外来侵犯以保证国家的海洋利益, 主要包括内水和领海主权、海洋专属经济区、大陆架、岛屿和公海资源的权益管理等。"要达到对海洋权益的有效管理, 首先要明确海洋权益管理下各部分权益的定位, 其中捍卫我国领土完整是海洋权益管理的首要目的。海洋权益下有关领海主权的部分最为重

---

① 马心怡. 海洋世纪下对海洋权益管理的思考 [J]. 管理观察, 2016 (19): 49-50.

要，应该在海洋权益管理中居最高地位。在海洋权益管理中必须强调我国领海一寸都不可相让，必须明确在海洋权益管理各部分权益之间关系的定位，使相关部门在对内水、领海、大陆架、岛屿各部分的权益管理时能相互配合，在对外涉海事务交涉中能据理力争。同时我们还要正确定位海洋权益管理在海洋强国战略中所处的重要位置。数据显示，一方面海洋为我国创造大量的财富。另一方面我国对海洋资源的依赖性，直接影响我国国家安全，所以只有在对海洋权益的有效管理基础上才能实现海洋价值的最大化，保证国家安全。因此，我们必须高度重视海洋权益管理在国家经济和国家安全中的地位。

（二）建立"多元合作管理机制"

在 2014 年 3 月底，菲律宾派出一艘运载士兵的渔船到仁爱礁运送补给。渔船上还安排了外国媒体记者随行。但当各国记者搭乘菲方船只抵达仁爱礁时，却收到了中国移动运营商发来的手机短信："欢迎来到中国！"此事让菲哗然。由此可见，中国手机运营商的一条短信，在舆论上声讨谴责了菲律宾的行为，一定意义上维护了我国的海洋权益。事实证明，在国外的海洋权益管理过程中，非政府组织的建议发挥了很大的作用，比如美国民间组织"皮尤海洋委员会"，它提出的《美国的活力海洋——规划海洋变化的航程报告》中，深刻剖析了美国海洋事业的航程，集中了渔业界、科技界、教育界、产业界等集体经验，在倡导保护海洋与海岸带生态系统的基础上，为美国制定新的海洋政策提供依据，使美国的海洋管理更加切合实际。

所谓"合作"是因为海洋权益管理的涉外性很强，不可避免地要处理与周边国家的冲突，这样一来，国际海洋权益管理合作就显得尤为重要。首先，应从航行安全、海上安保等方面，展开与南海东海黄海沿岸各国的合作，保证区域安全。其次，积极与沿岸国家展开睦邻友好经济贸易合作，提升我国的区域形象。最后，在合作的基础上，与周边沿岸各国逐步建立"突发事件联合预警机制"，妥善处理海洋权益纠纷。

所谓"多元"是指海洋权益的管理涉及内水、领海、大陆架、岛屿等各个方面各个部分，传统的单一的政府管理已经不适用于海洋权益管理，海洋权益管理的广泛性要求政府和社会组织、团体、公众共同参与海洋权益的管理，尤其是沿海地区的居民、企业、新闻媒体、社会组织，这部分力量不可忽视。因此，应建立合作多元的管理模式，加强公众参与海洋权益管理机制的建设，这样一方面可以集中民智，另一方面国家在展开海洋管理相关工作时也可得到公众配合。

（三）逐步提升海洋权益管理能力，细化管理职能

大部制改革后，虽然涉海部门有了一定整合，2013 年中央建立了国家海洋委员会，这

是目前国家海洋事务管理的最高层级机构。但其职能目前还局限在研究制定国家海洋发展战略，统筹协调海洋重大事项，执行管理能力较弱。

因此，可以从以下两方面入手：一方面，理顺海洋行政管理部门的权责关系，加强各部门在海洋权益管理方面的合作，提高处理海洋权益管理事务的能力；另一方面，完善相关海洋管理的法律法规，细化海洋管理，突出海洋权益管理的重要性，使海洋权益管理工作在实践过程中有理有据有法可依。

四、海洋执法管理

（一）海洋环境执法现状与困境

1. 海警机构调整带来的执法权行使问题

根据 2018 年《全国人民代表大会常务委员会关于中国海警局行使海上维权执法职权的决定》（以下称《决定》），中国海警行使海上维权执法职责，包括海洋生态环境保护执法任务。然而，目前除这一概括性授权外，海警行使海洋环境保护执法并无其他依据，具体执法活动面临诸多问题。

第一，根据学者统计，规定行政主体涉海执法权限的法律共计 24 部，每一部法律的制定和修改都需由全国人大常委会按照立法、修法程序进行。相较而言，《决定》的出台则依照不同程序。因此，通过《决定》对上述法律执法主体直接进行变更的做法，值得商榷。

比较国外立法，设立集中式综合执法队伍的国家也多通过法律针对具体监管事项明确进行授权。

第二，这种概括性的授权带来了对其一系列执法活动合法性、公正性的质疑。行政执法活动需有明确的权限，包括执法依据、执法程序、行政强制手段的使用及限度、陈述申辩权利的行使、自由裁量权的使用等。特别是在当前推行行政执法公示制度、执法全过程记录制度、重大执法决定法制审核制度改革的情形下，更加需要保证执法环节的合法性和公正性。但目前《决定》仅概括性地规定海警行使行政机关执法职权，很难在机制上保证对执法权力的监督。特别是海警机关同时可以行使公安机关相关查封、扣押和限制人身自由的权限，如何保证海警在执行其他执法事项时不超过授权直接运用其警察权力，也是一个问题。另一方面，行政机关对于其不履职的行为，在事实上很难进行监督。

第三，海警行使行政机关执法权限有一定的现实困难，需要在规则上进一步明确。例如，其行使执法权是授权执法还是委托执法？海警作为重要执法机构，国务院、部委制定涉及海上执法的行政法规、规章时，是否需要吸纳海警参与制定过程，是否需要采纳或在何种情况下不采纳其意见？对于一些主要由地方行政机关决定的执法事宜，如对罚没物的处置，海警依何规定执行？行政复议、行政诉讼的对象和管辖如何确定？对于应当吊销相关证照的执法活动，海警机构是否及如何提请相关行政机关吊销证照，部门之间如何衔接？①

第四，尽管海警划入武警部队，但从《决定》的授权范围看，其与武警部队在执行任务上差别较大，海警权力行使不仅限于安全保卫、秩序维护、抢险救灾等，而且是深度参与行政监管。因此，如《海警法》参照《人民武装警察法》制定，恐怕其从事执法活动的法律供给会严重不足。另外，《海警法》制定的同时，其他相关涉海法律必然要对其执法职权也相应进行修改、明确，保证相关内容之间不存在冲突和相互抵触。

2. 地方执法队伍整合后海洋环境执法职能的不确定

随着《近岸海域污染防治方案》《渤海综合治理攻坚战行动计划》等重要文件的出台，以及中央生态环境保护督察的持续推进，地方人民政府作为实现环境保护责任目标的责任主体，在入海河流治理、重点区域/海域环境治理、沿海滩涂/岸线管控、入海排污口监管、涉海工程监管等方面的监管任务不断加重。这些任务的实现不可能仅仅依靠陆域执法。可以预见，地方海洋执法队伍在近岸海域执法中将扮演更加重要的角色。

然而，随着海洋资源管理、渔船渔港管理和海洋环境保护在行政管理职能上的分离，执法队伍产生巨大变化，海洋环境保护执法职能存在不确定性和不稳定性。尽管目前地市级机构改革尚未完成，但已经可以看到存在多种不同整合形式：有成立一支海上综合执法队伍的，如广东省海洋综合执法总队，广东省政府授权其进行海洋环境保护、渔船渔港和海洋监察集中执法；台州市港航口岸和渔业管理局，下设执法队承担综合执法任务；有执法队伍归属于一个业务主管部门的，生态环境部门进行委托执法；有执法队伍归属不同业务主管部门的，保留单位建制；有执法队伍分属不同业务主管部门的，收编进入相应的综合执法队伍，如生态环境综合执法、自然资源综合执法、农业综合执法队伍等。

整体上看，尽管各有不同，但未来海洋环境保护执法很可能呈现出海上综合执法和委托执法两种主要的执法方式。而从现实情况看，目前大部分省区市生态环境部门尚未明确进行委托执法，委托权限、委托事项范围和内容等都不确定，造成地方海上环境执法存在一定真空，部分违法活动海监查处执法权限不足，一些专项执法行动未能很好地开展。

3. 陆上与海上执法之间的衔接问题

目前执法的另一个关键问题涉及陆上与海上执法力量的衔接。由于海上执法的特殊

---

① 张燕雪丹，崔金星. 海洋生态环境保护监管新格局下执法困境与破解路径 [J]. 环境与可持续发展，2020，45（4）：115-119.

性，对装备和人员的要求极高。生态环境综合执法队伍改革目前主要仍聚焦在陆域执法领域。因此，通过加强海陆执法队伍之间的协调衔接，建构完整有效的海洋执法队伍仍是主要趋势。

在传统执法行刑衔接机制的基础上，部分省区市目前已经形成了较为成熟的公安机关与海上执法队伍之间的衔接机制，例如针对海岸、海上倾倒垃圾案件，违法入海排污口案件，地方已经出现大量成功移刑案件。相较之下，目前生态环境综合执法与海上执法之间的衔接协调机制仍显不足，除在少量保护区联合执法中两部门之间存在协作外，相互之间衔接并不顺畅。

应当说，部分陆域违法活动会延伸到海上，而大多数海上违法活动会落脚于陆地，有效的执法行动不应局限于海上或陆地。这种执法衔接不足将造成在具体执法工作中各自为政，分割执行，不利于执法目的的实现。这方面的一个典型例子是违法采海砂活动。在地方上，以海事、海警和地方海上执法部门为主的海上联合执法，在执法效果上往往不如住房和城乡建设、市场监督管理、生态环境、海事、海警和地方海上执法多部门参与的全链条联合执法。后者可以深入海砂运输、市场销售和建筑使用环节，进行前后端的联动追踪。

（二）破解海洋执法问题的路径

1. 加强海警立法

第一，针对目前海警机构面临的执法困境，建议尽快制定出台《海警法》，对海警海上环境保护执法依据、执法程序、行政强制手段、行政相对人救济程序、执法监督等进行规定。同时，对海警机构参与国务院行政法规制定、行政主管部门规章制定等涉及执法的内容明确其参与的程序。

第二，在制定《海警法》的同时，同步修改《海洋环境保护法》等海洋环境保护相关法律，针对具体海洋环境保护的执法内容，明确海警机构的执法管辖范围、执法内容边界等，并就具体制度规定其与行政主管部门之间的衔接配合机制。

第三，在出台《海警法》后，海警机构进一步针对其行使行政主管部门执法权的内容，制定相关规则，特别在内部监督程序、行政相对人的申诉和救济程序、信息共享与信息公开等方面，确保其执法行为的公正合法。

第四，在目前《最高人民法院、最高人民检察院、中国海警局关于海上刑事案件管辖等有关问题的通知》的基础上，尽快与最高人民法院、最高人民检察院继续就行政诉讼、国家赔偿等涉司法事务的管辖、检察监督权等进行明确规定。

2. 委托执法及横向与纵向协作机制的构建

与海上设立综合执法队伍不同，委托执法存在很大的不确定性，容易出现主管部门与执法机构之间互相推诿的情形。对此，地方生态环境主管部门应当进一步明确委托执法的内容。厦门市是一个很好的例子，其在 2020 年 3 月通过发布执法委托书的形式，对委托事项的范围进行明确，并要求对于情节严重，涉及较大数额罚款、停产停业、吊销许可证或执照等违法行为的处罚，须报告生态环境局研究决定，明确生态环境局作为听证、复议及诉讼主体。明确委托事项更有利于开展工作，且采取公开委托书这一形式，对行政相对人的预期也有很好的保障。

针对目前海陆之间执法横向协作机制不健全的问题，可以通过推动部门之间的联合执法行动，加强联动配合。2020 年 4 月，在全国范围内启动"碧海 2020"专项执法行动是一个好的开头。另外，可进一步开展"绿盾"等重大专项执法行动，加强部门之间的联动。另一方面，地方执法也应当因地制宜，探索联合执法之外的长效机制，如在县级层面建立"综合指挥平台+海陆联合执法"的机制，效仿机动车尾气排放污染生态环境部门与交通执法之间的联动方式，设立固定联络人，针对船舶开展常规执法，设立联席会议，加强执法情况的通报和信息共享等。

除上述横向协作机制，在纵向协作方面，也应在目前基础上，进一步加强海洋环境保护行政执法部门与公安、海警、检察院之间的移送衔接机制。这里面应特别注重一些当前机制未能覆盖的问题，如刑事向行政的反向移送机制，行政处罚、吊销证照等行政处罚与刑事处罚的同时适用条件，恢复性刑事处罚措施执行中行政部门的协作义务等。

3. 更加重视监测监视手段的应用

鉴于海洋生态环境问题的复杂性、违法活动的多样性，在加强执法队伍能力建设之外，生态环境部门还应增加对监测监控技术手段的应用，通过运用人力需求少、覆盖面积大、监控效果好的设施设备，加强对海洋环境的监控。

首先，应当加强以企业为主体的环境监测要求，将重点入海污染源纳入自动监测管理，通过对重点污染源的常规监测，确保企业依法排放。同时，对监测数据造假等行为依照《环境保护法》等进行严厉处罚。

其次，应当加强与自然资源开发监督管理部门的沟通与信息共享，掌握建设项目的进展进度，并通过无人机等技术手段加强对项目执行环评措施的监视。在有条件的情况下，可尝试委托第三方进行工程环境监视。

最后，应当进一步加强监督监测，与自然资源等部门进行合作，分享生态环境基准数据，并在此基础上构建针对重点污染区域、保护区域的天地一体化的监测体系。

4. 社会参与监督

与陆域环境不同，海洋环境的社会公众关注度相对较低。沿海岸线人口居住密度低，个人参与环境治理动机相对较弱。因此，如依靠诸如"12369"环保电话举报的方式进行社会监督，可能效果一般。进一步来说，海洋环境破坏和污染侵害的权益具有不特定性，海洋环境侵害权益往往是海洋生物整体、特定海域环境等。因此，海洋环境事务的社会监督主体一般组织化程度较高，目标公益性强。鉴于海洋的政治敏锐性较强，目前社会群体参与监督的方式仍受到一定限制，需要进一步开拓、探索较为合适的方式，如新闻媒体监督、海洋环境公益诉讼等。

第四节　城乡规划新空间新思维

一、城乡规划的内容与应用原则

城乡规划，主要是指促进城市化发展的公共政策，这个概念最初是在《在中国市长协会第三次代表大会上的讲话》中提出的，具体内容为全国各级政府利用卫星定位、大数据分析以及高清地图等技术手段，实现对城市、农村各地区的交通、办公、教育等生活用地的合理分配，从而在城市自然生态资源得到合理保护的同时，还能促进城乡经济的可持续性发展。

在开展城乡规划工作的过程中，有一些必须要遵守的应用原则，只有这样做才能使得规划平稳顺利进行，进而解决城乡资源配置的问题，规范城市空间布局。城乡规划的应用原则可以理解为以下几点：（1）在城乡规划工作中，大力发展经济、文化是重点内容。随着社会发展进阶到一个新的阶段，我们也得到了发展城市化，进行城镇化建设的契机。然而，在进行建设的时候，难免会遇到很多的社会问题，社会矛盾也变得更加尖锐。这个时候非常需要政府进行合理的城乡规划来化解这些矛盾，进而让城乡规划能够与社会经济文化发展相辅相成。（2）城乡规划要切合实际，不能冒进。我国城市化进程发展迅速，城市经济水平大大提升，但乡村经济发展相对落后。实现乡村振兴不是一蹴而就的，这需要长期的建设和发展，必须先了解农村的发展现状，从基础部分开始，根据实际情况，进行乡村改造建设，在节约成本的同时，多办事，为我国城乡规划建设做出贡献。（3）城乡规划要做好协调工作。城市与乡村、人口与环境、居住地与生产生活用地之间的关系是需要利用城乡规划来进行协调的。因此，我国在建设城市的同时应该控制城市建筑的规模，并且尽最大可能为乡村建设谋福利。（4）城乡规划要以建设和谐社会为中心思想。当前我国正处于发展阶段，将会存在各种各样的矛盾和问题，为了构建和谐社会，就要合理利用城乡规划来解决这些矛盾和问题。

二、大数据为城乡规划带来的机遇

（一）推动城乡规划尺度与技术方法革新

一方面，大数据推动了城乡规划尺度与视角的变化，以往城乡规划数据主要依靠普查与抽样两种方式获取，其中普查数据涵盖的时间跨度较长，抽样数据的成本消耗较大，而大数据技术有助于推动城乡规划时间尺度的有效缩短、空间尺度的显著扩大。

另一方面，大数据推动了城市研究技术方法的革新，例如运用 GIS 软件可有效提高规划数据采集精度，将 GIS/GPS 与网络日志相结合能够扩大数据采集范围、提高数据采集的实时性，借助微博、Twitter 等应用软件可获取城乡居民活动的空间联系，采用 Google-Map 还可完成对城市空间内人类活动情况的制图分析。

（二）促使数据来源与获取方式日渐多元

一方面，大数据促使城乡规划研究中空间信息的来源得以显著丰富，拓宽了信息来源渠道，在获取海量数据的基础上，围绕针对性问题提取相关"有机数据"进行分析利用，促使数据的真实性得到大幅提升；另一方面，大数据时代还推动了城乡规划中数据获取方式的多元化发展，其中"众包"指将数据调研、数据获取等业务外包给感兴趣的公众及其他专业人士，有助于最大限度提高数据获取效率，进一步拓宽"有机数据"的获取渠道、提高数据质量。[①]

三、城乡规划思路创新

（1）城乡边界分析。以大数据为代表的信息技术的发展推动了城乡规划数据空间尺度的扩大，由以往局限于城市内部研究逐渐扩展至城市边界与城镇等级体系研究层面，为城市增长边界统计、城市功能分区等提供了重要工具。例如，英国通过收集全国范围内的国民手机信令数据，将其与网络模块最优化分析方法相结合，用于描述各城市间及城市内部的关联强度，实现了英国政区地图的更新，并结合 Fliker、Twitter 等软件提供的位置数据重构了人际联系网络与居民日常活动边界，为城市边界分析与城镇等级体系划分提供了重要依据。

---

① 朱丽华，许稻香. 大数据时代的城乡规划与智慧城市构建研究［J］. 住宅与房地产，2019，（36）：232.

（2）城市肌理计算。城市肌理涵盖了城市、自然环境与人所构成整体的空间特质与文化特征，传统城市肌理分析方式带有一定的主观性，而引入大数据技术能够显著提高城市肌理的客观性，进一步深化对城市肌理与居民间相互作用机制的研究。例如，可选取某城市的社区网络结构数据，将其与居民健康普查数据相结合，分析出各社区路网结构与居民患高血压、糖尿病、肥胖等常见疾病之间的关联性，以此为社区规划、居民居住环境选择提供借鉴依据。

（3）居民群体活动特征分析。基于大数据技术对以往时空分析对象、方法进行创新，选取时空中活动的个体、个体在时空中停留的驻点、群体活动特征等数据进行综合分析，用于判断居民群体活动特征与城乡活动规律，为城乡规划设计的调整与城市资源的优化配置提供参考。例如，可选取北上广深四大一线城市作为研究对象，以星期为单位收集有关电话总量、信息需求量、上传/下载流量等信令数据，绘制出通信强度比较图，为城市间的定量比较提供新思路。

（4）居民情感态度分析。智慧城市建设应实现硬件基础、便捷通信条件与社会设施的系统整合，通过选取居民原创内容作为城市规划研究数据，针对个体情感态度进行分析，有助于更好地加强对城市中个体行为研究的准确性，为智慧城市建设提供参考意见。

第五节　空间布局耦合的技术与方法

一、概述

空间布局耦合的技术与方法既是各项实用技术的集成，又是面向生态空间管制方法的创新。通过生态功能溯源，实现空间布局的耦合关系，维持生态价值在一定范围和一定事情内的稳定。主要内容包含空间耦合、生态功能价值前置测度、开发强度、分区施策等。

（一）相关定义及说明

空间耦合是对各空间要素的大小、数量、位置等依据一定的耦合原则及技术方法进行合理化调整，使得空间要素之间的比例达到平衡状态，从而实现可持续发展。

生态功能价值前置测度是指基于资源环境承载能力为基础，明确环境容量的底线控制，以环境质量和污染排放物两方面进行控制，确定可承载环境容量，并将生态功能价值权重提高，将测度的结果运用于空间规划体系中，从而通过依法实施保障生态功能价值。

开发强度是指在三大空间划分基础上，按照以资源定地、以水定域、以地定域的原则合理测算三大空间中建设用地总量（包含城市广场和硬化类公园用地）占区域总面积的比例。

分区施策是指按照不同地域、不同生态环境特征，分区分地摸清现状，分区分地采取不同的措施推进，通过各个区域的环境目标的设定与传导，维护本区域的生态环境整体功能。

（二）空间布局耦合的指导原则

空间布局耦合的主要目的是，通过对区域生态空间与城镇空间和农业空间进行布局耦合，以保证社会经济活动与自然环境之间的协调发展，从而保障区域生态安全。其空间耦合应遵循一定的原则：整体协调原则。三大空间是由多种要素组成的，具有一定结构与功能的整体性。因此，空间布局耦合需要把整个区域的多重要素进行综合考虑以达到最佳效果，维护社会、经济与自然之间的相互关系保持协调、有序和平衡生态优先原则。"绿水青山就是金山银山"，针对当前生态环境问题，构建国土生态安全格局，应保持生态空间的动态平衡。当社会经济活动与生态保护出现矛盾时，应该设置一个范围，作为维持生态平衡的一条分界线，凡是在此范围内进行的经济活动，都必须对生态保护让步，将生态优先考虑到经济空间布局中。集约节约用地原则。空间耦合必然涉及自然资源和社会经济资源的重新配置。

空间耦合应以提高空间利用效率为目的，引导社会经济资源合理集中布局，实现空间的集约发展。

可持续原则。可持续的定义是不仅让当代人受益，而且要对下一代不产生影响，即空间耦合不仅要立足当前，还要考虑子孙后代的需要。

（三）总体技术路线

通过综合识别空间的生态功能，确定生态空间的范围，通过现状核算记录其本底基础，运用生态功能和资源承载力双评价方法，实现对生态安全格局的预定；通过对一定范围空间内所有扰动活动分析，评估发展潜力，为区域开发强度提出阈值的建议值，从而实现不同空间的耦合对应。

二、生态功能本底识别的技术方法

基于生态功能溯源理论，通过辐射定标、大气校正、影像的镶嵌与裁剪等遥感图像解译处理方法，结合普查调查统计、地面监测以及科学计算数据，进行土地利用类型分类，构建 GIS 软件支持的矢量数据，提取土地利用类生态功能要素，如林地、水域、山体等要素，进行生态本底识别。基于上述评价结果，识别了生态系统的空间边界和要素清单。生态功能本底识别是一个反复解析、校核、反馈、修正的过程，不同时期应根据现实材料实现多次校核和修正，减少偏差。

（一） 遥感图片基础解译

生态功能空间是支撑城镇、农业实现自身功能，协调人地关系乃至实现区域可持续发展的关键。因此，识别并明确需要保护的生态功能空间，提出应重点保护的生态空间清单，作为区域空间开发的底线，是落实空间分区管治的重点任务之一。

（二） 现状核查流程

梳理前期遥感解译过程中遇到的问题，选择有代表性的路线进行野外核查，以修正遥感判读过程中可能出现的误判，检验本次遥感判读的正确率，并对判读数据进行室内修正。同时，通过选择有代表性的地物类型，添加图片，结合地方遥感解译标志，建立遥感影像解译野外标志数据库，进一步完善本地区生态空间的解译标志。

（三） 生态识别的分类

通过遥感解译、现状核查识别出生态功能空间以及生态边界，其中生态功能空间包括绿色生态空间和蓝色生态空间，绿色生态空间主要指林地，包括森林、草原、湿地、公园、风景名胜区、自然保护区和交通廊道等；蓝色生态空间主要指水体，即河流、湖泊、坑塘、海洋、水源保护区、大型水库等。

（四） 生态本地源识别

结合识别出的现状生态要素区域，进一步识别生态要素源，包含原生态的空间范围界限。一种方式利用国土信息数据采集及历史生态数据的梳理，回溯各生态要素的边界源，以及已破坏生态要素的本地情况。第二种，基于多源遥感影像的技术溯源生态要素。以水系湖泊为例，ETM影像具有较为丰富的光谱特征，能够较好地反映水体的信息。不同矿化度的湖泊在ETM432假彩色影像中呈现出不同的色调和影纹图形，淡水湖泊呈现青黑色，色彩饱和度高，影纹结构细腻，边界清晰，呈封闭的折现状。而咸水湖则呈现深蓝色和蓝色，且随着盐碱度的升高颜色逐渐变浅，湖区边界较为清晰，局部呈斑块或条带状图案，少数湖外围会出现耳状环带图形。当湖泊干涸或半干涸时，湖区呈现出白色调，边界模糊，较难区分。由于水体的色调还与湖泊的悬浮物混浊度以及蓄水深度有关，因此仅靠色调判别湖泊矿化度有失偏颇。湖泊周围的地貌环境及水系特征也是判别湖水矿化度的重要指标之一。通过 DEM（数字高程模型）和 ETM 影像叠加，可判断出湖泊与周围地形的关系。在不闭流的盆地、周围地势较低、封闭型差且有外流河流的湖泊可判定为淡水湖。在半闭流或闭流的盆地、周围地势较高，有外流河可判定为咸水湖；无外流河流的湖泊可判定为盐湖。

三、生态功能价值前置测度

过去只注重生态的经济价值，不注重生态的功能价值，现有空间规划体系中，也缺乏突出生态功能价值的测度和承载空间。例如，针对一些案例样本，通过遥感解译与现状核查的生态功能要素，进行生态状态识别，确定生态数据基础。采用生态环境特征值指标进行单项评价，并集成经济社会要素评价资源环境承载能力，综合识别承载能力的强弱等级。采用 DPSR（驱动力—压力—状态—响应）模型构建生态安全预警指标体系，对未来区域一段时间的生态安全进行检测，运用熵值法得出的生态安全预警值，判别区域生态安全等级状态。依据经济社会发展与环境保护相协调、城乡环境保护同一化与一体化、跨区域生态保护、开发利用的空间分区管治等基本原则进行生态功能价值前置测度。将生态功能价值测度的结果，运用于空间规划体系中，对于现状高强度开发地区在规划前端强制性植入生态功能空间载体，设定改造范围、更新标准、生态要素、实施保障等控制标准；对新开发地区优先设置生态功能空间载体，设定开发范围、开发内容、开发强度、开发预警等控制标准，通过区域整体环境测度前置了生态功能价值。

四、开发强度综合测算

遵循环境考量的基本原则，以生态功能价值前置测度、空间规模的综合测算为基础，进而以资源定地、以水定域、以地定域的开发强度综合测算技术方法；在资源环境承载能力评价和生态安全预警的基础上，确定国土空间开发强度，保障安全格局；在水资源生态功能的溯源机制建立和使用功能的承载潜力评估的基础上，确定区域开发标准；在土地资源现状开发强度和基底环境的综合评价基础上，本着增强生态功能发挥的原则，按照土地空间的不同功能，确定开发范围、开发强度度量和开发控制区域。

（一）开发强度测算的基本原则

在中央政策和国家与地方立法的指引下，一些地方开展了"多规合一"实践工作。2014 年 11 月 25 日，国家发展改革委、国土资源部、环境保护部和住房城乡建设部四部委提出在全国 28 个市县开展"多规合一"试点。江西省已经确定鹰潭市、萍乡市两个设区市以及乐平市、丰城市、吉安县、湖口县、婺源县 5 个县（市）先行进行省级"多规合一"试点。值得注意的是，一些省级行政区域也整体开始了相关的工作，如北京市2015年《政府工作报告》指出，要高质量完成城市总体规划修改，以人口资源环境承载能力为底线，统筹功能疏解、人口控制、用地减量、空间优化等目标任务，促进城市健康发展。认真对接"十三五"规划，推进经济社会发展，城乡、土地、人口、环境等"多规合一"，强化规划的严肃性、权威性，从严实施，红线管理，确保一张蓝图绘到底。"多规合一"作为一项基础性和跨学科的工作，涉及国民经济和社会发展的重大事项，为了保证其科学性、合理性和有效性，可以考虑遵守如下原则。

（1）经济社会发展与环境保护相协调的原则。

（2）城乡环境保护同一化或者一体化原则。

（3）跨区域生态保护的统筹原则。

（4）开发利用的空间分区管治原则。

（二）开发强度综合测算方案

以生态价值为先导，按照县市为单元，为了合理确定开发强度，采用城镇化发展潜力分析法，在区域发展潜力识别基础上，进行人口、用地的统筹安排，最终确定开发强度指标，同时也实现了对县域总规、乡镇总规、土规之间的协调。

主要技术方法为：基于总规中城镇体系的发展规划，对各乡镇人口、土地和经济城镇化协调发展进行分析，将城镇化的内涵概括为人口城镇化、土地城镇化、经济城镇化和社会城镇化四个方面。（1）人口城镇化。这是城镇化的核心，其实质应是人口经济活动的转移过程。（2）经济城镇化。这是城镇化的动力，主要指经济总量的提高和经济结构的非农化，其中工业化是直接推动因素，而第三产业的兴起与兴旺则是城镇化程度的表现。（3）土地城镇化。这是城镇化的载体，主要表现为城镇建成区面积增加。（4）社会城镇化。伴随经济、人口、土地的城镇化进程，人们的生产方式、行为习惯、社会组织关系乃至精神与价值观念都会发生转变，是城市文化、生活方式、价值观念等向乡村地域扩散的较为抽象的精神上的变化过程。

第六节　综合管治技术与方法

一、概述

（一）相关定义及内涵

综合管治的技术方法包括空间综合划分、红线定界管理、容量定顶限制和强度定顶控制等内容。

空间综合管治是指在划定的空间分区的基础上，统筹生态、城镇、农业三大空间布局，通过用途管治与功能管治相结合，把环境属性落实到用地中，同时将各部门分区管治目的与管治原则有机整合成一套便于统一实施并综合管治的导则。

红线定界的底线管治是指采用底线管治思维，进行重点保护对象的红线定界，划定生态保护红线界限并识别生态空间，衔接其他管理部门的永久基本农田红线、城市开发边界，并制定相应的管治要求。

容量定底的管治是指基于资源环境承载力评价和生态安全格局的预警的生态功能价值的前置测度，指导和引导空间要素布局，制定分区的环境质量底线和污染排放总量控制策略。

强度定顶的管治是指在红线定界、容量定顶的空间约束、环境约束管治策略下，结合区域经济社会发展趋势，基于城镇化发展潜力评估和资源环境承载力先导下的分区开发强度的空间布局安排。

（二）总体目标与原则

在生态文明体制改革的背景下，面对资源约束趋紧、环境污染严重、生态系统退化的严峻形势，本章节通过探索用途、功能和环境管治叠合的三维空间综合管治体系以及从宏观到微观，兼用途管治、功能管治、环境管治的管治方案用以构建了生态环境管理新的话语体系和管治模式，为生态空间落地和有效管理提供支撑，促进环境综合管理迈向新台阶，有力推进国家空间规划体制改革的进程。改革创新，先试先行。转变政府职能，构建服务型政府，简政放权、放管结合、优化服务。在综合管理体制机制方面推进改革创新。以强大的政治勇气和创新精神，在改革创新中先试先行，争做深化体制改革的先行军。

集约高效，精细管治。强调空间资源的集约高效，控制城镇规模，提高用地效率，减少对耕地和生态用地的占用；强调资源的集约高效，减少相应的污染排放。坚持问题导向，强化精细管理，精准发力，全面控制生产生活不利影响，实现环境质量改善。

绿色先导，协调发展。以"绿色化"作为统筹区域发展的总体战略，将绿色化贯穿空间布局、生产方式、生活方式和价值理念，筑起绿色发展的生态文明根基，在更高层次上实现人与自然、经济社会发展与资源环境协调。

（三）总体技术路线

总体技术路线包含四个系统：一是空间综合管治技术体系，通过一定技术方法保障管治结果的合理性；二是空间综合管治维护技术体系，通过制定多元的开放性接口，保证管治内容的全面性；三是正负面空间准入清单机制，通过正负两面要素的评估，制定鼓励和限制性内容，保障管治的成效；四是全力推进规划体制改革，形成更科学、更客观、更有效的管理体制。

二、空间综合管治体系技术研究

空间综合管治体系设计应采用底线管治思维，进行重点保护对象的红线定界，包括生态保护红线、永久基本农田、城市开发边界，并制定相应的管治要求；评估区域生态环境本身的功能，并通过保护性原则的提出，指导和引导未来空间要素布局，制定分区的污染排放总量控制策略；在红线定界、容量定底的空间约束、环境约束管治策略下，结合区域经济社会发展趋势进行整体开发强度的空间布局安排。

土地经济背景下的唯 GDP 论，导致城市发展过于强调建设引领，而缺少底线约束的思路。空间层面，城市建设逐渐侵占优质的农业空间和优美的生态空间；属性层面，城市规划对资源环境客观约束考虑不足，导致"资源天花板"屡屡被突破，"环境质量红线"常常被触及。

这些年，我国城市建设与发展中，变动最多的是城市规划，而且，这些城市规划变动往往是对未明确产权的空间侵蚀和侵占，如水体、绿地等生态环境。一些城市空间无序开发、人口过度集聚，重经济发展、轻环境保护，重城市建设、轻管理服务，导致人口集聚区人居环境较差。城市不是规划的客体，可以任意发挥，可以写意发展；城市只是以人为中心的发展的载体。规划折腾是最大的忌讳，因此，要以底线思维严控。

（一）红线定界的底线管治

基于县市发展和保护的双重迫切需求，首先以底线保护思维划定严防死守的"生态保护红线、永久基本农田红线、城市空间增长边界"思维空间底线。国家层面已明确生态保护红线的法律地位，要严格按照优化开发、重点开发、限制开发、禁止开发的主体功能定位，在重要生态功能区、陆地和海洋生态环境敏感区、脆弱区等区域划定并严守生态保护红线。为解决城市扩张大量侵占优质耕地导致的城乡失衡问题，自然资源部、农业农村部两部联合部署划定永久基本农田红线，严格实行特殊保护，扎紧耕地保护的"篱笆"，筑牢国家粮食安全的基石。在县市层面，在推进"多规合一"中也要率先划定"两条红线"，在有形可控层面率先实现对生态、农业空间的保护，以及对城市建设行为的约束。从限定城镇空间无序蔓延及对农业空间、生态空间过分蚕食的角度，提出划定城镇开发边界，通过减小空间扰动范围，延长空间被扰动时间等手段，保护生态环境。

城镇开发边界是指为限制城市无序发展，保障重点功能区、重点建设项目及民生建设项目用地，有效引导城市空间发展和建设项目布局，一定期限内划定城市空间拓展的外部范围边界（由建设用地、有条件建设区的边界围合形成）。它是城市的预期扩展边界，边界之内是"当前城市与满足城市未来增长需求而预留的土地"。提出城镇开发边界的主要目的是：限制城市无序蔓延，圈定明确的城市边界；保护城市外部开放空间；保护乡村与基本农田；实现高密度、更加紧凑的发展模式。城镇开发边界是一种多目标的城市空间控制规划工具，以生态、经济与社会效益的综合最大化为目标，力图将城市开发向适宜的地区引导，并规避风险地区和保护林地、水域、农田等生态敏感地区，同时结合紧凑增长理念提高基础设施和公共服务设施的使用效率。城镇开发边界内部，还可进一步强化提升城市规划"五线"中"蓝线、绿线、紫线"地位，保护城市内部有限的水体、绿地等生态空间和历史文化传承的建筑风貌。

（二）容量定底的管治技术

属性底线以"资源天花板"作为相对柔性约束条件，以"环境质量底线"作为刚性约束底线。在认识到资源、环境要素是生产力的生态文明背景下，城市发展需要摸清支撑自身可持续发展的资源、环境"家底"，避免过度触及或跨越底线的发展态势导致城市长期处于亚健康状态。"资源天花板"以水资源、能源三大资源为约束条件。水资源和能源本身就具有空间分布不均的特征，可通过工程建设及跨区域输送解决资源不足的问题，属于柔性约束条件。但在区域规划体系中，城市的等级、定位及发展潜力决定了外部资源供给的保障程度，无论城市大小都以外部调水工程保障其城市发展显然是不合理的。相比之下，可供城市建设的土地资源的约束力更具刚性，既是空间底线又是属性底线。因此，"多规合一"需要确定支撑城市发展的资源总量，对于能源和水资源的柔性约束特征，实施强度与总量双控，对于土地资源的刚性约束，实施供地总量控制。"环境质量底线"是保障城市范围内居民健康的"安全线"和"警戒线"。"环境质量底线"同样具有空间分布差异的特征，城市内部环境功能定位决定其环境质量标准，环境质量标准决定其环境容量及允许排放的污染物总量，从而形成对城市发展的刚性约束。环境质量底线需要考虑城市集聚发展特征，污染排放和受众人群集中分布的特征确定合理的环境容量。因此，"多规合一"需要确定城市分区域的环境容量，以保障整体和局部均能达到环境质量标准要求。现有各类规划和相关研究领域，对可供开发利用资源量及环境容量的核算技术方法已积累了丰富的成果，从国家层面需要对成果进行整合，出台相对简单易操作的技术方法，规范"多规合一"的编制方法。

针对环境质量底线的刚性约束，提出以下容量定底的管治思路：

以控制排放密度的思路，分区分级细化大气污染物排放总量控制。大气污染物排放以工业源为主，排放量呈现区域高度集中的态势。在大气污染物普遍存在排放密度高造成环境容量局部超载的情况下，按既有思路县域全境范围环境容量控制下的总量控制目标难以实现区域环境质量改善。为解决污染减排绩效与群众环境感受不符的现状，大气污染物总量控制需制订分区分级的总量控制方案。制订分区总量控制方案，优先考虑人口集中和产业集中的区域，保证人居环境空气质量达标，制定重点区域的总量控制目标，避免环境容量局部超载；确定分级质量目标，不同区域的生态保护目标、环境功能不同，环境质量目标有所差异，采用分级质量目标管理模式，作为总量控制方案的核算依据。通过污染密度控制引导下的分区分级污染物总量控制方案切实实现与环境质量改善的挂钩。

以流量管理控制排放的思路，分时分段外分级分区细化水污染物排放总量控制。水污染物呈现工业点源、城镇生活点源、农村生活面源、农业面源叠加排放的特征，工业点源兼具连续性和间断性、城镇生活点源排放具有连续性、农村生活面源、农业面源排放随降雨径流入河具有间断性特征。既往河流环境容量核算以河段为单元保守计算枯水年全年可接纳污染物的总量，未考虑年内丰枯水季河流流量差异，从而造成枯水季节水质断面超标现象；排污口在某一河段过于集中也造成河段水质超标现象。制订分时、分段、分区、分级细化的水环境总量控制方案，确实保障地表水环境质量的改善。制订分时总量控制方案，根据年内各河段丰枯水季流量进行环境容量年内分配；制订分段分级总量控制方案，对地表水功能区划进行细化管理，确定不同河段单元的水质功能目标，作为核算依据；制定分区总量控制方案，以城镇空间、农业空间为依托，针对水污染源的分区特征，细化城镇源和农业源的总量控制方案。

(三) 强度定顶的管治技术

在划定红线、容量定底的管治技术基础上，要进一步对区域经济社会发展进行空间布局总体约束，明确区域总体开发强度，再针对三大空间承载功能不同制定开发强度的总体约束。《全国主体功能区规划》明确给出了"开发强度"的定义：指一个区域建设空间面积占该区域总面积的比例。建设空间包括城镇建设、独立产业建设、农村居民点建设、区域性基础设施建设（交通、水利等）及其他建设用地等空间。

1. 开发强度测度差异分析

既往国土部和住建部对于建设用地规模的配置均有各自的方法体系。主要体现为以下差别：

"土地规划"本着"以供给定需求，并引导需求"原则，在全域土地总量控制约束下，自上而下层层分解建设用地规模指标，强调用地的刚性控制。"土地规划"的工作路线一般采用自上而下、逐级落实的方法，同时也会适当考虑当地需求，自下而上汇总各类意见，主要还是严格执行上级规划指标，充分显示其很强的计划性。根据上级下达指标，"土地规划"主要控制性指标包括建设用地总规模、城乡建设用地规模、城镇工矿用地规模，在编制过程中将建设用地总规模、城乡建设用地规模、城镇工矿用地规模分解到各个乡镇行政区范围。

"城乡规划"确定建设用地规模时采用"以需求确定供给，并调控需求"的原则，主要保障经济发展、人口规模增长和城镇化需求，属于发展型的规划手段。

"城乡规划"在工作路线上采取自上而下与自下而上相结合的方法，充分重视基层的发展需求。"城乡规划"建设用地规模确定基本路径如下：根据区域城镇化和社会经济发展需求划定城市规划区、中心城区范围，进而确定规划目标年的中心城区城镇人口数量；分析城市规划区范围、中心城区范围的城乡用地现状规模和城镇人口规模，根据现状人均城乡居民点用地（H1）、人均城市建设用地（HI1）水平，按照《城市用地分类与规划建设用地标准》（GB 50137-2011）要求确定规划人均城市建设用地水平（HI1），最终核定城市规划区、中心城区建设用地规模。需要指出的是，城市规划区、中心城区并不完全以行政边界为界定，而是以行政边界与自然边界相结合形成的区域范围。

综上，"城乡规划"和"土地规划"在建设用地配置时关注区域范围不同同时指标配置方法存在差异，建设用地规模产生冲突也很正常。以县市为例，冲突差别通常表现为县域总规和各乡镇总体规划建设用地总规模大于县域总规建设用地总规模，近期基本能与县域/乡镇土地利用总体规划建设用地规模相协调，但远期规模将远大于按照土地利用总体规划测算的指标值。

2. 基于城镇化发展潜力分析分区开发强度测算

以县市为单元，为了合理确定开发强度，采用本研究构建人口城镇化、土地城镇化和经济城镇化的城镇化发展潜力分析法，在区域发展潜力识别基础上，进行人口、用地的统筹安排，最终确定开发强度指标，同时也实现了对县域城乡总规、乡镇总规、土地规划之间的协调。

第六章 城市国土空间规划案例

本章在系统梳理国土空间规划框架体系基础上，从具体项目的实践出发，选取具有代表性的先行案例，阐述当前我国国土空间规划的价值取向和实践经验，主要分为省会城市、直辖市国土空间规划案例，区域国土空间规划案例，市县级国土空间规划案例三部分。

第一节 省会城市、直辖市国土空间规划案例

一、新一轮上海市城市总体规划的"编"与"管"

（一）编制背景与组织模式

新一轮上海城市叫体规划的编制，是空间规划酝酿期，以及国家对总体规划改革提出明确要求的时代背景下进行的。其中三个特点值得关注：一是上海市特有的"规土合一"的管理背景与规划基础；二是转型时代国家对上海城市发展的要求；三是基于上述两个特点的编制组织模式突破，提出"开门办规划"。

1. "规土合一"的管理与编制背景

2008年，上海组建规划和土地资源管理局，在管理上实现了"规土合一"。随后即开展了"两规统筹"的编制工作。2009—2010年，开展市级"两规合一"，实现市级土地利用总体规划和城市总体规划空间方案的完全对接，形成《上海市土地利用总体规划（2006—2020）》，并获国务院批复同意。2011—2012年，在市级总规成果基础上，进一步深化方案，开展区（县）、镇乡级"两规合一"，形成区（县）、镇乡级土地利用总体规划，并获市政府批复同意。当年的"两规合一"，虽然体现了规划管理和土地管理的特点，但"两规融合"编制成果仍然是在不改变两个规划各自成果要求和管理程序的基础上，在

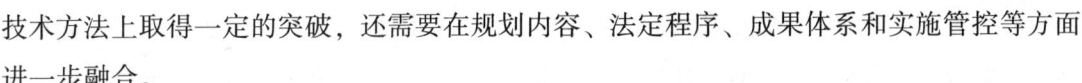

技术方法上取得一定的突破，还需要在规划内容、法定程序、成果体系和实施管控等方面进一步融合。

2. 落实国家意志的要求

2013 年 12 月，中央城镇化工作会议提出要建立空间规划体系，推进规划体制改革，加快规划立法工作。2015 年 12 月，中央城市工作会议提出"五个统筹、一个尊重"的总体要求，并指出要在规划理念和方法上不断创新，增强规划科学性、指导性，促进"多规合一"。2016 年 9 月，住房和城乡建设部在济南召开全国城乡规划改革工作座谈会，对总体规划的改革提出了总体要求，既要改革规划编制的理念、内容和方法，突出其战略引领、底线刚性约束作用，又要改革规划审批内容、程序和方法，清晰界定各级政府的规划事权，明确上级政府重点管控内容，提高审批效率。上海 2035 是中央城市工作会议召开后第一个向国务院报批的超大城市总规，具有重大影响力和引领示范作用。在总体定位上，必须全面贯彻落实中央系列重要会议精神，探索国家对总体规划改革的要求。

3. 创新编制模式——开门办规划

《上海市城市总体规划实施评估报告》《关于上海新一轮城市总体规划编制的指导意见》《上海新一轮城市总体规划编制的工作方案》是上海 2035 编制前的三份核心文件。2014 年 5 月 6 日，上海市委、市政府召开了第六次规划土地工作会议，正式启动上海新一轮总体规划的编制工作。首先组织重大议题的战略研究，聚焦提高城市国际竞争力、增强城市可持续发展能力、提升城市魅力、优化城市空间布局四个视角，委托来自 10 所高校科研机构的 40 个研究团队开展 18 项战略专题研究。同时，全市 22 个委办局牵头全面开展 28 个专项规划（包括 45 个专题），涵盖空间体系、产业经济、人口社区、土地利用、城市文化、总体城市设计、生态环境、综合交通、城市安全和实施保障 10 个重点研究板块。17 个区县政府同步组织开展区县总体规划编制和研究，深入考虑地方发展需求和策略。各项研究成果为总体规划成果提供重要支撑。最后，规划成果联合编制，组建由上海市城市规划设计研究院、上海同济城市规划设计研究院、中国城市规划设计研究院和上海市地质调查研究院共同合作的联合编制团队承担纲要和最终成果编制。

4. 组织方式——改变传统委托编制模式

工作主体由政府主导转变为政府、市场、社会协同参与。虽然对不同主体的参与提出了原则性要求，但由于政府和专家间的委托关系、部门和政府的从属关系、公众的被动参与，导致政府仍然处于绝对的主导地位。上海 2035 在价值取向、发展模式等方面的转型，决定了规划编制过程中需要更加发挥市场和社会的作用，政府由传统的兼任组织者和决策者双重角色，转变为更加侧重组织市场、社会和专业力量等多元主体参与，共同发挥决策作用。政府方面，涵盖了国家部委、长三角地区政府、上海本地市区两级政府和各个部门；社会方面，约有 2.67 万市民长期关注规划编制工作，1.9 万市民实际参与，涵盖了各年龄阶段、收入阶层、多种工作性质的人群，市人大、市政协保持紧密沟通；专业力量方面，来自国内外、涉及经济社会发展各个领域的百余位专家、40 余家高校和科研机构参与了规划编制工作。

尤其需要指出的，由总规编制领导小组委托"秘书处"（依托于规划局总规处），形成全过程参与的管理团队，负责提出精细化的管理需求，并协调各个编制团队。

（二）成果体系与上报文件

传统的总体规划成果文件与上报文件基本一致。早在 20 年前，技术领域就一直在探讨其存在的问题，包括其过多过细的内容，"八股文"的格式以及难以体现地方差异诉求的编制技术惯例等。2014 年，《城市总体规划编制改革与创新》总报告课题组提出建议将规划成果分为面向政府的法律文本和面向公众的公示文本两种。法律文本是对公共政策文件的规范性表述，一方面要能够清晰引用和表述规划所遵照的相关法律法规，以及纳入规划的其他领域的公共政策；另一方面也要能够清晰明确地表达规划管控的要求，特别是对强制性内容的管控要求，从而为政府行政管理提供清晰明确的政策依据，也能够约束政府在规划实施阶段的自由裁量权。上海在总体规划编制之前，也专门针对上海市的实际情况，开展成果体系的研究，提出上海新一轮城市总体规划的定位是作为引领城市发展战略蓝图、城市行动的共同纲领和各项政策整合的平台，体现总规在引领城市新一轮发展中的"战略性、结构性、操作性和政策性"。

1. 面向多种需求的创新成果体系

最终，上海 2035 的基本定位为"战略蓝图、法定依据、政策平台和行动纲领"。其成果也不再局限于传统文本、图集与附件，而是针对上海自身管理特点、国务院的审批要求、市民的知情需求、专业领域的创新需求等形成一套全新的成果体系。

上海 2035 形成"1+3"的成果体系。"1"为《上海市城市总体规划（2017—2035）报告》，内容涵盖规划文本、说明、图集、表格、专栏等，是在战略性层面上，指导城市空间发展的纲领性文件。"3"分别为分区指引、专项规划大纲和行动规划大纲，是在实施性层面上，从分区、系统、时序维度构建总体规划的管控体系，是全市总规向下落实的重要内容，作为成果附件。

"1"是规划报告，作为新一轮城市总体规划的纲领性文件，在定位上以目标为导向，落实国家宏观战略、统筹城乡发展和资源配置、协调跨区域跨部门的利益，体现综合性空间规划的指导作用。总体规划报告以政策性表达为主，符合上报的基本要求，同时力求创新，例如尝试采用图文混排的形式，亲和力强，追求良好的公众界面。

分区指引、专项规划大纲、行动规划大纲成果形式以面向管理、符合实际操作为导向。内容规范准确、简明扼要，直接表述规划指标、要求和结论，具有指导性和可操作性。分区指引突出传导性，落实总体规划报告的战略要求，以行政区为基本单元，对应区县事权，指导下一层次区县域总体规划和下位规划编制，明确分级管控要求。专项指引突出系统性，对应部门事权，落实城市发展目标对城市各系统设施的要求，强化专项规划的战略引领、结构控制、空间统筹和标准制定。行动计划突出实施性，是体现总体规划"实施性、动态性"的重要内容，从时序维度上制定统筹协调总规实施步骤、责任和节点，明确总规实施监测反馈和动态调整机制。

通过"1+3"成果体系的构建体现总体规划的全局性、战略性和"多规合一"的平台作用，形成目标明确、责权清晰、过程管控的总体规划成果体系。

2. 上报稿——管什么就批什么

除了上述"1+3"成果之外，上海总规还有一个"1"，作为报批稿，采用了传统的文本成果结构，按照规划编制审批要求，突出需报请中央政府确认的事项和内容重点，仍采用了条文表达的技术性文本形式，形成法定文本和图集。

文本中规定："本规划成果包括文本、图集、报告和附件，全部报送国务院。文本、图集是国务院审批的法定文件，文本中下划线部分为强制性内容。报告是文本、图集的具体阐述和说明。附件包括分区指引、专项规划大纲、行动规划大纲，是从分区、部门和时间三个维度，指引城市总体规划实施的配套文件。"

3. 公众文件——以人民为中心

本轮城市总体规划在编制过程中开展了全过程、多方式的公众参与，结合阶段成果宣传和公众参与需要，形成不同阶段、不同形式的"公众版"成果。在公众参与的基础上，结合市民愿景，形成最终的"公众版"成果，以更好地引导公众参与，使广大市民群众真正了解并认同规划、更有效地支持并监督规划实施。

（三）规划传导与规划体系

1. "一张蓝图"

在空间维度上，上海2035是在已有城市规划体系的基础上，充分融入各级土地利用规划，科学布局生态、人口、产业、交通、公共服务等要素，统筹生产、生活、生态三大布局，初步实现了"一张蓝图"。规划蓝图由关注集中建设区向全域全要素转变，在全域空间布局上由上版的重点控制城镇体系转向大都市地区全域控制。

空间结构方面，从都市圈、城镇圈、生活圈三个层面，分层次落实规划目标；更加注重区域协同，强化上海引领长三角城市发展的核心作用；更加注重功能提升，全面优化大都市区的城乡体系，依托城镇圈，强化统筹发展；更加注重发展质量和底线，强化生态基地的保护和作用；更加注重"交通—空间"协同，强调轨道交通对空间格局优化的引领支撑作用；更加以人为本，注重宜居环境打造，提升空间品质和文化内涵。

图纸方面，由工程技术表达向结构性表达，改变具体地类为主的表达方式，采取政策性分类与功能性分类相结合的方式，明确土地使用的政策空间政策的战略性，增强对未来不确定性的应对弹性；既对下位规划具有结构性的引导作用，也避免了过去由于用地分类过于刚性而造成实施矛盾的问题。

形成了基于"两规融合"的国土空间"四线"管控体系。在生态保护红线、基本农田保护红线、城市开发边界基础上，上海还特意增加了文化保护控制线，以此来支撑上海文化大都市定位，同时也是面向未来具有战略意义的空间保障。基于四线，构建统筹协调的管理机制、指定精细化的管控政策、建立健全法律法规体系，从而保障总体规划的刚性约束作用。

2. 谁组织编制，谁负责实施

在 2003 年版《上海市城市规划条例》中，规划编制体系由四个层次组成。其中在规划实施过程中，作为过渡层次的"分区层次"规划，在中心城空间范围，并没有发挥实际管理作用，仅仅作为分解指标的技术手段，主要原因在于分区与事权即行政辖区并不对应。因此，在新体系设计中充分考虑了规划实施主体因素，也就是一级事权一级规划。同时，从中心城与外围地区的差异性出发，充分衔接上海中心城内"两级政府、三级管理"和郊区"三级政府、三级管理"的特点，形成了符合上海管理实际的新体系。

新的规划体系与原规划体系相比，在规划层次上，突出重点，适度归并，将原有"总体—分区—单元—控详"等四个层次简化形成"总体规划—单元规划—详细规划"三个规划层次。首先是围绕管理，取消了分区层次，同时将郊区总规也列入总体规划层次，主要考虑全市总规更趋向"战略性、结构性"，郊区总规将更多地承担原有全市总体规划承担的功能。在定位上，郊区总规将重点加强对各区空间布局和功能发展的综合安排，统筹协调各专项规划，并实现城市总体规划和土地利用总体规划成果合一和审批事项合一（熊健等，2017）。主城区的分区规划由单元规划代替，同时单元与行政区一致，也就是按照"谁组织编制，谁负责实施"来组织规划的编制和实施；在全市层面之下，区级政府也有充分反映诉求并为之负责的规划平台。

在单元规划层面也围绕实施事权进行了优化，并强调了单元规划层次突出承上启下、保障公共资源的作用。单元规划层次包括主城区单元规划、新市镇总体规划暨土地利用总体规划（简称"新市镇总规"）、特定政策区单元规划。与原规划体系中的单元层次相比，现有单元规划作为承上启下的一个层次，在规划定位、成果内容、成果形式等方面均有较大的变化，主要体现在规划定位由单纯自上而下分解落实规划任务的过程性成果，转变为强化空间引导和落地管控的管理平台。同时，在主城区内的单元规划，在控规单元尺度上也进行了针对事权的优化，使其与街道范围完全对应，以此来更好地保障公益设施落地，并与行政管理条线对应，可考核可评估。

二、广州市国土空间规划底线体系与"三线"管控研究

（一）广州市"三线"划定的目标与原则

1. 广州市"三线"划定目标

三条控制线是推进自然资源管理改革、建立空间治理体系的关键内容，是统一实施国土空间用途管制和生态保护修复的重要基础。广州结合国土空间规划编制，完成三条控制线划定和落地，构建围绕"三区三线"的市域国土空间管控体系。"三区"即生态空间、农业空间和城镇空间。

广州的生态空间包括生态保护红线和其他未纳入生态保护红线的生态环境协调区；农业空间包括永久基本农田和农业农村发展区；城镇空间即城镇开发边界，包括集中建设区、弹性发展区和特别用途区。"三线"即生态保护红线、永久基本农田、城镇开发边界。

2. 广州市"三线"划定原则

国土空间规划工作进入加快推进落实的新阶段，生态保护红线、永久基本农田、城镇开发边界三条控制线是国土空间规划的核心内容之一。按照党中央、国务院决策部署，落实最严格的生态环境保护制度、耕地保护制度和节约用地制度，将三条控制线作为调整经济结构、规划产业发展、推进城镇化不可逾越的红线。根据中共中央办公厅、国务院办公厅《关于在国土空间规划中统筹划定落实三条控制线的指导意见》，广州在"三线"划定过程中遵守如下三条原则：

（1）底线思维，保护优先。以资源环境承载能力和国土空间开发适宜性评价为基础，科学有序统筹布局生态、农业、城镇等功能空间，强化底线约束，优先保障生态安全、粮食安全、国土安全。

（2）多规合一，协调落实。按照统一底图、统一标准、统一规划、统一平台要求，科学划定落实三条控制线。

（3）统筹推进，分类管控。坚持陆海统筹、上下联动、区域协调，根据各地不同的自然资源禀赋和经济社会发展实际，针对三条控制线不同功能，建立健全分类管控机制。

（二）广州市国土空间规划"三线"划定的适用方法

1. 生态保护红线划定方法

生态保护红线是指在生态空间范围内具有特殊重要生态功能、必须强制性严格保护的区域，是保障和维护国家生态安全的底线和生命线，通常包括具有重要水源涵养、生物多样性维护、水土保持、防风固沙、海岸生态稳定等功能的生态功能重要区域，以及水土流失、土地沙化、石漠化、盐渍化等生态环境敏感脆弱区域。

广州通过生态保护红线的划定和实施，使全市形成满足生产、生活和生态空间基本需求，符合广州实际的生态保护红线区域空间分布格局，确保具有重要生态保护的区域、重要生态系统以及主要物种得到有效保护，提高生态产品供给能力，确保国土生态空间得到优化和有效保护，生态功能保持稳定，区域生态安全格局更加完善，为广州市生态保护与建设、自然资源有序开发和产业合理布局提供重要支撑。

按照《生态保护红线划定指南》的要求，结合广州市主导生态服务功能和生态环境敏感类型，在全市国土空间范围内，开展生态功能重要性（水源涵养、水土保持、生物多样性维护等）评估和生态环境敏感性（水土流失等）评估，确定生态功能极重要区和生态环境极敏感区。将本区域内禁止开发区和其他生态保护地进行空间叠图分析，结合生态服务功能重要性与生态环境敏感脆弱性科学评估结果、地理国情普查数据、土地利用数据和遥感影像数据调整边界，通过边界处理、现状与规划衔接、上下对接等步骤形成广州市生态保护红线划示方案。

广州市生态保护红线主要包括重要的自然保护地、重要生态功能区以及其他各类保护地。重要自然保护地包括省级以上自然保护区、省级以上森林公园生态保育区和核心景观区、省级以上湿地公园的湿地保育区和恢复重建区、省级以上风景名胜区的核心景区、国家级水产种质资源保护区的核心区、省级以上地质公园的地质遗迹保护区。重要生态功能区主要包括通过生态功能重要性、生态环境敏感性评价所明确的水源涵养、水土保持、生物多样性维护等生态功能重要区域以及水土流失等生态环境敏感区域。主要分布于从化北部、增城北部、花都北部以及帽峰山地区。其他各类保护地主要包括位于饮用水源地一级保护区、国家一级生态公益林、重要湿地等其他类型保护地。

2. 永久基本农田划定方法

永久基本农田是为保障国家粮食安全，按照一定时期人口和经济社会发展对农产品的需求，依法确定不得占用，实施永久特殊保护的耕地。永久基本农田概念于 2008 年中共十七届三中全会提出，会议审议通过了《中共中央关于推进农村改革发展若干重大问题的决定》。会议提出划定永久基本农田，建立保护补偿机制，确保基本农田总量不减少、用途不改变、质量有提高。永久基本农田的提出体现了党中央、国务院对耕地特别是基本农田的高度重视，体现的是严格保护的态度。

根据广州市的现状调查数据分析，目前永久基本农田存在实有耕地比例偏低、碎片化等问题。现状近半永久基本农田图斑面积较小，较为破碎，不利于大规模、集约化的生产利用，难以满足高标准农田建设，永久基本农田的规划布局有待进一步集中与优化。

结合国家战略和基本农田现状问题，广州国土空间规划提出积极开展永久基本农田的正向布局优化的方案，将重大项目和平台落地建设涉及的基本农田在下一步予以补划，并按照"应保尽保"的原则，将剩余连片程度和耕作质量相对较好的补充划入基本农田，保障基本农田总量；结合实际实地进行管控优化，针对城镇集中建设区内零散分布的碎片化基本农田，近期将与开发边界重叠的纳入城镇生态用地管理，实行严格管护。全市共划定若干个永久基本农田集中区，主要分布在增城、从化中部、花都中西部、白云北部以及番禺南部、南沙北部等耕地分布集中度和质量较高、需要重点保护和整治的区域。基本农田集中区内基本农田保护地块面积不低于全市保护任务的70%，通过土地整治，引导零散永久基本农田向集中区内集中。

3. 城镇开发边界划定方法

城镇开发边界是在国土空间规划中划定的，一定时期内指导和约束城镇发展，在其区域内可以进行城镇集中开发建设，重点完善城镇功能的区域边界。

以国土空间适宜性评价为基础、资源承载力为约束，与生态保护线和永久基本农田划定相协调，划定城镇开发边界，防止城镇无序建设与蔓延发展，促进城镇空间集约高效、紧凑布局。

首先，全面梳理广州各类自然资源、盘整存量空间，对接市区两级多部门，整合全域已批规划与346宗各级重点项目，构筑边界划定的底盘数据平台。研究国外城市增长边界划定案例，结合国内试点城市经验，综合已经开展的广州城市总体规划、三规合一和多规合一等系列工作实践，总结划定理论与技术方法。落实国家生态文明体制改革要求，与双评价相衔接，强化保护优先，明确生态、农业、城镇三类空间的总体格局，作为城镇开发边界的划定目标。并且围绕格局塑造与布局优化，建立"五步"划定法。以规模刚性、布局弹性、集中集约、形态规整为原则，形成开发边界建议方案。

应以规模刚性、布局弹性、集中集约、形态规整为原则，形成开发边界建议方案。城镇开发边界包括现状及规划的集中连片的城乡建设用地，各类非农产业园区，以及国家、省、市确定的重大建设项目用地，同时，将对城镇生态、文化、景观以及重要设施建设有重要影响的地区一并纳入城镇开发边界。

（三）广州市国土空间规划管控建议

结合国土空间"双评价"和"三线"划定结果，全域可划分生态、农业和城镇"三类空间"，构建覆盖全域的"三区三线"的管控方案。

按照国家有关规范要求，城镇开发边界内主要通过"详细规划+规划许可"，实施用途管制。城镇开发边界外划分为生态保护红线、永久基本农田、生态环境协调区和农业农村发展区四类区，主要通过"分区准入+村庄规划"实施用途管制。

1. 生态空间管控建议

（1）生态保护红线。生态保护红线内严禁不符合主体功能定位的各类开发活动，确保生态保护红线生态功能不降低、面积不减少、性质不改变。

确立生态保护红线优先地位。生态保护红线划定后，相关规划要符合生态保护红线空间管控要求，不符合的要及时进行调整。空间规划编制要将生态保护红线作为重要基础，发挥生态保护红线对于国土空间开发的底线作用。定期组织开展生态保护红线评价，及时掌握生态功能状况及动态变化。

（2）生态环境协调区。生态环境协调区包括未纳入生态保护红线的自然保护区、风景名胜区、饮用水源保护区、森林公园、湿地公园、地质公园等法定保护管理区，以及其他保障生态安全与环境品质的重要区域。生态环境协调区内除生态保护与修复工程、水资源保护工程、文化自然遗产保护、森林防火、应急救援、军事与安全保密、科学观测与研究、公园旅游休闲和游憩保障设施和殡葬设施，交通、水利、市政基础设施及其线性工程，以及必要的农村生活及配套服务设施和垦殖生产基础设施外，严格控制其他影响生态功能的开发建设活动，有关法律、法规和规章对生态环境协调区内特定区域的建设活动有更严格规定的，从其规定。

2. 农业空间管控建议

（1）永久基本农田。严格落实基本农田保护任务，按照量质并重原则，进一步优化永久基本农田划定成果。

（2）农业农村发展区。农业农村发展区包括一般农林用地、除城镇开发边界外的采矿用地以及农村地区，是农业生产生活、实施乡村振兴、发展全域旅游等的主要区域。应着力引导乡村有序发展，规范农村生产生活配套设施、垦殖生产设施建设，积极推进集体建设用地集约集中利用、复垦还绿。可单独选址建设交通、能源、水利等基础设施及其线性工程，监狱、军事及安全保密、宗教、殡葬、综合防灾、矿产资源、战略储备等特殊建设项目。在符合规划编制及审批情况下，可安排零散国有用地、留用地，农村新产业新业态项目，农村第一、二、三产业融合发展项目，农村生产生活配套设施，以及其他必要的城

镇民生保障与公共服务设施项目建设。

3. 城镇空间管控建议

城镇开发边界内建议实行"详细规划+规划许可"的管制方式，按照集中建设区、弹性发展区（有条件建设区）和特别用途区（特定功能区）进行分类管理。

（1）城镇集中建设区。集中建设区是城镇开发边界内规划建设用地的集中布局的地域空间范围，规划建设用地应符合建设用地规模控制指标和详细规划控制要求。在城镇集中建设区内可划示一定的功能留白区，以满足未来重大事件、重大项目建设等战略发展需要。

（2）弹性发展区。弹性发展区是城镇开发边界内在一定条件下可用于规划建设用地布局的地域空间范围。在不突破规划建设用地规模控制指标的前提下，可将城镇开发边界外或城镇集中建设区内的建设用地与城镇弹性发展区内用地进行置换，实现规划建设用地布局调整，以应对城镇未来发展和项目选址建设的不确定性。

（3）特别用途区。特别用途区是对提升城镇宜居环境品质、满足居民休闲游憩需求有重要作用而需纳入城镇开发边界实施管控的地域空间范围。主要包括与城镇功能布局紧密关联的结构性生态用地、水系以及风景游憩、特色景观资源、矿产资源开采区及配套生产生活区等地区。特别用途区内具体用地功能布局或调整应与生态保护利用、风景游憩等主导功能相适应。

第二节　区域国土空间规划案例

一、全面保护东北亚人文圣山，协同发展国际旅游城镇群——对设立长白山国家公园的探讨

2015 年，吉林省政府按照国家发改委等 13 个部门联合印发的《关于印发建立国家公园体制试点方案的通知》要求，同意将长白山定为吉林省建立国家公园体制试点区，并编制了《长白山国家公园试点方案》。后来随着东北虎豹国家公园进入首批国家试点名单，长白山国家公园试点便没有正式展开，但是随着 2019 年其被列入国家首批 40 个国家公园名录，长白山国家公园的研究便具有了很大的现实性和迫切性。

（一）设立国家公园全面保护环长白山自然生态系统的意义

长白山具有优良的生态本底和显要的生态地位，其生态系统的价值突出表现为以下四

个方面：（1）世界遗产的独特性。长白山自然保护区是欧亚大陆从中温带到寒带主要植被类型的缩影，其生物多样性是地球同纬度其他地区的两倍，是世界上在最小范围内植物带垂直分布最明显、垂直分布类型最多、生物种类最丰富的特殊生态系统。（2）生态安全的保障性。长白山是松花江、鸭绿江、图们江三江发源地，在水资源保护和生态环境保护方面具有重要意义。其中，生态涵养功能突出表现在调节气候、保持水土、蓄水保墒、降解污染物、改善生态环境等方面。（3）科研价值的重要性。长白山生物区系复杂，拥有东北亚地区唯一完整的高山冻原带，其独特的火山地质地貌是研究地球演化历史的重要材料，具有极其独特的科学研究价值。（4）生态景观的原始性。长白山火山地貌齐全、形态保存完好，是中国国家级火山地质公园，素有"中国新生代火山博物馆"之称，具有举世无双的原始性、神秘性和特有性。凭借所具有的面积、资源级别、人类足迹指数和功能全面性，长白山被学者认为是完全符合中国国家公园准入标准的三大国家公园之一。

（二）长白山区域概况

1. 区域经济发展和城镇化情况：交通末梢，经济落后的低水平匀质小城镇群

受地理位置和地形因素的制约，长白山远离交通主干线，位于交通末梢。区域内城镇空间处于"点—轴—网"空间结构发展的初级阶段，区域内城镇规模偏小，聚落分布分散。除松江河镇和二道白河镇外，各城镇发展水平低（人口规模均在5万人以下，GDP多为10亿元以下）。乡镇建设情况普遍较差，城镇风貌雷同，城镇特色未形成。

区域城镇资源型经济较为突出，以资源消耗型为主，生态负效应较大，如旅游业、农特产品加工业、矿泉水产业等。目前的大众旅游模式，基本为初级的观光旅游，其旅游公路、停车场等开发经营活动和建设及游客活动对生态环境影响较大。2015年，长白山保护开发区及周边三县（抚松、安图、长白）旅游接待人数为699.6万，旅游总收入仅71.4亿元，占吉林省比重偏低，较黄山市、张家界市等地区差距较大。大多数乡镇以及景区处于低水平初级开发阶段，旅游产业结构单一。

2. 自然保护地体系的情况：生态系统割裂的"生态孤岛"

长白山国家级自然保护区总面积约为1964.65km，由长白山管委会对自然保护区实施统一保护和直接管理。区域内还包括长白山自然保护区、鸭绿江上游自然保护区和松花江三湖自然保护区等三处国家级自然保护区及多个省、市级自然保护区。由于缺乏整体保护意识，导致各保护区之间没有稳定的生物通道，生物群落联系不足，形成一个个生态孤岛，割裂了生态系统的完整性。

长白山本拥有世界唯一完整的"五个垂直分布带"，分别为阔叶林带、针阔混交林带、针叶林带、岳桦林带、高山苔原带。这是长白山山地森林生态系统的有机组成，是维护长

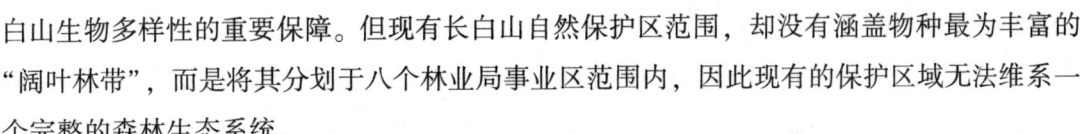

白山生物多样性的重要保障。但现有长白山自然保护区范围，却没有涵盖物种最为丰富的"阔叶林带"，而是将其分划于八个林业局事业区范围内，因此现有的保护区域无法维系一个完整的森林生态系统。

3. 管理体制的情况：不彻底改革的准一级政府——长白山管委会

从现实来看，无论是自然生态的保护还是各种资源的开发，管理体制始终是影响长白山治理绩效的关键因素。2005 年，为了解决长期以来行政分割带来保护和旅游的矛盾，吉林省设立了长白山保护开发管理委员会，规划按开发区模式进行管理，具有正厅级建制，相当于市（州）政府的行政管理职权。与传统的综合性自然保护机构或旅游产业开发管理机构不同，长白山管委会对管辖范围拥有经济、社会、行政领域的全面管理权限。

但是许多体制性矛盾仍难以根本消除，各种制约管委会职能发挥、阻碍长白山保护开发区持续发展的因素仍然存在。由于周边县市对管委会管理范围存有较大异议，吉林省屡次对管委会管理范围进行了调整，保护开发区范围最终形成目前的碎片化管理状态，即管委会仅对规划管理区范围的池北中心城区、池西中心城区、池南中心城区、各个主题功能区以及旅游公路两侧具有管辖权。

4. 问题总结和总体研判

（1）以长白山生态系统完整性为出发点，如何打破保护区"孤岛化"现状，促进生物多样性，合理确定长白山国家公园的范围。

（2）当前自然保护地体制改革和国土空间规划编制背景下，如何结合对生态保护和国土空间体系的评价，对长白山国家公园进行划示，并确定不同分区的准入管制。

（3）如何平衡国家公园和周边城镇发展的关系，在对生态空间进行统一管理的基础上，对国家公园周边旅游城镇群体系规划和管理方式做出安排，从而实现对国家公园空间的全域管控。

（4）如何在长白山管委会基础上，结合国家公园管理局的设置，进行合理的机构改革和设置，建构国家公园框架下的区域共治共享格局，对管理体制和机制改革进行有效探索。

（三）对设立长白山国家公园的建议

1. 以生态系统完整性确立长白山国家公园范围

我国的保护地数量虽多，但多为生态孤岛加社会孤岛，长白山自然保护区也不例外。由于长白山区域网络体系不够完整，且与其他各个自然保护区之间缺乏生态廊道联结，许多野生动、植物种群常常相互隔离，不能实现遗传交流。本次国家公园范围划定的重点便是重构长白山区域内各个保护区、保护地之间的关系，保护区域生态完整性，实现区城协同发展。

此次国家公园的范围主要遵循两个原则：首先是基于生态完整性，充分考虑以主要河道为核心的流域生态系统与野生动物迁移廊道的保护，将长白山自然保护区与周边其他自然保护区进行结合，建立相互联系的生物通廊，使自然保护区发挥最大的生态效益。其次，要以实施可行性为依托，在已有行政边界的基础上将周边林业局的分布情况也纳入考量范围。综上所述，近期的国家公园规划建议适时扩大自然保护区范围，即在西北方向，拓展自然保护区范围至松花江三湖自然保护区，将松江河林业局和泉阳林业局的管辖范围纳入国家公园，并建立自然保护区之间的协作保护机制；东北方向，将白河、露水河林业局管辖范围整体纳入自然保护区范围，进一步理顺保护管理体系；遵循流域自然规律，将西部的和龙林业局与头道松花江、锦江、漫江、老黑河等主要河流纳入保护区范围；南部区域，将长白县林业局与长白县森林经营局的管辖范围纳入国家公园，保证鸭绿江上游自然保护区的生态完整性，共 13478.78km^2。

参考美国黄石国家公园的有关经验，远期在长白山国家公园的基础上，可以联合西北部松花江三湖自然保护区、鸭绿江上游自然保护区等倡导建立大长白山联盟，以促进生态系统管理理念的推行和实施。大黄石生态系统包括黄石公园、大蒂顿国家公园、六个国家森林公园、三个国家野生动物保护区以及怀俄明州、爱达荷州、蒙大拿州国家及私有土地等共 800 万公顷的荒野，这些区域是迄今保存下来的面积最大的原生态系统。初步估算，大长白山联盟建立后也将成为覆盖 14631.31km^2 的生态保护系统。

2. 长白山国家公园分区划示和准入机制

为有效保护区域内资源并进行适度开发利用，实行分区施策，即在各个功能分区内实施不同的保护措施，根据其生态敏感性和生态系统结构特点而开展不同的生态服务，严格控制资源利用方式与强度，场地、容量、利用方式、利用强度、管理措施的精准对应。据国家公园试点的经验与区域实际情况，长白山国家公园划分为五类空间：严格保护区、生态修复区、科研监测区、教育游憩区与传统利用区。严格保护区涵盖长白山区域两大动物群落（针叶和针阔混交林动物群）活动集中区域以及长白山原生林区，是国家公园内自然生态系统最完整、核心资源集中分布的区域；生态修复区主要包括原长白山自然保护区、鸭绿江上游自然保护区以及松花江三湖自然保护区三处国家级自然保护区，是生态系统与自然资源已经遭到不同程度破坏，需要修复的区域；科研监测区生态保育区外围的林业生产集中区，包括次生林中的针阔混交林区域、主要水系两侧1000m的生境通道区域，这一空间既是生态保育区的外层空间，也是连接人居活动集中区域与生态保育区间的通道；教育游憩区域是以农、林业生产空间相互交错为特点的缓冲空间，是保护生态保育空间的外围屏障，也是人居环境的生态本底，主要包括阔叶林区域；传统利用区主要为规划指导区范围内各个乡镇、功能区及各类道路等适宜于城镇建设的区域，通过协调城镇建设与生态保护的关系，梳理生态肌理使城乡建设与生态环境融为在准入规则与管理体制上，严格保护区内不适宜人居且不允许发展任何干扰活动，除保护管理部门依法进行巡护、定位观测研究和定期资源调查外，使其自然发展，作为人类活动对环境影响的原始对照地；生态修复区内不适宜人居且仅允许发展微强度干扰活动，强调在尊重自然规律的前提下开展一定的生态修复活动，并对恢复情况进行监控，及时调整修复策略；科研监测区内为低适宜人居区域且允许发展低强度干扰活动，允许以教学科研为目的而进行的非破坏性研究、教学实习和标本采集，国家公园将对区域内的科研机构、监测设备、人员、项目等进行管控；教育游憩区内为重度适宜人居区域且允许发展中强度干扰活动，以"资源+市场+功能"为导向，允许包括索道、步道等旅游服务设施建设，开展以林蛙、人参等药材为主的林下经济生产活动，并对生态游憩的游览模式、访客规模等进行规划管理；传统利用区内为高度适宜人居区域且允许发展高强度干扰活动，允许铁路、轻轨、高速公路等城镇基础设施建设与生态城镇发展。

3. 国家公园周边旅游城镇群体系规划和管理

开发与保护体现了国家公园不同的"外部效应"：国家公园对周边门户城镇的旅游带动作用可视为国家公园的"正外部性"，对门户城镇开发的限制可视为其"负外部性"。因为城镇的发展代表了地方利益，是为了取得社会和经济福利；而国家公园保护是为了保证永续开发利用并支持所有生物生存的能力，代表了国家利益。虽然长白山区域常住人口处于减少和流失状态，但由于高铁建设和旅游发展，市县地方政府正在寻求扩张的机遇，但是环境保护的压力将对城镇开发具有一定的制衡作用，在平衡这个关系中，要求实行全域管控的方式，不仅对城镇空间，也对生态空间进行统一的管理。需要从两个角度来考虑城镇体系和国家公园的关系。首先，需要平衡外来者与本地居民的关系，高铁建成以后会有越来越多的高收入、高资产外来者进入区域，在这种背景下，小镇不仅要保障为旅游者的配套服务设施，而且要保障本地居民的住房权利，提供充足的公共服务设施及提供多样化的住房，避免房地产化造成原住民社区感的丧失，须建立主客共享格局和绿色产业体系来支撑城镇可持续发展。其次，近年来游客量大幅增长，旅游旺季天池景区游客容量已接近极限，但山下旅游却增长缓慢，需要挖掘城镇自身特色，门户城镇应在服务国家公园的基础上，将自身打造成旅游目的地。由此，需要充分挖掘地域文化特色，提升小镇的形象，并提供丰富多样的贯穿全年的活动，缩小淡旺季的人流差异，强化过夜经济，反过来也能推动淡季游客量的上升，还可充分借鉴瑞士阿尔卑斯山区经验，强化建设特色观光、轻轨铁路，串联境内各个旅游城镇，构建成网络化的旅游城镇集群。

结合长白山具体情况，城镇体系发展应从全域旅游理念出发，在保护长白山大生态系统的基础上，形成区域一体化发展，构建"一核三心双 C，两带四片区"的区域城镇空间结构。即以长白山自然保护区为核心，"三心"是指承担了区域不同功能的核心城镇，即二道白河镇、松江河镇—东岗镇和长白镇—马鹿沟镇。"三心"联动发展，其中立足二道白河镇现状行政、文化和旅游服务功能，提升产业能级，形成区域的行政中心、文化中心和旅游服务中心，推动松江河镇—东岗镇一体化发展区域，增强综合服务功能，形成区域的经济中心。长白镇和马鹿沟镇位于区域南部边境地区，结合地区特色生态资源开发、长白山南坡、鸭绿江和图们江旅游，发展旅游和边境商贸产业。在三个旅游中心城镇之外，则是依托"十镇+两口岸"建设生态旅游经济带，打造 16 个特色旅游城镇，形成一镇一品、各具特色的差异化发展格局。

"双 C"结构是指环长白山城镇发展轴和新型绿色产业承接轴。首先是环山城镇发展轴，即结合环山线，结合机场、高铁和口岸和旅游轻轨设施的建设，推进环山城镇的分工协作发展，发展旅游业和特色生态资源等产业。新型绿色产业承接轴位于外围，通过道路的串联，强化绿色产业集，形成与吉林省内城镇发展和产业发展的协同空间。四大片区则是指在周边城镇基础上，形成北部、中部、西部及南部的四个城镇发展区。

旅游是长白山保护开发区的核心产业，为推动长白山旅游产业的发展，规划充分考虑长白山旅游季节性特点突出、旅游景区分散、边境文化鲜明、发展潜力巨大等特点，从旅游产业的空间布局、制约旅游发展的交通问题和游客乐享旅途的交通要求等方面开展研究，建议适当限制不同区域的游客数量和活动强度，通过高铁、铁路与轻轨的串联将游客由天池周边疏解到大长白山区域范围内，并充分利用城镇、生态试验区等资源，以生态系统的全面保护为契机，协调保护与利用的关系。

除了打通高铁、高速和航空等对外交通瓶颈之外，其核心是要强化旅游轻轨的建设以及旅游（普通）铁路的建设，规划新建池北—北坡山门、池西中心城区—西坡山门、长白镇—南坡山门等三条旅游轻轨，沿线结合各城镇、主题功能区及景区景点设置轻轨场站。

4. 管委会体制和国家公园合署办公的长白山国家公园垂直管理体制

长白山管委会不是真正意义上的一级地方政府，因此辖区内未设置人大机构，导致管委会不具备法定的行政规章制定权，所管辖区域内的安图、长白、抚松三县在行政隶属上仍划归与其同级别的延边州和白山市。区域内许多行政、社会事务仍归原延边、白山相应政府部门负责，造成了现状区域"条块分割、各自为政"的局面。

借鉴其他国家公园试点的经验，结合长白山区域当前管理体制区域多级主体相互竞争，区域多头管理、交叉重叠的情况，建议长白山国家公园实行"一园五分局"的管理体制。在管委会基础上设立长白山国家公园管理局，与管委金合署办公。通过建立相应的特许权补偿机制，将预设试点范围内的林业局和林场等资产收归长白山管理局统一管理。通过赎买、入股等形式进行协商。在对现有资源进行整合评估的基础上，实行公开招标，利用市场的调节作用对特许经营权进行再次分配和流转，以实现管理局统一行使区域内自然资源资产管理权和国土空间用途管制权。

长白山管理局下设安图、抚松、和龙、长白、临江五个管理分局进行分级管理，管理分局下分别设以多个管理站，从而形成辐射到村的多层级上下联动的统一垂直管理体系，以确保各项保护和管理工作的层层落实。此外，在国家公园的五个分局中五县市实行党政领导的"一岗双责"制，即县（市）委书记、县（市）长分别兼任所在国家公园管理分局的党委书记和主任。这样有利于各部门间通力合作切实做好国家公园生态保护和管理工作的协调、推进和具体落实。

二、面向大尺度线性战略区域的国土空间规划——陕西沿黄生态城镇带规划设计探索

《陕西沿黄生态城镇带顶层设计》属于典型的大尺度线性战略区域，规划范围针对陕西沿黄公路 800km 长、两侧约 10km 宽的核心规划设计范围，以及沿线 14 个县（市）的总体规划研究范围，总规划面积约 2.9 万 km²，因为有黄河和沿黄公路的串联，这样一个狭长的线性空间需要进行整体的规划。但这样一个规模巨大又极为狭长的区域，涉及十四个市县、三类地理区域（风沙草滩、黄土沟壑、冲积平原），人文和自然条件都差异极大。同时其规划主体包含了政府和企业，既需要做资源保护又需要谋划具体的空间开发。面对这样一个复杂多元的规划对象，传统的城乡规划、国土规划和主体功能区划的技术方法，单独应对几乎都力有不逮，需要寻求三大规划体系的统合运用。

在《陕西沿黄生态城镇带顶层设计》项目中，主要进行的探索是学习三大规划方法，进一步凝练为"全域用地解析（解地）"和"全域发展战略解析（演局）"两大分析，进行有选择的整合，形成一个覆盖"城、乡、野一盘棋的区域规划框架（擘画）"。

（一）解地：用地布局全域性梳理

主体功能区划虽然也关注空间安排，但偏重于政策性辖区和主体功能战略，而城乡规划和国土规划则已经形成较为成熟的用地空间解析的技术方法。本次规划首先树立"全域"视角，同时对建设空间和非建设空间进行用地布局分析。主要基于陕西沿黄 14 县市，并将分析视野延伸到沿黄区域 17 个县市，形成总体 31 县市的陕西—山西沿黄区域的整体考察。

由于规划对象庞大复杂，并没有简单地运用传统解析方法，而是进行方法延拓，引入

机器学习算法，采用最大似然分类方式，将沿黄地区历年的遥感影像图进行分类解译，进行全域性多维度的用地解析。规划识别出山西、陕西沿黄河的各县市从 1992 年至 2015 年城乡建设用地演变情况，从中解读规划区域的用地布局基础情况。

在区域尺度的观察发现，规划区域在用地布局上的总体演变状况较稳定，20 多年间没有结构性的变化。

从演变特征看，城乡建设空间总体占比不高，呈散点状夹杂于自然生态空间之中，在 2000—2005 年增长速度快，城镇扩张特征显著，建成区面积显著增加，其余时间增长缓慢，其中南部地区增速快于北部和中部。自然生态空间占比较高，主要包括：（1）农田，农田格局的演变总体稳定，1992—2015 年没有大量的农田斑块出现或消失，在 2010—2015 年间局部地区有新增农田出现；（2）林地，沿黄地区的林地总体分布在中部延长—宜川—韩城与南部华阴—潼关的华山地区，2010—2015 年，宜川、韩城的局部地区有新增林地斑块；（3）草地，草地分布基本以 1992 年的分布格局为基础，1992—2000 年无显著变化，2000—2015 年，神木东北部与府谷西北部出现大量新增草地斑块。

从分布特征看，北部府谷佳县段，自然生态用地以基本覆盖全域的农田和草地为主，几乎没有林地斑块覆盖，建设用地以条带状分布为主。中部吴堡宜川段，自然生态用地以基本覆盖全域的农田和草地为主，在延长、宜川两县有林地斑块覆盖，建设用地少量散点分布在主要城镇。南部韩城—潼关段，自然生态用地方面，农田基本覆盖全域，以合阳和大荔为典型；林地斑块主要分布在韩城西部以及华阴—潼关南部的华山地区，建设用地星罗棋布于主要城镇。

基于上述用地识别，进一步综合高程、坡度、水系、道路、设施密度等资料的分级评价，叠加分析后形成规划范围内的用地评定图，并以此作为后续全域空间管制的基础。

通过获取沿黄地区行政区划、区域内道路、区域内铁路、地表覆盖、地形地貌等数据，并在 GIS 平台中矢量化。根据相关文献对评价要素赋予权重并校核后进行数据处理，得出不同要素类的欧氏距离，利用重分类工具进行分级评价后进行叠加分析，最终得到沿黄地区全域的用地适宜性评价图。

从评价结果可看，建设条件较差地区全域都有分布，中部较为集中。可建设地区主要分布于黄河沿岸、黄河支流流域和南部关中平原地区。根据评价结果可以划定四类控制区域，包括：（1）禁止建设区。主要是对生态、安全、资源环境、城市功能等有重大影响的地区，一旦破坏很难恢复或造成重大损失，原则上禁止任何城镇开发建设行为。（2）限制建设区。对区域生态环境以及生物多样性保持较为重要的地区，禁止进行大规模开发和城镇扩张。（3）可建设区。没有处在重要的生态功能区内，建设条件相对适合的地区。（4）适宜建设区。坡度平缓、靠近主要道路与水系、现状自然条件较好的优先建设区域

（表6-1）。

表6-1 陕西沿黄区域用地适宜性分类统计

类型	占规划范围比例	面积（km²）
禁止建设区	0.16%	46.6944
限制建设区	23.77%	7066.565
可建设区	52.46%	15598.11
适宜建设区	23.61%	7011.92
合计		29731.68

（二）演局：主体功能框架性构建

用地管控是为了服务特定的地区发展战略。对于战略内容的研判是主体功能区划的技术特长，其背景是发改系统主持的国民经济和社会发展五年规划，对地区发展方向的把握更加综合，对于地区发展的影响更加宏观，这是城乡规划和国土规划可以学习借鉴的内容。本次规划综合学习主体功能区划的多种技术方法，首先对陕西沿黄地区的整体发展态势进行系统分析，进而通过构建覆盖全域空间的评价体系，采用魔方模型判定各空间单元的主体功能区划引导导向。

从文化溯源来看，陕西沿黄地区是中华文明发源地，可追溯到7000年前的一系列旧石器时代、新石器时代遗址的出土，证实华夏文明之光最早的渊源就在这里。到近代，这里还是新中国诞生的见证之地，西北革命根据地、陕甘宁抗日民主根据地等长期发挥着红色革命大本营的作用，毛主席在这里写下了"山舞银蛇，原驰蜡象，欲与天公试比高"的千古绝句。这里还是独具魅力的陕北民俗文化的大本营，有形式多样的建筑文化、丰富多彩的民俗活动和独具特色的窑洞人居。同时，沿黄地区矿产资源富集，煤矿资源尤其丰富，其次为气、金矿资源，几大矿区聚于其内，北部有神府、具堡矿区，南部韩城、潼关矿区，在全国乃至世界都居一流水平。近年来，陕西沿黄地区的发展面临挑战。首先是生态环境的恶化，中北部榆林、延安区域是我国水土流失最严重的地区，数百里黄土高原和风沙荒漠不仅经济发展困难，还要不断投入进行生态复绿。同时，也是交通设施分布相对不足的地区，这里是周边的关中、呼包鄂榆、太原、宁夏沿黄、兰西、黄河金三角等区域战略的相对边缘地区，是周边主要城市势力圈的相对边缘地区，是经济水平相对较低的地区，人口相对较少的地区。陕西沿黄公路的开通，还有太中银高铁、古贤大巴等重大设施正在谋划，给该地区的突破发展带来了想象空间。

综合上述分析，规划学习主体功能区划的地方发展研判方法，构建地区发展评价魔方模型。模型以资源环境承载力为 x 轴，开发密度为 y 轴，发展潜力为 z 轴构建建立三维坐标系，然后分别在 x、y、z 轴上从原点开始向外等间距选择三个点，分别代表资源环境承载力、开发密度和发展潜力的高、中、低三个级别从这些点分别引出 x、y、z 轴的三条垂线，形成一个 3×3×3 的三维魔方图，共计 27 个魔方单元，每一单元（x,y,z）代表资源环境承载力—开发密度—发展潜力的特征组合类型。基于对地区发展指标特征的分析，规划选取人均耕地面积、人均水资源量、生态脆弱性地区面积比重作为资源环境承载力指标因子，选取人口密度、GDP 密度、城镇化水平作为开发密度评价的指标因子，选取人均GDP、GDP 复合增长率、第二产业比重、路网密度、区位优势作为开发潜力评价的指标因子（表6-2）。

表6-2 地区主体功能研判主要指标权重

综合指标	指标因子	权重
资源环境承载力(B1)	人均耕地面积(C1)	0.21
	人均水资源量(C2)	0.27
	生态脆弱性地区面积比重(C3)	0.52
开发密度(B2)	人口密度(C4)	0.37
	GDP 密度(C5)	0.42
	城镇化水平(C6)	0.31
开发潜力(B3)	人均 GDP(C7)	0.12
	GDP 复合增长率(C8)	0.15
	第二产业比重(C9)	0.21
	路网密度(C10)	0.19
	区位优势(C11)	0.33

以 14 个县市的下一级乡镇辖区为评价对象单元，综合对上述各项因子进行评价，再通过三维魔方模型进行因子叠合，形成对各乡镇单元的主体功能发展引导。主要包括重点开发区（一类、二类）、限制开发区（重点生态功能区、农产品区等）、禁止开发区（自然保护区、森林公园、风景名胜区、地质公园、文化自然遗产、水产种质资源保护区、重要湿地、重要水源地等）。

3. 擘画：城、乡、野一盘棋的区域规划框架

以在"解地"和"演局"的基础上，进一步"擘画"地区发展蓝图，包括对城镇体系、特色乡村、重点开发片区的引导。

（1）城镇体系引导。

考虑到规划完整性，沿黄河两侧的完整性，城镇体系空间结构将沿黄陕西和山西的县

市纳入一并考虑，因此规划结构为：一带：沿黄生态城镇带。

三区：北部以神木、府谷、河曲、宝德为核心的新能源城镇发展区；中部以绥德、吴堡、清涧、言传、延长、柳林为核心的黄土高原生态城镇发展区；南部以韩城、大荔、合阳、潼关、药城为核心的秦晋豫城镇协同发展区。

四群：神—府—保—河城镇群；绥—吴—柳城镇组群；韩—合城镇群；黄河金三角城镇群。

五核：府谷、神木、绥德、韩城、华阴五个区域副中心城市；多脉：沿渭河、窟野河、无定河、洛河、皇甫川、清水川、孤山川、石马川、秃尾河、佳芦河等黄河支流分布的绿色生态城镇脉。

多点：多个重点镇。

（2）特色镇村引导。

规划基于对各乡镇发展评价的基础上，融合已有乡镇规划，进一步梳理基本村镇结构，完善包括综合镇、特色小镇、田园综合体、特色村、中心村、一般村的完整镇村体系，同时优化强化特色村镇体系，包括特色小镇、田园综合体、特色村等（表6-3）。

表6-3　区域城镇体系规划框架

综合镇	特色小镇
在镇域范围内起到基础设施带动作用的城镇化核心区	特色产业聚集或风貌特色突出，具有强劲发展动力的片区
田园综合体	特色村
以农民合作社为主要载体，集循环农业、创意农业、农事体验于一体	在资源与环境、风貌、产业、文化上具有明显特色的村庄
中心村	一般村
乡村群落中村庄规模较大、人口相对集中、设施相对完善的村庄	发展条件一般，无明显特色，劳动力逐渐流失的村庄

（3）重点开发空间引导。

在上述系统规划梳理的基础上，对沿黄河和沿黄公路两侧20千米地带进行相对具体的开发空间引导，是本次规划的一项基本使命。规划承接上述系统梳理的框架落实，针对狭长的沿黄核心地带，从战略、产业、生态、交通、旅游、市政等多方面进行分析，勾画出11个特征性区段，分别进行具体的建设空间与非建设空间的规划设计引导。主要包括：黄河入陕第一湾小城镇群风光段；府州古城体验段；天台山特色小镇群体验段；佳县—白云山文化体验段；吴堡石城体验段；乾坤湾—太极湾玩趣体验段；古贤大坝水利风景区体验段；龙门—石门秦晋大峡谷体验段；韩城历史文化体验段；洽川—大荔田园湿地体验段；华阴—潼关历史文化体验段。

第三节 市县级国土空间规划案例

一、"双评价"支撑国土空间规划的路径初探——以荆州市为例

（一）荆州市"双评价"工作主要内容

1. 荆州市"双评价"的工作流程确定

荆州市"双评价"研究工作，首先基于《指南》早期的征求意见版提出了技术框架的若干修正想法，一是强化资源环境承载能力评价、突出容量结果；二是结合资源环境特点针对性采用评价单元；三是增加三类适宜性空间叠合分析和多宜性空间识别。最终形成"并联校核"模式的工作框架。

在实际分析工作中，朔州市"双评价"重点参考了已经发布的若干省份的相关指南，对技术流程做了简化，资源环境承载能力主要考虑土地、水、生态三类资源，水环境一类环境承载农业生产、城镇开发的强度，计算参数采用现状指标参数。生态保护重要性评价重点依据《生态保护红线划定技术指南》（2017 年）。农业开发适宜性和城镇建设适宜性简化为限制要素叠加、不适宜要素调整、聚合区位修正的三段式工作流程，评价过程中指标选取和阈值的确定尽量减少建设和发展思维的干扰，着重评价自然本底的适宜性。

2. 识别关键制约要素的资源环境承载能力评价

土地资源承载能力主要采用折减法，通过包括生态红线的生态用地、25°陡坡区、重要林地、灾害影响范围等区域折减可计算土地承载农业开发和城镇建设的规模。在最严格的水资源管理制度背景下，以总量控制指标为锚点，按照现有用水结构和用水水平，测算水资源支撑农业开发和城镇建设的规模。以水功能区划等为依据，划分水环境管理单元，计算环境容量，按照现有排放强度测算水环境承载农业开发和城镇建设的规模。

荆州市水资源在局部县市对农业开发产生了一定的制约，主要原因是这些县市现状农业用水指标较高，且用水总量控制指标中农业用水的分配指标同耕地规模并不匹配。荆州市市辖区水环境对农业生产和建设开发存在一定制约，主要原因是高强度生活污染排放、农业面源污染和工业污染的多重叠加，且由于水位原因市辖区难以通过长江利用全市环境容量。

荆州市主要的资源环境是土地资源、水资源和水环境，而在全国其他区域可能会涉及

草地资源、渔业资源等重要生态资源，应结合本地特征针对性增加相关评价。

3. 体现本地特色的国土空间开发适宜性评价

荆州市除市辖区外，均属于国家农产品主产区，因此在评价指标的选取中不仅要体现生态优先，也要体现保护良田的重要原则。荆州市有长江横穿而过，西部松滋存在石漠化区域，因此生态保护重要性评价重点围绕水源涵养功能重要性、石漠化敏感性等展开。

在农业开发适宜性评价环节，按照细化优化评价方法的原则，依据《耕地质量等级》（GB/T33469-2016）增加全域的耕地质量评价，利用标准的指标框架，进行全域全覆盖的评价。

在城镇开发适宜性评价环节，建设开发应避开高质量耕地，因此耕地质量也作为重要指标参与评价。

（二）"双评价"对国土空间规划的支撑

1. 支撑优化全域空间格局

荆州市"双评价"工作最终形成了三类空间的分项评价以及三类空间的叠合评价。在分项评价中能够一窥其空间分布，也会形成对下一步国土空间规划具有重要帮助的认识。荆州在生态保护重要性评价中，最后形成了南"网"北"斑"中长江的生态保护重要性格局，生态保护极重要区的主要组成为江河林网等。这一结构性的认识，有助于下一步开发保护格局的构建中优化全域的生态系统和网络，不断提高国土空间的生态价值和服务功能。

在农业开发适宜性评价中，耕地和适宜性的对应关系，是耕地格局调整优化的重要方向。在不适宜区和低适宜区的耕地，应成为有限调整和优化的对象，如荆州市存在大量沿长江滩涂开发且不受防洪堤保护的耕地。在其他区域，也会存在耕地同生态保护之间的重叠冲突问题。低适宜区的耕地，其低适宜的原因在某种程度上会成为下一步高标准农田建设的方向，例如缺乏灌溉设施、肥力不足等。

通过三类适宜性的叠加分析，识别以自然本底评价为主的主导功能，可以得到基于适宜性评价的总体空间格局，其中包括多宜性空间的识别，对多宜性空间的讨论和选择，有助于下一步三类空间总体格局的形成，是一种重要的辅助手段。这种主导功能的识别和多宜性空间的讨论，应该同传统的城乡规划的"方案"进行区别，不宜直接作为下一步规划的直接依据。

2. 辅助控制线划定

生态保护极重要区作为具有生态功能极重要区或生态极敏感功能弱的区域应按照指南要求，纳入生态保护红线。在实际工作中生态保护极重要区的识别生态保护红线划定工作的第一步。接着叠加扣除人文景观类区域的国家级和省级禁止开发区，以及涵盖极小种群物种分布栖息地、重要湿地、野生植物集中分布地、雪山冰川等其他各类重要保护地，形成生态红线划定的工作范围。然后通过自然边界、保护地边界、江河湖海延伸范围、自然资源调查地块边界等修正边界。最后通过现状规划衔接、跨区域协调、上下对接等方式确定生态保护红线方案。

在这一生态保护红线的工作流程中，生态保护极重要区的识别是一项重要的基础工作。通过生态保护极重要区的分析，结合现状实际空间的生态功能类型，能够大致判断下一步生态红线的优化方向。通过同现有生态保护红线方案的比对分析，荆州市识别了两处重要生态功能区域，分别是松滋石漠化地区、长江截弯取直故道区，这两处也是下一步需要纳入生态保护红线或针对性增加生态管控措施的区域。

基本农田保护区的划定特别是永久基本农田的划定，是国土空间规划的重要组成部分。通过农业适宜性评价和现有基本农田的叠加分析，能够清晰地找到基本农田划定的潜力区。很多基本农田潜力区往往也是城镇未来发展的热点区域，农业高适宜空间和城镇发展需求的空间高度重合是规划师不得不面对的问题。因此基本农田的划定，特别是基本农田潜力区的识别和认定，也要同发展需求、城镇开发边界的划定进行协调，在保护优质耕地的原则下确定基本农田，继而划定永久基本农田。

资源环境承载能力产生的紧约束，对城镇开发边界划定的规模产生重要影响，虽然资源环境承载能力在某种程度上可以通过一些工程和非工程措施进行提升，但其约束性恰恰是城镇开发边界划定的规模上限的重要依据。在重要生态地区、开发强度较高的地区，通过"双评价"工作，按照生态优先保护农田的基本原则，往往能够框定一个相对明确的城镇开发边界，这也是各类城镇开发边界划定研究中采用的反向法的原理。而在发展潜力较大、发展需求较强的地区，城镇开发边界的划定需要考虑更多的因素。

3. 形成贯穿规划过程的指标体系

资源环境承载能力的重要约束指标，往往是规划监测、评估、预警的重要指标，更应该是规划重要的目标指标。在未来的指标考核系统中，这些资源环境承载能力的约束指标甚至可以成为政府考核、同用地增量等挂钩的重要指标。当然，这些未来制度的设计，不仅要考虑紧约束的资源环境，同时也要综合考虑区域战略、地区定位等各方面要求。

荆州市存在一定的资源环境约束，例如部分县市的水资源农业承载力不足，针对其中用水效率不高的县市，是否可以用农业用水效率指标来作为国土空间开发和保护的重要考核指标，甚至可以挂钩农业优惠政策，更甚至挂钩增量建设用地指标，亦不失为未来的一种思路。又或者如荆州市区，面对污染排放强度较高的问题，污染排放强度是否可以作为重要考核指标。

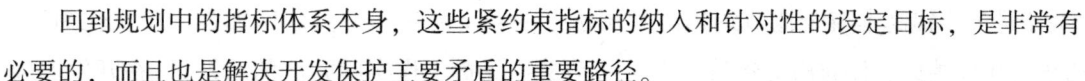
回到规划中的指标体系本身，这些紧约束指标的纳入和针对性的设定目标，是非常有必要的，而且也是解决开发保护主要矛盾的重要路径。

4. 完善自然资源管理和生态修复

原有城镇规体系中，对自然资源管理的手段较弱，而土规中着重指标传导。通过"双评价"的工作，可以为部分自然资源的管理带来新思路。以荆州市部分县市水资源农业承载力不足的问题为例，那些水资源效率并不低的县市，对它们自身而言是水分少了的问题，而对于省级或地级市层面而言，是水资源的统筹匹配出了问题，基本农田任务较多的县市并没有得到相应多的农业用水指标。也有一些区域通过引调水等外部干预，增加承载力弹性，但这些外部干预增加承载力弹性的方式必然会反映到再上层次（流域、国域）的此消彼长的统筹分配问题。

生态修复在国土空间规划中不同情境下有不同的理解，宏观的可以包括土地治理、生态修复、流域治理等一系列国土空间的治理和修复行为，而微观的可以理解为对生态系统的功能恢复和生态空间的修复。通过"双评价"工作，可以有效识别生态的敏感区域，这些区域往往是需要修复和治理的重要生态空间。通过开发保护矛盾的判断和识别，也可以找到需要整理和修复的各类国土空间，诸如矿山、塌陷地、污染地块等。以荆州市为例，松滋的石漠化地区是重要的生态修复治理区域，部分内河水系是污染治理的重点区域。

二、"历史文化风貌+时代特征"重塑城市形象——上海市黄浦区

（一）基本情况

黄浦区是上海市的老城区，位于中心城的核心部分，地理位置非常重要，但地域面积小，寸土寸金。黄浦区也是上海中心城历史文化底蕴最深厚的地区，区内有人民广场、外滩、老城厢、衡山路、复兴路（部分）4 处历史文化风貌保护区，占中心城 12 处历史文化风貌保护区的 1/3；风貌保护区总用地面积约 581.27 公顷，占黄浦区陆域总面积的 28.3%。

近年来，黄浦区紧紧围绕"在有限的土地资源上，挖掘存量土地资源，提高土地利用的效率"，围绕历史风貌保护、土地立体开发、地下空间利用、土地出让政策等，进行积极有益的尝试和探索，不断提升土地资源节约集约利用水平。

（二）主要做法

1. 体现历史文化风貌和时代特征的土地利用模式

黄浦区是上海中心城历史文化底蕴最深厚的地区，有着丰富的历史建筑资源。根据

《关于进一步提高本市土地节约集约利用水平的若干意见》《黄浦区加强历史文化街区、历史文化风貌区、优秀历史建筑和不可移动文物保护工作实施办法的通知》，在开发实施中，强调城市规划的整体性、区域功能的复合性、滨水空间的开放性、城市形象的识别性、历史文化的传承性，坚持政府主导、公共利益至上。黄浦区 174 街坊（洛克外滩源）项目就是秉承这个理念进行开发的项目。

洛克外滩源项目位于上海外滩历史文化风貌保护区内、苏州河与黄浦江融汇处，地上总建筑面积 94080 平方米，其中，历史保护建筑面积为 45005.63 平方米（11 幢）。功能主要为商业、办公、文化、艺术和部分餐饮。

洛克外滩源项目借鉴香港特区中环经验，以"重现风貌，重塑功能"为宗旨，在寸土寸金的中心区保留了中实大楼、安培洋行、圆明园公寓、女青年会大楼等 11 幢历史保护建筑，以体现外滩历史文化风貌，还结合新建的 6 幢现代建筑，创造上海最高端的区域，重现新时代上海的魅力。

2. 探索土地立体开发，打造"立体城市"

城市地下空间的开发利用已成为践行土地集约化利用的重要形式，同时也是现代城市可持续发展的重要保证。黄浦区立足长远，积极挖掘地下空间资源，在地下空间开发利用与土地集约利用创新之路上，不断探索和实践。

南外滩区域总用地面积 1.6 平方千米，位于上海新开河路向南至南浦大桥，是外滩金融集聚带重要的空间载体。南外滩规划构建丰富立体的公共活动系统，实现地下空间整体开发，打造"立体城市"。

南外滩重点规划区域沿黄浦江的岸线长度约 2.6 千米，主要的地下空间由沿江的复兴地块、南浦地块和位于"腹地"的董家渡地块三块组成。

南外滩地下空间规划为两到三层，有供行人步行的空间层，也有供车辆快速通过的空间层，采取了统一规划、整体开发方式，各类基础与配套设施在几个地块间得到共享。其中，中山南路地下通道连接复兴地块和董家渡地块，包含地下通道、地下空间、地面道路，对于缝合沿江与腹地的割裂，促进地下空间整体开发，以及组织交通分流、改善城市景观等均具有十分重要的作用。

南外滩地下空间将按照"一轴、两翼、多节点"的空间结构布局实施。所谓"一轴"为"东西向"地下空间功能联系轴及核心开发轴，规划在小南门地铁站、董家渡地块与复兴地块间形成地下步行与公共活动的联系轴，重点利用中山南路地下空间，将董家渡地块与复兴地块整合成空间一体化的核心片区。"两翼"为南北两侧地下空间开发重点片区，受现状保留建筑分隔，南北两侧的南浦地块、"594"和"596"地块各自形成相对独立、内部联系的片区。"多节点"指垂直活动聚集点，包括建设多处下沉式广场。

南外滩地下空间之上的地面区域，整体规划已完成，部分地块正在建设中。各个地块地面部分将保留原有特色，又与南外滩整体打造的金融商务区域的风格相一致。

该方案特别强调地下空间的整体规划、开发和实施，不仅包括可开发地块的地下空间，还包括了城市道路、城市公共绿地等地下空间一体化，真正实现整体性开发。

3. 创新出让方式，推进金融集聚带建设

为打造上海国际金融中心，在当前土地资源供需矛盾日益突出的情况下，黄浦区着重在土地出让方式上进行积极探索，采取了带方案出让、有竞价招标、预申请等创新土地出让方式，为更好地实现区域规划目标和功能定位，最大限度发挥土地区位优势，提高土地节约集约利用水平起到了积极的作用。

黄浦区"594"（北块）、"596"街坊项目位于外滩十六铺地区，属于上海国际金融中心规划的"一城一带"中外滩金融集聚带范围，出让土地面积18675.5平方米，地上可建建筑面积（计容部分）75871平方米，规划土地用途为商业办公综合用地。鉴于该地块地理位置优越，规划功能明确，该项目采取了"先招后拍加三带"的出让方式（"三带"为带方案、带管理要求、带公共设施）。经过招投标，中国太平洋财产保险股份有限公司和上海外滩滨江综合开发有限公司联合体最终被确定为中标人。

董家渡"13""15"地块总面积175143.1平方米，其中出让土地面积126740.1平方米，地块规划为商业、办公、住宅综合用地。该地块是黄浦区近期开发规模最大、地块最为完整、区位条件最为优越的黄金地块，是南外滩地区功能和形象的标志。由于地块所处区域位置和空间环境的特殊性，其开发利用的价值不仅仅局限于地块本身，同时还承载着实现地区规划目标和功能定位的重任，必须要通过土地使用和空间的合理调配协调相邻关系，实现对公共利益的保护。该地块采取了"带规划附加图则"整体出让的方式，要求受让人对地块整体受让，并按照规划要求统一开发，将其打造成具有国际影响力的滨水新兴金融中心，成为上海国际金融中心的有机组成部分。此外，在出让前增加预申请环节，通过上海市土地交易市场发布地块出让预申请公告，公告中告知预申请人地块出让的基本情况。其间，出让和受让双方可进行充分洽谈，深入沟通，以实现获取经济利益和提升城区品质的双赢。同时，根据预申请结果来确定地块最终的出让方式。最后地块采取了挂牌的出让方式，由中国民生投资股份有限公司、上海佳渡置业有限公司和上海外滩投资开发（集团）有限公司组成的联合体竞得。

（三）推广应用意义

上海市黄浦区改造模式的经验，突出表现在：用地结构和布局与城市规划功能定位紧密结合，通过多功能、多业态体验式复合型利用，充分挖掘土地利用潜力。土地利用以保障金融等重点产业发展、外滩金融集聚带等重点区域建设为出发点和落脚点，同时体现城市形象的识别性、历史文化的传承性；整体开发地下空间，构建丰富立体的公共活动系统，打造"立体城市"的概念；创新土地出让方式，增强政府供地主控性，更好地实现地区规划目标和功能定位，更好地贯彻国家土地宏观调控政策，有效抑制房地产市场的投机行为，引导投标人理性竞价。该模式对于其他城市的老城区，特别是对于土地资源稀缺、危旧房最密集的中心区改造，具有参考借鉴作用。

三、"山上建园区、山下建社区"实现土地利用效益最大化——陕西省安康市白河县

白河县地处陕西省东南部，是汉江陕西出境口、南水北调中线工程水源地，全县总面积 1453.4 平方千米，辖 11 个镇，117 个行政村（社区），总人口 21 万人，是国家扶贫开发重点县。全县现有耕地 39.4 万亩，其中基本农田 38.5 万亩。

（一）探索节地模式创新的背景

白河县地势南高北低，地貌起伏，地表破碎，境内土石山区占 96%，是全国典型的山区县。"山高石头多、出门就爬坡、地无百亩平、洪涝灾害多、十年有九灾"是白河县的真实写照。

经过多年的实践探索，白河县摸索出了"山上建园区、山下建社区"，实施搬迁户旧宅基地腾退复垦，以及截弯取直等提高土地利用效率的节约集约用地新路子，对全市乃至全省山区县具有典型的示范作用。

（二）主要做法和成效

1. 实施旧宅基地腾退复垦，缓解土地供需矛盾

近年来，随着县域经济社会快速发展，土地供需矛盾逐渐显现，有限的建设用地指标成为制约县域经济社会发展的重要因素。白河县为打破发展瓶颈，紧抓陕南避灾扶贫搬迁机遇，编制了《白河县避灾扶贫搬迁土地专项规划暨土地利用总体规划修改方案》，预计到 2020 年底全县避灾扶贫移民搬迁可腾退复垦旧宅基地 26285.7 亩，实现新增耕地 2.1 万亩，可有效缓解县域发展建设用地紧张的局面。

2. 统筹城乡发展，实现土地利用价值最大化

近年来，白河县以仓上镇天宝村为统筹城乡发展示范点，投资千万元在山上流转土地 6000 余亩，建立集旅游观光、现代特色农业、餐饮服务及"三苦精神"教育基地等于一

体的现代化园区，在山下建成功能齐全的生态社区，将山上搬迁户的旧宅基地进行复垦，发展园区经济；将分散户群众129户进行了集中安置，住进了楼房，让搬迁群众成为公司职工和产业工人，通过土地流转、旧宅基地腾退复垦建园区和集中安置建社区的方式，实现了土地利用效益的最大化。白河县将仓上镇天宝村的发展模式总结为"天宝模式"，也称为"山上建园区、山下建社区"土地利用模式。按照这一模式，在全县新建了茅坪镇枣树生态小区、西营镇蔓营田园小区、中厂镇石梯社区等11个集镇35个农村社区，成为城镇化建设节约集约用地的样板工程。

3. 坚持规划引导，提高土地利用效率

白河县坚持规划引导，对重点项目用地选址，尽量避免占用耕地，尽可能选址在未利用土地上，积极探索"向地下""向空中""向城镇间隙""向荒坡荒滩""向江河沿岸滩涂"要地，积极拓展土地利用空间，提高土地综合利用效率。随着社会的快速发展和城镇化加快，老县城公共服务、居住条件、基础设施等已不能满足城镇化发展的需要，延伸县城框架建设新城是摆在白河县面前亟待解决的问题。白河县经过反复论证，决定对狮子山的河滩地及河道截弯取直进行开发利用，用于延伸县城框架，建立新的县城服务中心。通过近几年的大力建设，狮子山的面貌焕然一新，可容纳近5000户群众居住，并带动了餐饮服务业等产业发展，是白河县城镇化发展的特色名片。白河县狮子山新城建设切实提高了土地利用效率和容积率，得到了陕西省、安康市的高度赞扬和认可，经过多次调研，将狮子山新城作为城镇化及避灾扶贫搬迁集中安置示范点进行推广。

（三）示范借鉴意义

通过实践表明，白河县实施旧宅基地腾退复垦、"山上建园区、山下建社区"及截弯取直等模式，是新形势下实现节约集约用地的重要举措，有利于提高土地综合利用效率、缓解土地供需矛盾紧张局面、提高耕地质量和效益，极大改善了群众的生产生活条件。同时，白河县的"山上建园区、山下建社区"模式，在城镇化节约集约用地上具有很好的代表性和典型性，能够为其他地区特别是山区县城镇化建设提供经验。

四、"跳仓法"建设地下城市玩转地下新空间——江苏省扬州市广陵区

在历史文化名城扬州的中心区域，正在崛起一座现代新城——广陵新城。作为扬州未来城市的核心CBD，这里的一座座高楼正不断刷新着扬州的"高度"，同时，地平线下不断拓展延伸的"地下城市"也初步成形。

（一）项目背景

在扬州市"一体两翼"发展战略布局中，广陵新城正是其中的中心原点，这一独特的区位优势既决定了广陵新城具有巨大的磁吸效应，大项目、好项目源源不断，用地需求十分旺盛。另一方面，也意味着地区寸土寸金，发展空间极为有限，必须"螺蛳壳里做道场"。因此，广陵新城在发展之初，就决定采取地上地下联动开发的战略，不仅追求发展的高度，更要挖掘发展的深度，充分发挥土地资源利用的最大效益。目前广陵新城已建成地下空间 100 万平方米。但是，由于技术限制，以往广陵新城的地下空间开发规模偏小，主要用作停车场和仓储设施。这样的地下空间开发模式已远远难以满足新城发展的需要，迫切需要将地下空间作为完善城市功能、提升城市承载量的重要载体，增强布局防空、商业、娱乐、休闲等功能，使看不见的地下成为城市发展的"第二层土地空间"。但是这样的发展目标遇到了十分现实的技术问题，大规模的地下工程建设涉及超长、超厚、大体量的混凝土浇筑，在浇筑过程中，随着强度的不断增长，水分产生热化反应不断减少，引发混凝土收缩或膨胀，由此产生裂缝，最终导致渗水等一系列问题。

以广陵区人防综合工程为例，该项目地下建筑物东西长 287 米，南北长 191 米。地下基础底板为钢筋混凝土底板，分上下两层，地下二层底板厚度 950 毫米，外墙板厚度 550 毫米；地下一层底板厚度 700 毫米，板墙厚度 550 毫米，属于超长、超厚、大体量混凝土。如果采取以往常用的"后浇带施工法"，需要设置的后浇带数量大，不仅给施工带来不便，其自身发生混凝土裂缝的现象也会非常普遍，并产生工程量大、成本增加、工期长等一系列问题。

（二）"跳仓法"实践探索

广陵新城在建设该工程时，决定大胆创新，聘请中国工程院院士、著名建筑工程专家王铁梦教授亲自指导，采用"跳仓法"技术，在最深 15 米的地下，成功开掘出面积达 7.5 万平方米的新空间。

"跳仓法"施工原理是利用混凝土"抗与放"的设计原则，按照"抗放兼施、先放后抗、以抗为主"的原理，将超长混凝土带以 50~60 米为一仓进行分仓，并编号标注，通过跳仓方式分段浇筑，间隔时间为 7~10 天，最终把混凝土带连成整体。通过合理设置跳仓间距，将变形产生的总能量转化为弹性应变能、徐变消耗能、微裂耗散能和位移能进行消解。总能量通过"抗"来吸收，通过"放"而耗散。在"跳仓法"施工早期，混凝土抗拉强度非常低，充分利用混凝土弹性变形、徐变变形等释放混凝土早期应力，即"先放"；在后期的封仓阶段，混凝土的抗拉度已经有所增长，充分利用混凝土的约束减小应变，即"后抗"，最大限度控制和减少裂缝的产生，把裂缝控制在无害或易修复的程度。广陵区人防综合工程的实践证明，采用"跳仓法"工艺，取消了永久施工缝和后浇带，增强了混凝土的抗裂能力，保证了结构的整体性、抗震性、耐久性及抗渗性，极大地提高了地下建筑的安全性和稳定性，解放了大体量混凝土结构施工困难对建筑结构设计的制约，为丰富和拓展建筑的使用功能奠定了基础，同时降低了工程实施的难度，并带来了可观的经济效益和社会效益。据统计，该工程建设成本下降了25%，建设工期缩短了30%。

（三）应用前景

"跳仓法"在地下空间开发过程中具有广阔的应用推广前景。仅就广陵区而言，该工程产生的良好示范效应极大地鼓励了广陵区地下空间的综合开发。其中，广陵新城在已建成的100万平方米地下空间的基础上，专门编制了地下空间利用专项规划，计划再建设100万平方米，实现地下空间全覆盖。其中，总投资90亿元、建筑面积101万平方米的泰达—MSD项目，在建地下空间面积最大，达到25万平方米。正在建设的东部市民图书馆，地下两层共4.8万平方米，规划用途除停车外，主要为市民文化活动场所。同样在广陵区，空间利用正在由地下向水下拓展，在位于市中心的荷花池底部建设了近3万平方米的地下停车场。"畅游地下城、玩转新空间"正日益成为广陵人的现实。

五、"专业"与"自治"结合推进土地整治打造高效农村生产生活新空间——四川省达州市大竹县

大竹县属四川盆地东部平行岭谷区，地跨"三山两槽"，呈"川"字形。大竹县是典型的农业县，农业人口约占全县总人口的80%，但人均耕地少，尤其是高标准基本农田稀缺，且干旱、寒潮、洪涝、低温连阴雨等自然灾害频发，严重制约着农业经济的发展。因此，加强土地整治，建设高标准基本农田，提升耕地质量成为大竹县改善农村生产生活条件和加快农民增收的重要举措。为此，大竹县不断创新土地整治模式，将"专业引导"与"村民自治"相结合贯穿土地整治全过程。具体做法是，农村集体经济组织向国土资源主管部门申请整治项目，经县国土资源局审查同意后，开展项目规划设计与报批工作，再由村集体经济组织协调组织实施。在这一过程中，坚持"专业设计"与"自定设计"、"专业施工"与"自主施工"、"专业指导"与"自我管护"相结合，充分体现群众意愿，把土地整治的决策权、实施权、监督权交给村集体经济组织，确保群众的知情权和参与权，得到了群众的广泛欢迎。

（一）"专业设计"与"自定设计"相结合

在规划设计阶段，大竹县创造"政府引导、专家指导、专业设计、自定设计"相结合的模式，使土地整治项目既能符合国家政策，又具有专业化和科学化水平，还能充分满足老百姓的实际需求。

首先，成立项目规划领导小组，制定规划标准及政策、收集资料、确定工作计划、协调各部门关系，认真吸收各部门的意见与建议，并将其纳入方案的编制成果之中。其次，通过招投标的方式确定最优的设计单位，以设计单位的专业知识和技术为支撑，结合群众意愿，联合国土、水利、交通、农艺等各方面的专家，应用各种先进经验，综合考虑田、水、路、林、村优化布局和现代农业建设，对整个项目区进行整体规划打造。在设计过程中，加强对群众感兴趣的工程和存在问题的识别，考虑土地利用本身的发展问题，统筹考虑村庄建设、生态环境、社会事业等，注重保持农村风貌和当地传统特色。最后，项目区群众不仅全程参与方案的设计和监督，而且参与设计单位用多媒体及三维设计等方式展示设计成果及交换设计观点的交流会，并提出修改意见，设计单位将群众提出的意见进行甄别后，对设计方案进行科学的修改。

在设计审核时，不仅邀请各行业专家组成评审小组，还邀请整治区域群众代表作为"专家"参与项目设计评审会，如果群众代表不同意土地整治设计方案，此方案将坚决不予通过。

（二）"专业施工"与"自主施工"相结合

在实施阶段，大竹县坚持聘用最优最专业的土地整治施工队伍和监理队伍，同时，聘请整治区域内的群众参与具体施工、监管等过程，坚持"专业施工"和"自主施工"相结合。

首先，以施工单位为主导，村民自主组织材料、机械、人员进行施工。并成立以村民为主的群众工作组，负责发动群众，协调矛盾；宣传报道组负责公开材料采购价格、劳务工资标准、机械租金价格、工程进展情况、资金使用等；安全管理组，负责施工安全管理。通过这些措施，有利于把好工程建设质量和建设标准关，土地整治项目的建设质量得到有效保证。

其次，除招标项目监理单位以外，还单独设立了群众监督员岗位，邀请项目区各村组干部群众参与工程质量监督中来，引导各村组成立了村民监督小组，负责监督规划执行、资金使用、材料采购收发使用、工程质量、工程指令、整改督办等。村民监督小组一经发现问题及时通知监理人员并上报业主调查整改、自检自验，为高标准、高质量完成项目建设奠定基础。

最后，在项目收尾阶段，提前组织专家组会同项目区村民，对每一工程标段进行检验。把项目规划设计标准及相关说明发放到每一位参与验收的群众手中，采取边查边记边核对的方式，对项目每项工程进行测量、收方。经现场验收符合要求的，由群众签字确认；不符合要求的，做好记录备案，由工程项目部组织技术人员、监理单位和施工队伍进行现场核实并限期整改，整改完成后组织群众现场复核确认。

（三）"专业指导"和"自我管护"相结合

大竹县土地整治项目主要有两种方式：一是"谁主管、谁负责"的方式，由乡级人民政府负责管护的专业指导和监督，受益范围内村民委员会负责自我管护。管护队伍主要是由工程设施的分布区域内的 2~5 名村民组成，管护员与村集体签订管护合同，使项目区田、林、路、桥、函等设施的日常维护工作落实到人。二是土地整治项目建设形成的固定资产归村集体或农民专业合作经济组织所有，经村民代表会议或专业合作组织成员讨论决定，通过承包、租赁、股份合作或组建使用者协会等方式，将所有权和经营权落到实处，明确管护责任，实现经营权与管护责任相统一。近年来，大竹县土地整治项目中的新增耕地及各类工程在这两种方式的管护下，运转使用良好，成为发挥长效作用的为民务民工程。通过"专业引导"与"村民自治"相结合，让村支两委的观念从"要我干"变成了"我要干"，调动了农民及乡镇政府的积极性，项目建设的责任心变强。

截至 2016 年 8 月，大竹县完成土地整治项目 25 个，建设规模总计达 2 万公顷，累计投入资金 3 亿元，新增耕地 1500 公顷，新建、改建农田灌排渠 7.5 万千米，新建、改建田间道 15 万千米，新建蓄水池 455 个，整治山平塘 208 处。土地整治有效改变了水土流失、土地荒芜、生态环境破坏的情况，耕地抵御自然灾害的能力明显提高，使低产旱田全部变为高质、稳产的水浇田。农村生产生活空间得到了高效利用，人均增加耕地 0.13 亩，水稻产区农民每公斤节省收割和运输综合成本 0.3~0.5 元，人均增收 1100 元。

下一步，大竹县的土地整治将与保护绿色生态环境和建设"美丽乡村"紧密结合。在土地整治项目立项时，开展深入细致的分析和论证，将增加耕地面积、提高耕地质量和改善农村生态环境作为土地整治的整体目标，控制污染、减少水土流失、保护生物多样性，实现"生态大保护，耕地大连片"。借助土地整治项目，对农村基础设施和公共配置大改造，促进农村绿化、污染净化、居住环境美化的三大提升，打造高效农村生产生活空间。

结　语

2019 年 5 月，中共中央、国务院《关于建立国土空间规划体系并监督实施的若干意见》明确，国土空间规划是国家空间发展的指南和可持续发展的空间蓝图，是各类开发保护建设活动的基本依据。全国国土空间规划纲要是国土空间规划体系中的顶层规划，是全国国土空间保护、开发、利用、修复的政策和总纲，国土空间规划将融合主体功能区规划、土地利用规划、城乡规划等内容，分为国家、省、市、县、乡五级，总体规划、专项规划、详细规划三级，编制审批、实施监督、法规政策、技术标准四体系。为有序推进我国国土空间规划工作，自然资源部正在牵头组织编制我国第一部"多规合一"的《全国国土空间规划纲要（2020—2035 年）》（简称《纲要》）。此次《纲要》编制的重点任务是综合考虑全国人口分布、经济布局、国土利用、生态环境保护等因素，整体谋划新时代国土空间开发保护格局，促进国家治理体系和治理能力现代化。为更好地指导国土空间规划实践，强化新时期国土空间规划理论研究，支撑《全国国土空间规划纲要（2020—2035 年）》编制，建立并完善多方参与、协同治理的规划体制和机制，我们坚持以全面发展理念为指导开展了新时代国土空间规划研究。

以全面发展理念为指导开展新时代国土空间规划是贯彻新发展理念的必然要求。随着中国特色社会主义进入新时代，全面发展是深入贯彻新发展理念的必然要求，也是经济社会发展和国土空间规划的指导性理念。新发展理念是发展行动的先导，是管全局、管根本、管方向、管长远的东西，是发展思路、发展方向、发展着力点的集中体现。社会经济高质量发展、高水平发展、和谐发展和绿色发展的目标，对自然资源部门提出了划定空间布局、优化配置、生态治理、高效利用、确权登记等工作重点。这些重点体现了鲜明的时代性，体现了推进国家治理体系和治理能力现代化的要求，更客观上要求落实全面发展的理念，用全面发展来指导经济社会发展和国土空间规划。

全面发展视域下新时代国土空间规划研究就是在贯彻新发展理念的指导下，以全面发展的理念来深入指导新时代国土空间规划，从整个研究进路看，以全面发展视域下国土空间规划为研究中心，从分析、健全和完善国土空间规划的路径入手，站在全面发展视域下审视新时代国土空间规划研究的需求出发，总结国土空间规划体系下中国国土空间规划的理论框架，对全面发展理念视域下国土空间规划体系下的新内涵、新要求、要素体系、管理体系及技术方法和案例等进行详细论述。全面发展视域下新时代国土空间规划研究既有理论和方法研究，又有案例实践与综合。这些研究形成的思路与结论、理论和方法，有利于深入贯彻新发展理念，将全面发展理念广泛应用于发改、国土、环保和住建等领域，因而可供从事国土资源信息服务、城乡规划、人文地理、自然资源环境等专业及相关领域的教学科研以及管理人员干部阅读参考。

我们以为，全面发展视域下新时代国土空间规划要综合考虑全国人口分布、经济布局、国土利用、生态环境保护等因素，整体谋划新时代国土空间开发保护格局，科学布局生产、生活、生态空间，加快形成绿色生产方式和生活方式，保障国家战略的有效实施，推动实现高质量发展、高品质生活，促进国家治理体系和治理能力现代化。

参考文献

［1］Van Lier, H. N. Sustainable Land Use Planning: An Editorial Commentary. Landscape and Ur-ban Plaming, 1998, 41（3）: 79-82.

［2］McHarg, I. L. Design with Nature. Doubleday, Garden City, N. Y, 1996.

［3］Rossiter, D. G. Discussion Paper: A Theoretical Framework for Land Evaluation. Geoderma, 1996, 72: 3-4.

［4］Li, Q, Yan, J. Assessing the Health of Agricultural Land with Emergy Analysis and Fuzzy Logic in the Major Grain-Producing Region. Catena, 2012, 99（4）: 9-17.

［5］Chruvieco. E. Integration of Linear Programming and GIS for Land Use Modeling. International Journal of Geographical Information System, 1993, 7（1）: 71-83.

［6］Wang, X, Yu, S. Huang. G. H. Land Allocation Based on Integrated GIS-Optimization Modeling at a Watershed Level. Landscape and Urban Planning, 2004, 66（2）: 61-74.

［7］Ren, F. A Training Model for GIS Application in Land Resource Allocation. ISPRS Journal of Photogrammetry and Remote Sensing, 1997, 52（6）261-265.

［8］吴倩, 宋永发. 土地集约利用评价模型现状综述 ［J］. 价值工程, 2009, 28（7）: 140-142.

［9］徐绍涵, 朱红梅, 周斯黎, 等. 基于熵值法的县级城市土地集约利用评价——以未阳市为例 ［J］. 湖北农业科学, 2011, 50（18）: 3885-3888.

［10］康慕谊, 姚华荣, 刘硕. 陕西关中地区土地资源的优化配置 ［J］. 自然资源学报, 1999（4）: 363-367.

［11］王瑞燕, 赵庚星, 于振文, 等. 利用生态位适宜度模型评价土地利用环境脆弱性效应 ［J］. 农业工程学报, 2012, 28（11）: 218-224.

［12］周宗丽, 宁大同. 三峡库区秭归县土地资源优化配置 ［J］. 北京师范大学学报, 1999（4）: 536-541.

［13］郑新奇, 阎弘文, 赵涛. RS 和 GIS 支持的城市土地优化配置——以济南市为例

[J].国土资源遥感，2001（1）：15-18+51.

[14] 宋嗣迪，陈燕红.基于神经网络的土地利用规划方案优化方法研究 [J].广西农业大学学报，1997（04）：6.

[15] 董品杰，赖红松.基于多目标遗传算法的土地利用空间结构优化配置 [J].地理与地理信息科学，2003（6）：52-55.

[16] 席一凡，杨茂盛，尚耀华.遗传算法在城市土地功能配置规划中的应用 [J].西北建筑工程学院学学报（自然科学版），2001（4）：190-194.

[17] 刘艳芳，李兴林，龚红波.基于遗传算法的土地利用结构优化研究 [J].武汉大学学报（信息科学版），2005（5）：288-292.

[18] 刘小平，黎夏，彭晓娟."生态位"元胞自动机在土地可持续规划模型中的应用 [J].生态学报，2007（6）：2391-2402.

[19] 宋大权.国土空间规划功能定位与实施路径探析 [J].现代商贸工业，2021，42（4）：157-158.

[20] 陈磊，姜海.国土空间规划：发展历程、治理现状与管制策略 [J].中国农业资源与区划，2021，42（2）：61-68.

[21] 李如海.国土空间规划：现实困境与体系重构 [J].城市规划，2021，45（2）：58-64+72.

[22] 王凯.国家空间规划论 [M].北京：中国建筑工业出版社，2010.

[23] 黄洁，钟骁勇，岳永兵.形成分类改革合力推动土地管理制度创新 [J].中国土地.2017，（11）：24-25.

[24]《国土资源工作改革创新与法治国土建设实务》编委会.国土资源工作改革创新与法治国土建设实务 [M].北京：经济日报出版社，2017.

[25] 王楠君，吴群，陈成.城市化进程中土地资源安全评价指标体系研究 [J].国土资源科技管理，2006（2）：30-33.

[26] 李四林，王海峰.论土地资源价格安全评价指标体系及其构建 [J].湖北行政学院学报，2011（3）：64-68.

[27] 黄辉玲.土地资源安全评价的指标体系及其利用 [J].农机化研究，2006（1）：61-62.

[28] 丰雷，郭惠宁，王静，等.土地资源经济安全评价研究——以上海市为例 [J].中国软科学，2011（1）：87-96.

[29] 曾乐春，李小玲.土地资源生态安全评价及分析——以广州市为例 [J].国土与自然资源研究，2011（4），56-59.

［30］陈松林，戴菲，福建省土地利用效益动态变化研究［J］. 亚热带资源与环境学报，2011（2）：64-69.

［31］刘勇，刘友兆，徐萍. 区域土地资源生态安全评价——以浙江嘉兴市为例［J］. 资源科学，2004，26（3）：69-75.

［32］刘孝富. 基于 PSFR 模型的东江湖流域生态安全评价［J］. 长江流域资源与环境，2015（1）：52-54.

［33］郭凤芝. 土地资源安全评价的几个理论问题［J］. 山西财经大学学报，2004，26（3）：61-65.

［34］曲衍波，齐伟，束宏，等. 小城镇土地生态安全评价方法及应用——以山东汶南镇为例［J］. 安徽农业科学，2006，34（5）：998-1000.

［35］王楠君，吴群，陈成. 城市化进程中土地资源安全评价指标体系研究［J］. 国土资源科技管理，2011（2）：28-31.

［36］张清军，尚国琲，秦岭，等. 区域土地资源经济安全评价——以河北省为例［J］. 南方农业学报，2012，43（7）：178-182.

［37］张升元，于靖，罗洋洋，等. 基于物元分析法的武汉市土地资源安全评价［J］. 湖北大学学报（自然科学版），2012，34（4）：38-43.

［38］王强，杨京平. 我国草地退化及其生态安全评价指标体系的探索［J］. 水土保持学报，2007，17（16）：27-31.

［39］罗贞礼. 土地利用生态安全评价指标体系的系统聚类分析［J］. 湖南地质，2006，21（4）：252-254.

［40］田克明，王国强. 我国农用地生态安全评价及其方法讨论［J］. 地域研究与开发，2007，24（4）：79-82.

［41］王双. 不同评价方法下的土地生态安全评价的比较研究——以玛多县为例［J］. 北大报，2015，28（2）：77-78.

［42］张琪. 富裕县土地生态安全评价［D］. 哈尔滨：东北农业大学，2015.

［43］邰鹏宇. 基于系统动力学的区域土地资源安全评价研究——以南京市为例［D］. 南京：南京工业大学，2016.

［44］李骏文. 浅谈土地资源高质量利用应正确处理好的五个基本关系［J］. 国土与自然资源研究，2021（02）：29-31.

［45］齐亮. 合理开发利用土地　保障国土资源安全［J］. 吉林农业，2015，（21）：115.

［46］杨建波，王莉，温锦盼. 粮食生产核心区土地资源安全保障体系构建［J］. 天

津农业科学，2017，23（9）：51-54+58.

［47］俞孔坚，李迪华，李海龙，等. 国土生态安全格局：再造秀美山川的空间战略［M］. 北京：中国建筑工业出版社，2012.

［48］肖金成、欧阳慧. 优化国土空间开发格局研究［M］. 北京：中国计划出版社，2015.

［49］翟国方，顾福妹. 国土空间规划国际比较——体系·指标［M］. 北京：中国建筑工业出版社，2018.

［50］王金岩. 空间规划体系与空间治理［M］. 南京：东南大学出版社，2017.

［51］梁鹤年. 以人为本规划的思维范式和价值取向：国土空间规划方法导论［M］. 北京：商务印书馆，2019.

［52］马海龙，陈学琴. 新型城镇化空间基础［M］. 银川：宁夏人民出版社，2016.

［53］江河. 国土空间生态环境分区管治理论与技术方法研究［M］. 北京：中国建筑工业出版社，2019.

［54］陈明. 基于省域视角的国土空间规划编制研究和情景分析［M］. 北京：商务印书馆，2017.

［55］国土资源部人力资源开发中心，国土资源节约集约模范县（市）创建活动办公室. 国土资源节约集约"四个创新"100例［M］. 北京：地质出版社，2017.

［56］官玮玮. 中国海洋资源开发与海洋综合管理研究［J］. 科技创新导报，2016，13（22）：120-121.

［57］崔晓菁. 中国海洋资源开发现状与海洋综合管理策略［J］. 管理观察，2019，（17）：63-64.

［58］马心怡. 海洋世纪下对海洋权益管理的思考［J］. 管理观察，2016（19）：49-50.

［59］张燕雪丹，崔金星. 海洋生态环境保护监管新格局下执法困境与破解路径［J］. 环境与可持续发展，2020，45（4）：115-119.

［60］赵南. 新形势下城乡规划应对空间发展问题的策略探析［J］. 南方农业，2020，14（32）：134-135.

［61］朱丽华，许稻香. 大数据时代的城乡规划与智慧城市构建研究［J］. 住宅与房地产，2019，（36）：232.

［62］方创琳，王振波，马海涛. 中国城市群形成发育规律的理论认知与地理学贡献［J］. 地理学报，2018，73（4）：651-665.

［63］刘友金，王玮. 世界典型城市群发展经验及对我国的启示［J］. 湖南科技大学

学报（社会科学版），2009，12（1）：84-87.

［64］Friedman J. Political and technical moments in development, aggropolitan development revised ［J］. Environment and Planning, 1985, 122（3）：23-32.

［65］Friedman J. The world city hypothesis. Development and change ［J］. Urban studies, 1986, 117（2）：46-57.

［66］Friedman J. Where we stand. A decade of world research//Knox P L, Taylor P J. World Cities in the World System ［J］. Cambridge：Cambridge University Press, 1995：35-39.

［67］姚士谋，陈振光，朱英明，等. 中国城市群 ［M］. 2 版. 合肥：中国科学技术大学出版社，2006.

［68］姚士谋，周春山，王德，等. 中国城市群新论 ［M］. 北京：科学出版社，2016.

［69］张京祥. 城镇群体空间组合 ［M］. 南京：东南大学出版社，2000.

［70］李程骅，黄南. 中国城市群发展的新方略与动能再造 ［J］. 南京社会科学，2018（5）：11-19.

［71］李文静. "十四五" 时期中国城市群高质量发展的思路与策略 ［J］. 学术研究，2021（1）：90-96.

后　记

　　新发展理念是以习近平同志为核心的党中央统筹中华民族伟大复兴战略全局和世界百年未有之大变局，与时俱进提升我国经济发展水平、塑造我国国际经济合作和竞争新优势作出的重大战略判断和战略抉择。新发展理念是一个系统的理论体系，回答了关于发展的目的、动力、方式、路径等一系列理论和实践问题，阐明了我们党关于发展的政治立场、价值导向、发展模式、发展道路等重大政治问题，必须完整、准确、全面贯彻新发展理念。新发展理念是创新、协调、绿色、开放、共享的发展理念，而不论是贯彻协调的发展理念，还是落实绿色的发展理念，抑或统筹落实这五个发展理念，都需要落实全面发展的理念，用全面发展来指导经济社会发展和国土空间规划，坚持以全面发展来深化对国土空间规划研究，为有序推进新时代我国国土空间规划工作提供参考借鉴。

　　该项研究成果是我多年以来工作与实际工作的经验深化和理论思考。近年来，我一直就职于国土资源系统，长期从事文字及管理工作，历任部门副主任、主任，还曾负责部属国有控股企业，担任副总经理、董事长兼总经理。其间组织联合人大、地大、矿大、农大、海大、林大等高校成立国土与自然资源信息服务创新中心，参与全国唯一省级三旧改造协会研究院筹建工作，在江西省鹰潭市牵头实施全国首例"北斗+窄带"地灾监测预警预报体系和制定首个行业标准。截至目前公开发表相关文章等近20篇，同时协助及负责各类舆情调查和研究报告编撰工作，使我在国土资源信息化与国土空间规划方面积累了宝贵经验与理论知识。

　　该项研究成果也是我在北京师范大学马克思主义学院进行学习期间的重要成果。经过这么多年从国土资源信息化与国土空间规划研究工作的沉淀，我有幸进入了北京师范大学马克思主义学院并启我人生的新旅程，开始了扎实的理论研究与思考工作，也正是在深入学习研究习近平新时代中国特色社会主义思想，特别是深入思考国土空间意识教育和生态环境意识教育的过程中使我萌生了要写一部学术专著的想法。一方面以总结我以往的有些工作经验并对这些经验做深层理论思考；另一方面也能起到宣传教育作用，推进国土空间意识教育和生态环境意识教育。因而，这些研究可供从事国土资源信息化、城乡规划、人文地理、生态环境等专业及相关领域的教学科研以及管理人员干部阅读参考。

特别感谢北京师范大学马克思主义学院对我在学期间的教育培养和为我创造的良好的学术氛围；特别感谢我的导师马振清教授在我以全面发展视域下新时代国土空间规划过程中给予学术指导和帮助；也要感谢我们在研究过程中对相关专家学者的观点对我们启发与借鉴，还要感谢出版社编辑对我们选题申报、立项、编辑与出版付出的辛苦努力。谢谢你们！作为新的起点，我将在今后更加努力！

由于时间仓促，作者水平有限，本书难免存在疏漏之处，恳请广大读者批评指正，不吝赐教。

刘建敏
2021 年 12 月